ORGANIZAÇÕES EXPONENCIAIS

Sueny Benevides
05.04.21

Salim Ismail ★ MICHAEL S. MALONE ★ YURI VAN GEEST
★ SINGULARITY UNIVERSITY ★

ORGANIZAÇÕES EXPONENCIAIS

por que elas são 10 vezes melhores, mais rápidas e mais baratas que a sua (e o que fazer a respeito)

ALTA BOOKS
EDITORA
Rio de janeiro, 2019

Publisher: Renata Müller
Coordenação de produção: Alexandre Braga
Edição: Marcio Coelho e Oliva Editorial
Tradução: Gerson Yamagami
Revisão: Ed Ferri e Lizandra M. Almeida
Diagramação: Carolina Palharini, Carlos Borges e Júlia Yoshino
Capa: Carolina Palharini

1ª edição

Dados Internacionais de Catalogação na Publicação (CIP)
Angélica Ilacqua CRB-8/7057

Ismail, Salim
Organizações exponenciais : por que elas são 10 vezes melhores, mais rápidas e mais baratas que a sua (e o que fazer a respeito) / Salim Ismail, Michael S. Malone, Yuri Van Geest; tradução de Gerson Yamagami. - Rio de Janeiro : Alta Books, 2019.
288 p.

ISBN: 978-85-508-0714-0
Título original: *Exponential Organizations*

1. Administração de empresas 2. Negócios 3. Planejamento estratégico I. Título II. Malone, Michael S. III. Van Geest, Yuri IV. Yamagami, Gerson

15-0467 CDD 658

Índices para catálogo sistemático:

1. Administração de empresas
2. Startups
3. Gestão de Negócios
4. Inovação

ALTA BOOKS EDITORA

Rua Viúva Cláudio, 291 — Bairro Industrial do Jacaré
CEP: 20.970-031 — Rio de Janeiro (RJ)
Tels.: (21) 3278-8069 / 3278-8419
www.altabooks.com.br — altabooks@altabooks.com.br
www.facebook.com/altabooks — www.instagram.com/altabooks

SUMÁRIO

Prefácio

Bem-vindo à época das mudanças exponenciais, o melhor momento para alguém viver.

Nas páginas que se seguem, Salim Ismail, meu colega, amigo e um dos principais profissionais e pensadores sobre o futuro das organizações, vai lhe mostrar em primeira mão como será este novo mundo – e como ele vai mudar o modo como nós trabalhamos e vivemos. Salim estudou e entrevistou CEOs e acionistas de empresas que estão alavancando um conjunto recém-disponível de externalidades e que, em resultado, vêm expandindo suas organizações em uma proporção muitas vezes maior que a de uma empresa típica. O mais importante é que ele analisou profundamente como as organizações atuais precisam se adaptar. Por esta razão, eu não consigo imaginar um guia mais perfeito que este para os CEOs e executivos interessados em prosperar nesse momento de mudanças abaladoras.

Não tenha dúvida, *Organizações Exponenciais: Por que elas são 10 vezes melhores, mais rápidas e mais baratas que a sua (e o que fazer a respeito)* é ao mesmo tempo um roteiro e um guia de sobrevivência para o CEO, o empresário e, principalmente, o executivo do futuro. Parabéns pelas vitórias que levaram você até este ponto de sua carreira, mas gostaria de avisar que essas habilidades já estão desatualizadas. Os conceitos deste livro e as questões que ele levanta são a nova língua franca para qualquer um que deseja se manter competitivo e permanecer no jogo. No mundo corporativo de hoje, existe uma nova estirpe de organismo institucional – a Organização Exponencial – solta na Terra, e se você não compreendê-la, não estiver preparado para ela e, em última análise, não se tornar uma delas, você sofrerá uma ruptura.

O conceito da Organização Exponencial (ExO) surgiu pela primeira vez na Singularity University (SU), que eu fundei em 2008, juntamente com o famoso autor, futurista, empreendedor e diretor do setor de inteligência artificial do Google, Ray Kurzweil. O objetivo foi criar um novo tipo de universidade, cujo currículo seria atualizado constantemente. Por essa razão, a SU nunca foi credenciada, não porque nós não quiséssemos, mas porque o currículo mudava de forma muito rápida. A SU focalizava apenas nas tecnologias que cresciam exponencialmente (ou aceleradamente) e que faziam valer a Lei de Moore. Áreas como a computação infinita, sensores, redes, inteligência artificial, robótica, manufatura digital, biologia sintética, medicina digital e nanomateriais. Por definição e desejo, nossos alunos seriam os melhores empreendedores do mundo, bem como executivos de empresas da Fortune 500. Nossa missão: ajudá-los a exercer um impacto positivo na vida de um bilhão de pessoas.

A ideia da SU surgiu em uma conferência da Founding Conference sediada no Ames Research Center da NASA no Vale do Silício, em setembro de 2008. O que me lembro mais claramente do evento foi um discurso de improviso do cofundador do Google, Larry Page, quase no final do primeiro dia. Diante de cerca de cem participantes, Page fez um discurso inflamado exigindo a criação dessa nova universidade concentrada em atender os maiores problemas do mundo: "Agora eu uso um critério muito simples: Você está trabalhando em algo que pode mudar o mundo? Sim ou não? A resposta para 99,99999% das pessoas é 'não'. Eu acho que precisamos treinar as pessoas sobre como mudar o mundo. Obviamente, as tecnologias são o meio de fazer isso. É isso o que vimos no passado; é isso que está impulsionando toda a mudança".

Uma das pessoas na plateia que estava ouvido Page era Salim, que havia liderado a Brickhouse, a incubadora interna do Yahoo. Ele também abraçou a ideia e, depois de algumas semanas, juntou-se à Singularity como fundador e diretor executivo da universidade. Salim, tendo conduzido várias startups anteriormente, administrou as crises que costumam surgir nas empresas em estágio inicial e desempenhou um papel crucial em transformar a SU no sucesso que é hoje. Mas, talvez, o mais importante de tudo é que Salim reuniu as diversas ideias e estudos de caso ministrados na SU e os consolidou na concepção de um novo tipo de empresa, que operaria com uma proporção de preço/desempenho dez vezes maior que o das empresas da década passada.

Foi um prazer ajudar a enquadrar os atributos, práticas e conceitos exibidos em *Organizações Exponenciais* e trabalhar com Salim, Yuri van Geest e Mike Malone no desenvolvimento deste livro. Juntos, tivemos a grande oportunidade de estudar e compreender como as tecnologias aceleradas estão mudando o curso das nações, da indústria e de toda a humanidade, e de revelar o "guia prático" de Salim para o executivo exponencial. Alguns dos trabalhos descritos nos capítulos a seguir emergiram do meu próprio livro, *Abundância: o futuro é melhor do que você imagina* (escrito em coautoria com Steven Kotler), como um quadro que indica onde podemos chegar, mas a maior parte se aplica às empresas de hoje e como elas precisam chegar lá.

Os coautores de Salim também merecem reconhecimento. O primeiro é Yuri van Geest, formado pela Singularity University e um dos maiores especialistas do mundo em tecnologia móvel, bem como um estudioso das tecnologias exponenciais e suas tendências. Yuri tem formação em design organizacional e esteve substancialmente envolvido desde o início do projeto. O segundo é o veterano jornalista de alta tecnologia Mike Malone. Mike não é apenas um renomado repórter de tecnologia, mas também o inventor de dois influentes modelos organizacionais que precederam este livro: Virtual Corporation (com Bill Davidow) e Protean Organization.

A visão de Salim da Organização Exponencial é poderosa. Forças muito potentes estão surgindo no mundo – tecnologias exponenciais, o inovador DIY (faça você mesmo), crowdfunding, crowdsourcing, e o *rising billion* (o bilhão emergente) – que nos dará o poder de resolver muitos dos maiores desafios do mundo e o potencial para atender às necessidades de todos os homens, mulheres e crianças nas próximas duas a três décadas. Essas mesmas forças estão capacitando equipes cada vez menores a fazer o que antes era possível somente por meio de governos e grandes corporações.

Três bilhões de novas mentes vão se juntar à economia global nos próximos seis anos. A relevância desse fato tem dois aspectos. Em primeiro lugar, esses três bilhões de pessoas representam uma nova população de consumidores que jamais compraram algo. Consequentemente, eles representam dezenas de trilhões de dólares em forma de poder de compra emergente. Se eles não forem seus clientes diretos, não se preocupe; eles provavelmente serão clientes dos seus clientes. Em segundo lugar, esse grupo – o "bilhão emergente" – é uma nova classe de profissionais empreendedores com a mais recente geração de tecnologias distribuídas pela internet, desde o Google e a inteligência artificial, à impressão 3D e a biologia sintética. Desse modo, veremos uma explosão no ritmo da inovação, com milhões de novos inventores começando a experimentar e fazer upload de seus produtos e serviços e empreender com negócios inéditos. Se você acha que o ritmo da inovação foi rápido nos últimos anos, gostaria de ser um dos primeiros a lhe dizer: você ainda não viu nada.

Hoje, a única constante é a mudança, e o ritmo da mudança está aumentando. A concorrência não é mais a empresa multinacional no exterior, agora é o cara em uma garagem no Vale do Silício ou em Bandra (Mumbai) utilizando as mais recentes ferramentas on-line para projetar e imprimir a partir da nuvem sua mais recente inovação.

Mas a questão ainda é: como você pode aproveitar todo esse poder criativo? Como você pode construir uma empresa que seja tão ágil, hábil e inovadora como as pessoas que farão parte dela? Como você vai competir nesse acelerado mundo novo? Como você vai se organizar para expandir?

A resposta é a Organização Exponencial.

Você não terá muita escolha, porque em muitos setores (e logo na maioria), a aceleração já está em andamento. Ultimamente, eu comecei a ensinar sobre o que eu chamo de 6 Ds: digitalizado, disfarçado, disruptivo, desmaterializar, desmonetizar e democratizar.

Qualquer tecnologia que se torna digitalizada (nosso primeiro "D") entra em um período de crescimento disfarçado. Durante o período inicial das Organizações Exponenciais, as duplicações de números pequenos (0,01, 0,02, 0,04, 0,08) parecem ser zero. Porém, uma vez que eles alcançam o "joelho" da curva, você está apenas a dez duplicações para chegar a mil vezes, vinte duplicações para levá-lo a 1.000.000 de vezes, e trinta duplicações para um aumento de 1.000.000.000 de vezes.

Esse rápido aumento descreve o terceiro "D", disruptivo. E, como você verá nas páginas deste livro, uma vez que a tecnologia se torna disruptiva, ela se desmaterializa – ou seja, fisicamente, você não carrega mais um GPS, câmera de vídeo ou lanterna. Todas elas se desmaterializaram na forma de *apps* em seu smartphone. Isso acontecendo, o produto ou serviço se desmonetiza. É assim que a Uber está desmonetizando as frotas de táxi e a Craigslist está desmonetizando os anúncios classificados (derrubando vários jornais durante o processo).

O passo final de tudo isso é a democratização. Trinta anos atrás, se quisesse atingir um bilhão de pessoas, você teria de ser a Coca-Cola ou a GE, com colaboradores em uma centena de países. Hoje você pode ser um garoto em uma garagem que faz o upload de um aplicativo para algumas plataformas principais. Sua capacidade de atingir a humanidade foi democratizada.

O que Salim e sua equipe têm observado das linhas de frente – e que você virá a entender à medida que lê este livro – é que *nenhuma* empresa comercial, governamental ou sem fins lucrativos, conforme configurada no momento, pode acompanhar o ritmo que será definido por estes 6 Ds. Para isso, será necessário algo radicalmente inédito – uma inovadora visão da organização que seja tão tecnologicamente inteligente, adaptável e abrangente (não apenas dos colaboradores, mas de bilhões de pessoas em vastas redes sociais) quanto o novo mundo em que vai operar – e, no final de tudo, transformar.

Essa visão é a Organização Exponencial.

Peter H. Diamandis
Fundador e Presidente, X Prize Foundation

O momento Iridium

No final da década de 1980, no que foi geralmente elogiado como uma medida avançada para capturar a indústria emergente de telefonia móvel, a Motorola Inc. criou uma empresa chamada Iridium. A Motorola percebeu – antes de todos – que, apesar de as soluções caras de telefonia móvel serem relativamente fáceis de implementar em centros urbanos graças às suas altas densidades populacionais, não havia nenhuma solução comparável para regiões afastadas dos grandes centros, muito menos nas áreas rurais. Um cálculo convenceu a Motorola de que o custo das torres de telefonia celular – em torno de US$ 100 mil cada, sem incluir os limites de utilização de espectro e as despesas consideráveis de produzir celulares do tamanho de tijolos – seria muito alto para cobrir a maior parte do território.

No entanto, logo apareceu uma solução mais radical, mas também mais rentável: uma constelação de 77 satélites (Iridium é o número 77 na tabela periódica), em órbita terrestre baixa, que cobriria o globo e prestaria serviços de telefonia móvel por um preço único – *não importando o local*. E a Motorola concluiu que, se apenas um milhão de pessoas em vários países desenvolvidos pagassem US$ 3 mil por um telefone via satélite, além de uma taxa de uso de US$ 5 por minuto, a rede de satélites rapidamente se tornaria rentável.

É claro que agora sabemos que a Iridium fracassou de forma espetacular e que, no final, isso custou aos seus investidores US$ 5 bilhões. Na verdade, o sistema de satélites estava condenado, antes mesmo de ser colocado em prática, a ser uma das vítimas mais dramáticas da inovação tecnológica.

Existiram várias razões para o fracasso da Iridium. Enquanto a empresa estava lançando seus satélites, o custo de instalação de torres de telefonia celular foi caindo, as velocidades de rede foram aumentando por ordens de magnitude e aparelhos foram diminuindo de tamanho e preço. Para ser justo, a Iridium não estava sozinha em seu erro de julgamento. As concorrentes Odyssey e Globalstar cometeram o mesmo erro fundamental. Em última análise, os investidores perderam mais de US$ 10 bilhões em uma aposta equivocada de que o ritmo da mudança tecnológica seria lento demais para acompanhar a demanda do mercado.

Uma das razões desse desastre, de acordo com Dan Colussy, que administrou a aquisição da Iridium, em 2000, foi a recusa da empresa de atualizar as premissas do negócio. "O plano de negócios da Iridium foi fixado 12 anos antes de o sistema entrar em funcionamento", lembra ele. Isso é muito tempo, o suficiente para ser quase impossível prever onde a última palavra em comunicação digital estaria no momento em que o sistema de satélites finalmente estivesse pronto. Nós, portanto, rotulamos isso como um *momento Iridium* – utilizar ferramentas lineares e tendências do passado para prever um futuro em aceleração.

Outro momento Iridium é o caso bem-documentado da Eastman Kodak, que declarou falência em 2012, após ter inventado, e depois rejeitado, a câmera digital. Por volta da mesma época em que a Kodak estava fechando suas portas, a iniciante Instagram, há três anos no negócio e com apenas 13 colaboradores, foi comprada pelo Facebook por US$ 1 bilhão. (Ironicamente, isso aconteceu enquanto a Kodak ainda possuía as patentes da fotografia digital).

O passo em falso da Iridium e a mudança monumental da Kodak para o Instagram não foram eventos isolados. A concorrência de muitas das empresas americanas da Fortune 500 não está mais vindo da China e da Índia. Como Peter Diamandis observou, hoje está vindo, cada vez mais, de dois rapazes em uma garagem com uma startup, alavancando tecnologias em crescimento exponencial. O YouTube passou de uma startup, financiada pelos cartões de crédito pessoais de Chad Hurley, para uma empresa comprada pelo Google por US$ 1,4 bilhões, tudo isso em menos de 18 meses. A Groupon saltou, em menos de dois anos de sua concepção, para o valor de US$ 6 bilhões. A Uber está avaliada em quase US$ 17 bilhões, dez vezes o valor de apenas dois anos atrás. O que estamos presenciando é uma nova geração de organização que está expandindo e gerando valor a um ritmo nunca antes visto no mundo dos negócios. O gráfico abaixo mostra o metabolismo acelerado da economia.

Valor de mercado em bilhões

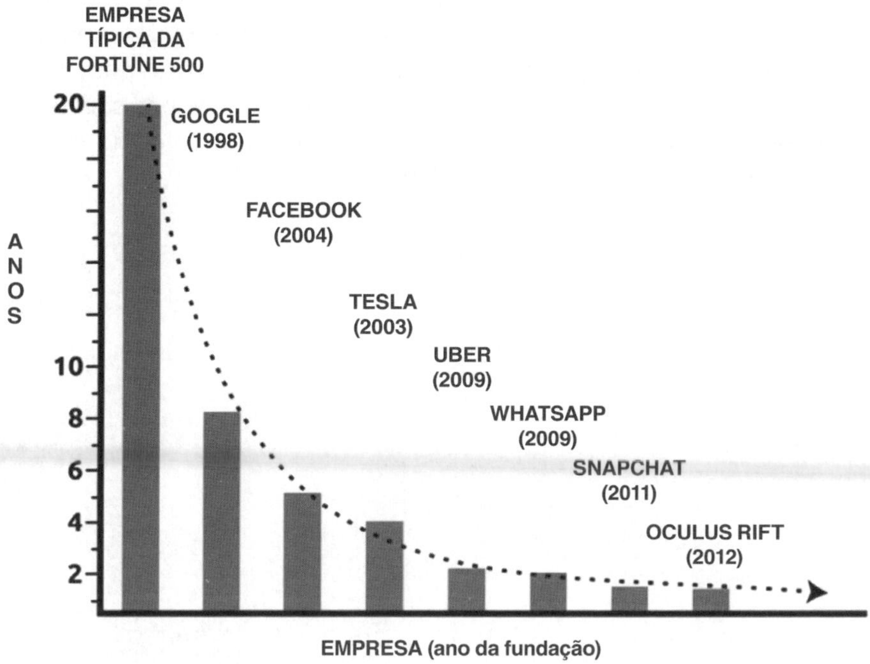

Bem-vindo ao novo mundo da Organização Exponencial, ou ExO. É um lugar onde, como a Kodak, nem a idade, nem o tamanho, nem a reputação, nem mesmo as vendas atuais garantem que você estará vivo amanhã. Por outro lado, é também um lugar onde, se você conseguir criar uma organização suficientemente escalável, veloz e inteligente, você pode desfrutar do sucesso – sucesso exponencial – em um nível nunca antes possível. E tudo isso com um mínimo de tempo e recursos.

Entramos na era das startups de bilhões de dólares e, em breve, das corporações de trilhões de dólares, onde as melhores empresas e instituições estarão se movendo praticamente na velocidade da luz. Se você ainda não fez a transição para a Organização Exponencial, não só vai parecer que sua concorrência está avançando para longe de você, mas também, como a Kodak, que você está sendo deixado para trás, no esquecimento, a uma velocidade vertiginosa.

Em 2011, a Babson's Olin Graduate School of Business previu que, em dez anos, 40% das empresas da Fortune 500 existentes não mais sobreviveriam. Richard Foster, da Universidade de Yale, estima que a vida média de uma empresa da S&P 500 caiu de 67 anos, em 1920, para 15 anos. E que a expectativa de vida ficará ainda menor nos próximos anos, já que essas corporações gigantes não são apenas obrigadas a competir, mas são aniquiladas – aparentemente da noite para o dia – por uma nova geração de empresas que utiliza o poder das tecnologias exponenciais, abrangendo desde *groupware* (software colaborativo) e mineração de dados até biologia sintética e robótica. E, conforme os presságios do Google, os fundadores dessas novas empresas se tornarão os líderes da economia mundial em um futuro próximo.

Produção em dobro

Na maior parte da história escrita, a produtividade de uma comunidade era uma função da sua capacidade humana: homens e mulheres a caçar, coletar e construir e as crianças a ajudar. Ao dobrar o número de mãos que colhiam a safra ou traziam a carne da caça, a comunidade dobrava sua produção.

Com o tempo, a humanidade domesticou animais de carga, como o cavalo e o boi, e a produção aumentou ainda mais. Mas a equação ainda era linear. Se dobrasse o número de animais, a produção dobrava.

Quando o capitalismo de Mercado passou a existir, e com o nascimento da era industrial, a produção deu um salto enorme. Assim, um único indivíduo poderia operar máquinas que faziam o trabalho de dez cavalos ou 100 colaboradores. A velocidade do transporte e, portanto, da distribuição dobrou, e então, pela primeira vez na história humana, a produção triplicou.

O aumento da produção trouxe prosperidade a muitos e, em muitos aspectos, um salto no padrão de vida. A partir do final do século 18 até o presente – e em grande parte como o resultado do cruzamento da Revolução Industrial e do moderno laboratório de pesquisa científica – a humanidade vem presenciando uma duplicação da expectativa de vida e uma triplicação do patrimônio líquido per capita ajustado à inflação em todas as nações da Terra.

Durante essa fase mais recente da produtividade humana, o fator limitante para o crescimento deslocou-se do número de indivíduos (humanos ou animais) para o número de máquinas e a despesa de capital empregada. Dobrar o número de fábricas significa dobrar a produção. As empresas cresceram ainda mais e agora abrangem o mundo inteiro. O tamanho permitiu um maior alcance global, o potencial para dominar o setor e, eventualmente, o sucesso extremamente lucrativo e duradouro.

Mas esse crescimento leva tempo, e geralmente exige um enorme investimento de capital. Nada disso é barato, e a complexidade dos esforços de contratação em grande escala e as dificuldades para projetar, construir e fornecer novos equipamentos significam que os prazos de implementação ainda são medidos em mais de meia década. Muitas vezes, os CEOs e os conselhos de administração acabaram (como fez a Iridium) "apostando a empresa" em uma nova direção, exigindo um enorme investimento de capital, medido em centenas de milhões ou bilhões de dólares. As empresas farmacêuticas, aeroespaciais, de automóveis e de energia frequentemente fazem investimentos cujos retornos não são vistos por muitos anos.

Embora seja um sistema viável, está longe de ser ideal. Muito dinheiro e talentos valiosos são empatados em projetos que duram uma década e cuja probabilidade de sucesso só pode ser medida na iminência de seu fracasso. Tudo isso é somado a um enorme desperdício, especialmente em termos de potencial perdido para perseguir outras ideias e oportunidades que poderiam beneficiar a humanidade.

Essa não é uma situação defensável nem aceitável, especialmente quando os desafios enfrentados pela humanidade no século 21 consumirão toda a imaginação e inovação que pudermos reunir.

Deve haver uma maneira melhor de nos organizar. Nós aprendemos como expandir a tecnologia; agora é hora de aprendermos a expandir as organizações. Essa nova era exige uma solução diferente para a construção de novos negócios, para melhorar o nível de sucesso e para a resolução dos desafios que encontraremos pela frente.

A solução é a Organização Exponencial.

Organizações Exponenciais

Vamos começar com uma definição:

> Uma Organização Exponencial (ExO) é aquela cujo impacto (ou resultado) é desproporcionalmente grande – pelo menos dez vezes maior – comparado ao de seus pares, devido ao uso de novas técnicas organizacionais que alavancam as tecnologias aceleradas.

Ao invés de usar exércitos de colaboradores ou grandes instalações físicas, as Organizações Exponenciais são construídas com base nas tecnologias da informação, que desmaterializam o que antes era de natureza física e o transfere ao mundo digital sob demanda.

Em todos os lugares você se depara com esse processo de transformação digital: em 2012, 93% das transações norte-americanas já eram digitais; empresas de equipamentos físicos, como a Nikon, estão vendo suas câmeras serem suplantadas rapidamente pelas câmeras de smartphones; produtores de mapas e atlas foram substituídos pelos sistemas de GPS Magellan, que por sua vez foram substituídos por sensores de smartphones; e bibliotecas e coleções de música foram transformadas em apps de telefone e leitores de livros digitais. Da mesma forma, as lojas de varejo na China estão sendo substituídas pela ascensão da gigante do comércio eletrônico Alibaba; as universidades estão sendo ameaçadas por MOOCs (Massive Open On-line Course – curso on-line aberto, de massa) como edX e Coursera; e o Tesla S é mais um computador com rodas do que um carro.

Os 60 anos de história da Lei de Moore – basicamente, de que a relação preço/desempenho da computação dobraria a cada 18 meses – foram bem-documentados. E nós percorremos um longo caminho desde 1971, quando a placa de circuito original continha apenas 200 chips; hoje temos teraflops de poder de computação operando no mesmo espaço físico.

Esse ritmo constante, extraordinário, e aparentemente impossível, levou o futurista Ray Kurzweil, que estudou esse fenômeno por 30 anos, a fazer quatro observações originais:

- O padrão de duplicação identificado por Gordon Moore em circuitos integrados se aplica a qualquer tecnologia da informação. Kurzweil chama isso de Lei dos Retornos Acelerados (LOAR) e mostra que os padrões de duplicação na computação podem ser observados desde 1900, muito antes da proposição original de Moore;
- O propulsor que impulsiona esse fenômeno é a informação. Uma vez que todo domínio, disciplina, tecnologia ou setor é habilitado para informação e alimentado por fluxos de informação, sua relação preço/desempenho começa a dobrar aproximadamente a cada ano;
- Uma vez que o padrão de duplicação é iniciado, ele não para. Usamos computadores atuais para projetar computadores mais rápidos, que por sua vez constroem computadores ainda mais rápidos, e assim por diante;
- Atualmente, várias tecnologias-chave são habilitadas para informação e seguem a mesma trajetória. Essas tecnologias incluem a inteligência artificial (IA), robótica, biotecnologia e bioinformática, medicina, neurociência, ciência de dados, impressão 3D, nanotecnologia e até mesmo certos aspectos da energia.

Nunca na história da humanidade vimos tantas tecnologias avançando nesse ritmo. E agora que estamos habilitando tudo para informação, os efeitos da Lei dos Retornos Acelerados de Kurzweil certamente serão profundos.

Além disso, à medida que essas tecnologias se entrelaçam (por exemplo, o uso de algoritmos de IA de aprendizado profundo para analisar exames de câncer), o ritmo da inovação acelera ainda mais. E cada intersecção de tecnologia acrescenta mais um multiplicador para a equação.

Arquimedes disse uma vez: "Dê-me uma alavanca longa o suficiente, e eu moverei o mundo". Em suma, a humanidade nunca teve uma alavanca maior.

Linear vs. Exponencial

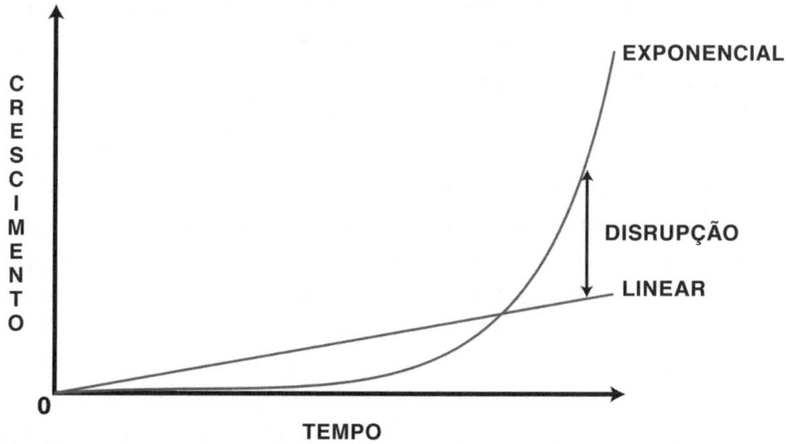

A Lei dos Retornos Acelerados de Kurzweil e a Lei de Moore há muito tempo deixaram de se limitar aos semicondutores e transformaram profundamente a sociedade humana ao longo dos últimos 50 anos. Agora, as Organizações Exponenciais, a mais recente encarnação da aceleração na cultura e empreendimento humanos, estão reformulando o comércio e outros aspectos da vida moderna em um ritmo abrasador que rapidamente deixará o velho mundo das "organizações lineares" muito para trás. As empresas que não embarcarem em breve estarão nas cinzas da história, juntando-se à Iridium, Kodak, Polaroid, Philco, Blockbuster, Nokia e uma série de grandes corporações, outrora dominantes em seus respectivos setores, mas incapazes de adaptar-se às rápidas mudanças tecnológicas.

Nas páginas seguintes, delinearemos os principais atributos internos e externos de uma Organização Exponencial, incluindo sua concepção (ou falta dela), linhas de comunicação, protocolo de tomada de decisão, infraestrutura da informação, gerenciamento, filosofia e ciclo de vida. Vamos analisar como uma ExO difere em termos de estratégia, estrutura, cultura, processos, operações, sistemas, pessoas e indicadores-chave de desempenho. Também vamos discutir a importância crucial de uma sociedade possuir o que chamamos de Propósito

Transformador Massivo (um termo que será definido em profundidade). Depois, analisaremos a forma de lançar uma startup ExO, como adotar as práticas ExO em empresas de média capitalização e como readaptá-las para as grandes organizações.

Nosso objetivo não é transformar este livro em um conjunto de teorias, mas apresentar ao leitor um guia prático sobre a criação e manutenção de uma Organização Exponencial. Oferecemos uma visão prática e prescritiva de como organizar uma empresa capaz de competir em face ao ritmo acelerado das mudanças de hoje.

Embora muitas das ideias apresentadas possam parecer radicalmente novas, elas já existem, furtivamente, há uma década ou mais. Nós identificamos pela primeira vez o paradigma ExO em 2009, e percebemos, ao longo de um período de dois anos, que várias novas organizações estavam seguindo um modelo específico. Em 2011, o futurista Paul Saffo sugeriu a Salim que ele escrevesse este livro, e estivemos pesquisando seriamente o modelo de ExO nos últimos três anos. Para tanto, nós:

- Avaliamos 60 livros clássicos de gestão da inovação de autores como John Hagel, Clayton Christensen, Eric Ries, Gary Hamel, Jim Collins, W. Chan Kim, Reid Hoffman e Michael Cusumano;
- Entrevistamos executivos de nível C de dezenas de empresas da Fortune 200 utilizando nossa pesquisa e sistemas de referência;
- Entrevistamos ou pesquisamos os 90 principais empreendedores e visionários, incluindo Marc Andreessen, Steve Forbes, Chris Anderson, Michael Milken, Paul Saffo, Philip Rosedale, Arianna Huffington, Tim O'Reilly e Steve Jurvetson;
- Investigamos as características das 100 startups mais bem-sucedidas e que mais crescem em todo o mundo, incluindo aquelas que compreendem o Clube do Unicórnio (o nome dado por Aileen Lee ao grupo de startups com valor de mercado estimado em bilhões de dólares), para trazer à tona os aspectos comuns às empresas acostumadas a expandir;
- Avaliamos apresentações e colhemos informações importantes dos principais membros do corpo docente da Singularity University sobre a aceleração que eles estão presenciando em suas áreas de atuação e como essa aceleração pode afetar a estrutura organizacional.

Nós não alegamos ter todas as respostas. Mas, com base em nossas próprias experiências, boas e ruins, acreditamos que podemos oferecer às equipes de gestão uma visão crítica sobre essa era de inovação e competição hiperaceleradas, bem como as novas oportunidades (e responsabilidades) apresentadas por esse novo mundo. Se não for possível garantir o sucesso, pelo menos podemos colocá-lo na melhor posição do campo e mostrar as novas regras do jogo. Essas duas vantagens, somadas à sua própria iniciativa, oferecem boas chances de se tornar um vencedor no novo mundo das Organizações Exponenciais.

PARTE 1

Explorando a Organização Exponencial

Neste segmento, vamos abordar as características, os atributos e as implicações das Organizações Exponenciais.

CAPÍTULO 1

Iluminado pela informação

O momento Iridium original causou enorme embaraço para a indústria de satélites, mas você pode se surpreender ao saber que houve muitos momentos Iridium semelhantes, porém menos divulgados, no setor de telefonia móvel.

Por exemplo, como os telefones móveis no início da década de 1980 eram volumosos e geravam altas tarifas de utilização, a renomada empresa de consultoria McKinsey & Company aconselhou a AT&T a não entrar no negócio de telefonia móvel, prevendo que haveria menos de um milhão de telefones celulares em uso em 2000. Na verdade, em 2000, havia 100 milhões de telefones celulares. McKinsey não só errou 99% em sua previsão, como a recomendação também resultou na perda por parte da AT&T de em sua previsão das maiores oportunidades de negócios dos tempos modernos.

Em 2009, mais uma grande empresa de pesquisa de mercado, a Gartner Group, previu que até 2012 o Symbian seria o principal sistema operacional para dispositivos móveis, com uma participação de mercado de 39% e 203 milhões de unidades vendidas – uma posição de liderança que, segundo a previsão da Gartner, a empresa manteria até 2014.

A Gartner também previu no mesmo relatório que o Android teria uma participação de mercado de apenas 14,5%.

O que realmente aconteceu? A Symbian fechou suas portas no final de 2012, após entregar apenas 2,2 milhões de unidades no quarto trimestre. O Android, por sua vez, superou até mesmo o iPhone OS da Apple e hoje domina o mundo da telefonia móvel, com mais de um bilhão de sistemas operacionais Android entregues somente em 2014.

O capitalista de risco Vinod Khosla conduziu uma pesquisa esclarecedora em que revisou previsões feitas por analistas do setor de telefonia móvel de 2000 a 2010. Ele estudou as principais empresas de pesquisa, como a Gartner, Forrester, McKinsey e Jupiter, para compreender como elas previram o crescimento da indústria de telefonia móvel em incrementos de dois anos ao longo da década.

A pesquisa de Khosla mostrou que, em 2002, os especialistas previram uma média de 16% de crescimento em dois anos. Na verdade, em 2004, o setor presenciou um crescimento de 100%. Em 2004, suas previsões conjuntas indicavam um aumento de 14%; em 2006, o crescimento havia mais uma vez alcançado 100%. Em 2006, os analistas estimaram que as vendas aumentariam apenas 12% – e elas novamente dobraram. Apesar dos três erros anteriores, em 2008 esses mesmos especialistas previram um crescimento de míseros 10%, só para ver o número dobrar novamente – outro salto de 100%. É difícil imaginar como alguém conseguiria estar tão errado. E esses eram os especialistas do setor de telefonia móvel sobre os quais as empresas e governos de todo o mundo basearam seu planejamento estratégico de longo prazo. Nesse caso, o termo "errou feio" parece bem-apropriado.

O que torna esse erro valioso para nossos propósitos é que, em cada ponto de crescimento *exponencial* dos telefones celulares durante a última década, os melhores pesquisadores do mundo previram uma mudança em grande parte *linear*. Mais uma vez, gostaríamos de rotular isso como raciocínio Iridium.

A pesquisa de Khosla revelou-se particularmente convincente e valiosa ao mostrar que esses erros de previsão não eram exclusivos da telefonia móvel, mas também da indústria petrolífera e de uma série de outros setores. Parecia que, diante do crescimento exponencial, os especialistas em quase todos os campos *sempre* projetavam de forma linear, apesar da evidência diante de seus olhos.

Brough Turner, um empresário de renome em VOIP e telefonia móvel, vem criando empresas no setor desde 1990. Tendo acompanhado de perto as previsões do setor desde o início da década de 1990, ele concorda com a análise de Khosla. Em uma recente entrevista para Salim, Turner observou que, embora as projeções iniciais fossem sempre agressivas, os especialistas inevitavelmente esperavam uma redução gradual após os primeiros 18 a 24 meses. No entanto, disse ele, as mesmas taxas de crescimento se mantiveram durante 20 anos. David Frigstad, CEO da empresa de pesquisas Frost & Sullivan, explica pelo menos parte do problema da seguinte maneira: "Prever uma tecnologia quando seu crescimento está dobrando é inerentemente complicado. Se você perder uma única etapa, você está errado em 50%!".

Um exemplo final deve esclarecer a questão. Em 1990, o Projeto Genoma Humano foi lançado com o objetivo de sequenciar completamente um único genoma humano. As estimativas previam que o projeto levaria 15 anos e custaria cerca de US$ 6 bilhões. Em 1997, no entanto, na metade do prazo estimado, apenas 1% do genoma humano havia sido sequenciado. Todos os especialistas condenaram o projeto como um fracasso: como foram necessários sete anos para realizar apenas 1% de sequenciamento, seria preciso 700 anos para concluí-lo. Craig Venter, um dos principais pesquisadores, recebeu telefonemas de amigos e colegas implorando que ele cancelasse o projeto para não se envergonhar ainda mais. "Salve sua carreira", eles lhe disseram. "Devolva o dinheiro."

No entanto, ao ser questionado sobre suas perspectivas, a opinião de Ray Kurzweil sobre o "desastre iminente" foi bem diferente. "Um%", disse ele. "Isso significa que já percorremos metade do caminho." O que Kurzweil percebeu, ao contrário de todos, foi que a quantidade sequenciada estava dobrando a cada ano. Um % duplicado sete vezes é 100%. A matemática de Kurzweil estava correta e, de fato, o projeto foi concluído em 2001, antes do prazo e dentro do orçamento. Os chamados especialistas erraram na previsão por 696 anos.

O que está acontecendo aqui? Como é possível que analistas, empresários e investidores inteligentes e bem-informados errem de forma tão consistente? E não estavam só um pouco errados, mas 99% errados?

Se tais previsões fossem só um pouco incorretas, seria fácil justificar que foram baseadas em dados ruins, ou mesmo simples incompetência. No entanto, erros tão grandes são quase sempre devidos a uma interpretação completamente incorreta das regras que definem a natureza do mercado. Eles ocorrem quando se confia em um paradigma que funciona perfeitamente até o momento em que deixa de funcionar e que, de repente, muitas vezes sem explicação, torna-se obsoleto.

Mas qual é esse novo paradigma que está assumindo um papel central na economia moderna e que definirá a forma como vivemos e trabalhamos?

A resposta se encontra nos casos citados na introdução deste livro. Considere, por exemplo, a história da Eastman Kodak. Seu fracasso foi simplesmente um caso de uma grande empresa que havia se tornado complacente e perdeu sua vantagem em termos de inovação, como foi sugerido pela mídia na época? Ou havia algo maior acontecendo?

Lembre-se dos dias da fotografia em filme, se você tiver idade suficiente para tanto. Cada fotografia custava uma quantidade incremental de dinheiro: o custo do filme, o custo da remessa ou entrega do filme, o custo de processamento desse filme – no final, tudo isso resultava em cerca de um dólar por fotografia. A fotografia era baseada em um modelo de escassez e conservávamos e gerenciávamos cuidadosamente nossas fotos e rolos de filme para garantir que não houvesse desperdício de fotos.

Com a mudança para a fotografia digital, algo importante – na verdade, algo revolucionário – aconteceu. O custo marginal de tirar uma foto adicional não apenas diminuiu, como ocorreria com um desenvolvimento linear da tecnologia, mas essencialmente caiu para zero. Não importa se você tirou cinco fotos ou quinhentas. O custo é o mesmo. No fim, até mesmo o armazenamento das fotos se tornou gratuito.

E esse não foi o único salto tecnológico. Uma vez digitais, você poderia aplicar a computação às fotografias, na forma de reconhecimento de imagens, inteligência artificial, tecnologias sociais, filtragem, edição e aprendizado de máquina. Qualquer pessoa com um mínimo de treinamento poderia se tornar um "gênio da câmara escura", como Edward Weston ou Ansel Adams. Também se tornou possível manipular, mover e copiar uma fotografia digital de modo infinitamente mais rápido e fácil do que uma fotografia física. E, dessa forma, você acabou se tornando um editor, e até um serviço de impressão e agência de notícias. E todas essas coisas poderiam ser feitas com uma câmera que tinha uma fração do custo e do tamanho das versões analógicas tradicionais por ela substituídas.

Em outras palavras, o que aconteceu no mundo da fotografia não foi apenas um grande avanço. Nem mesmo apenas um grande salto evolutivo. A Eastman Kodak teria conseguido se manter competitiva se isso fosse o único desafio. Mas a Kodak (e a Polaroid, entre outras gigantes do setor) foi atingida por uma mudança tecnológica revolucionária que surgiu de várias direções: câmeras, filmes, processamento, distribuição, varejo, marketing, embalagem, armazenamento e, de forma decisiva, uma mudança radical na percepção do mercado.

Essa é a definição típica de uma mudança de paradigma. Há uma lição importante e fundamental ilustrada em cada um desses casos: um ambiente baseado em informações proporciona *oportunidades fundamentalmente disruptivas*.

Existem milhares de disrupções semelhantes ocorrendo em toda a economia global. Uma mudança profunda está acontecendo de um substrato físico para um substrato de informação. Ou seja, no coração de cada uma dessas disrupções – esses saltos evolutivos – pode ser encontrada uma mudança fundamental no papel da informação: chips semicondutores assumindo o papel da captura de imagem, exibição, armazenamento e controle; a internet transformando o fornecimento, distribuição e canais de varejo; e redes sociais e *groupware* reorganizando as instituições. Tudo isso indica que estamos mudando para um *paradigma baseado em informação*.

Em seu livro *The Singularity is Near: When Humans Transcend Biology*, Kurzweil identificou uma propriedade muito importante e fundamental da tecnologia: quando você muda para um ambiente baseado em informação, o ritmo de desenvolvimento entra em uma trajetória de crescimento exponencial e a relação preço/desempenho dobra a *cada* um ou dois anos.

Como todos no setor de tecnologia sabem, esse ritmo de mudança foi descoberto e descrito em 1964 pelo cofundador da Intel Corporation, Gordon Moore. Sua descoberta, imortalizada como a Lei de Moore, testemunhou a duplicação do preço/desempenho da computação continuar ininterruptamente por meio século. Como foi observado na introdução, Kurzweil expandiu ainda mais a Lei de Moore, notando que cada paradigma baseado em informação opera da mesma maneira, algo que chamou de Lei dos Retornos Acelerados (LOAR).

Há um crescente reconhecimento de que o ritmo de mudança visto na computação está ocorrendo em outras tecnologias e com o mesmo efeito. Por exemplo, o primeiro genoma humano foi sequenciado em 2000 a um custo de US$ 2,7 bilhões. Devido às acelerações subjacentes na computação, sensores e novas técnicas de medição, o custo do sequenciamento do DNA diminuiu em um ritmo cinco vezes maior que o da Lei de Moore. Em 2011, o Dr. Moore teve seu próprio genoma sequenciado por US$ 100 mil. Hoje, esse mesmo sequenciamento custa cerca de US$ 1 mil, um valor que deve chegar a US$ 100 em 2015 e apenas um centavo em 2020, quando, nas palavras de Raymond McCauley, "Em breve o sequenciamento de genoma será mais barato... que uma descarga de vaso sanitário".

Vimos um movimento semelhante na área da robótica. Esses helicópteros de brinquedo de US$ 20 com que todas as crianças estão brincando? Há cinco anos eles custavam US$ 700. Há oito anos, nem sequer existiam. Como o ex-astronauta Dan Barry disse sobre um helicóptero de brinquedo disponível na Amazon por US$ 17, "Ele possui um giroscópio, cuja construção os engenheiros do ônibus espacial teriam gasto US$ 100 milhões, 30 anos atrás".

E isso é apenas na biotecnologia e na robótica. Também estamos vendo os custos despencarem em uma série de outras tecnologias, incluindo as seguintes:

	Custo (médio) para uma funcionalidade equivalente	Escala
Impressão 3D	De US$ 40 mil (2007) para US$ 100 (2014)	400x em 7 anos
Robôs industriais	De US$ 500 mil (2008) para US$ 22 mil (2013)	23x em 5 anos
Drones	De US$ 100 mil (2007) para US$ 700 (2013)	142x em 6 anos
Energia Solar	De US$ 30 por kWh (1984) para US$ 0,16 por kWh (2014)	200x em 20 anos
Sensores (sensor LIDAR 3D)	De US$ 20 mil (2009) para US$ 79 (2014)	250x em 5 anos
Biotecnologia (sequenciamento de DNA humano)	De US$ 10 milhões (2007) para US$ 1 mil (2014)	10.000x em 7 anos
Neurotecnologia (dispositivos de interface cérebro-computador)	De US$ 4 mil (2006) para US$ 90 (2011)	44x em 5 anos
Medicina (escaneamento completo)	De US$ 10 mil (2000) para US$ 500 (2014)	20x em 14 anos

Em cada um desses domínios, pelo menos um aspecto está sendo habilitado para informação, o que faz com que essas tecnologias sejam lançadas no trem-bala da Lei de Moore, em que o ritmo de desenvolvimento acelera em um padrão de duplicação.

O mundo físico ainda existe, é claro, mas nossa relação com ele está mudando fundamentalmente. Observe que, para muitos de nós, as memórias não estão mais em nossas cabeças: estão enterradas em nossos smartphones. Por meio das redes sociais, nossos relacionamentos estão cada vez mais digitais, não analógicos, e nossa comunicação é quase totalmente digital. Estamos mudando rapidamente o filtro por meio do qual lidamos com o mundo a partir de uma perspectiva física com base material para uma perspectiva baseada na informação e no conhecimento.

E isso é apenas o começo. Dez anos atrás, havia 500 milhões de dispositivos conectados à internet. Hoje, existem cerca de oito bilhões. Em 2020, haverá 50 bilhões e, uma década depois, teremos um trilhão de dispositivos conectados à internet à medida que, literalmente, todos os aspectos do mundo estiverem habilitados para informação com a internet das coisas (*Internet of Things*). A internet é hoje o sistema nervoso do mundo, com nossos dispositivos móveis servindo como nós (*nodes*) e pontos de acesso na rede.

Pense nisso por um segundo: nós estaremos saltando de oito bilhões de dispositivos conectados à internet hoje para 50 bilhões até 2025, e para um trilhão apenas uma década mais tarde. Nós tendemos a achar que, como já se passaram 30 ou 40 anos da Revolução da Informação, estamos bem adiantados em termos de seu desenvolvimento. Mas, de acordo com esse cálculo, nós percorremos apenas 1% do caminho. Na prática, *todo* esse crescimento ainda está à nossa frente.

E *tudo* está sendo desestabilizado nesse processo.

A magnitude dessa disrupção, especialmente no aspecto do consumidor, está se tornando óbvia somente agora. Isso começou com certos produtos e setores, tais como livros (Amazon) e viagens (Booking.com). Em seguida, os sites de anúncios classificados (Craigslist) e de leilão (eBay) dizimaram a indústria jornalística, que foi ainda mais desestabilizada nos últimos anos pelo Twitter, *Huffington Post*, *Vice e Medium*. Mais recentemente, indústrias inteiras foram desestabilizadas. A indústria musical, por exemplo, foi desestabilizada inicialmente graças ao iTunes da Apple.

Agora, em 2014, é difícil identificar uma indústria que nem *sequer* foi fundamentalmente desestabilizada. E não apenas as empresas, mas também os empregos. Como disse David Rose, um investidor-anjo e fundador da Gust: "Todas as funções que podemos identificar estão sendo fundamentalmente transformadas". Mesmo os "velhos" setores, como o de construção civil, estão se debatendo em meio à disrupção. Mike Halsall, um executivo de uma empresa de construção civil, relatou que as disrupções mais significativas em seu setor incluem:

- O aumento da colaboração (transformando uma indústria opaca em uma indústria mais transparente e substancialmente mais eficiente);
- Software de design e visualização cada vez mais sofisticados;
- Impressão 3D.

Halsall estima que a soma dessas disrupções pode reduzir os empregos na construção civil em mais de 25% em dez anos. (A propósito, o setor da construção civil representa uma indústria de US$ 4,7 trilhões por ano.) Na indústria de viagens corporativas, Russ Howell, vice-presidente executivo da Global Technology na BCD Travel, observa que 50% das transações realizadas por meio de centrais de atendimento operadas por telefone passaram para a internet em menos de uma década. Além disso, ele espera que 50% dessas transações passem para smartphones dentro de três anos.

Como esse novo paradigma baseado em informação faz com que o metabolismo do mundo se aqueça, estamos sentindo cada vez mais seu impacto macroeconômico. Por exemplo, atualmente, as impressoras 3D mais baratas custam apenas US$ 100. Isso significa que, dentro de mais ou menos cinco anos, a maioria das pessoas terá condições de comprar impressoras 3D para fabricar brinquedos, talheres, ferramentas e acessórios – essencialmente, tudo que pudermos imaginar. As implicações dessa "revolução da impressão" são quase inimagináveis.

Podemos dizer o mesmo sobre as potenciais repercussões. Considere que, com todos os avanços durante as últimas décadas, a economia chinesa ainda é baseada fundamentalmente na fabricação e na montagem de peças de plástico baratas. Isso significa que, dentro de uma década, a economia chinesa poderá estar seriamente ameaçada pela tecnologia de impressão 3D. E esse é apenas um setor. (Em seguida, considere o efeito cascata se uma China economicamente abalada decidir exigir o pagamento de sua dívida no exterior.)

Historicamente, os avanços disruptivos sempre ocorrem quando campos díspares se cruzam. Considere, por exemplo, como a combinação do moinho de água com o tear ajudou a lançar a Revolução Industrial. Hoje, estamos essencialmente interligando *todos* os novos campos inovadores. E não apenas os novos campos: colisões semelhantes também estão ocorrendo em disciplinas antigas, como a arte e a biologia ou a química e a economia. Não é de admirar que Larry Keeley, fundador da Doblin Group, uma respeitada empresa de consultoria de estratégia de inovação, tenha dito, "Eu nunca vi, em 32 anos, algo parecido com o ritmo das mudanças que estamos vendo hoje".

Mesmo as indústrias que antes eram consideradas imunes à tecnologia estão sendo afetadas pelo impacto da informação de segunda ordem. Por exemplo, em janeiro de 2013, Santiago Bilinkis, um empresário de renome na Argentina, notou que os lava-rápidos de em Buenos Aires viram sua receita cair 50% em relação à década anterior. Considerando o crescimento da classe média na Argentina, o aumento constante nas vendas de carros de luxo e uma população que tem orgulho de exibir carros limpos, a queda na receita não fazia sentido. Bilinkis passou três meses pesquisando a situação, verificando se havia mais concorrentes no mercado (não havia) ou se tinham sido introduzidas novas leis de conservação de água (não foram). Depois de eliminar todas as possibilidades, ele encontrou a resposta: graças ao aumento de dados e ao poder de computação, as previsões dos meteorologistas ficaram 50% mais precisas durante esse período. Quando sabem que vai chover, os motoristas deixam de lavar o carro, o que resulta em um número menor de visitas. Assim, o desenvolvimento computacional na previsão do tempo causou um impacto em um setor aparentemente imune aos avanços tecnológicos, como os lava-rápidos de Buenos Aires.

Para compreender plenamente a aceleração extrema que estamos presenciando, lembre-se dos US$ 10 bilhões que foram perdidos com a Iridium e outros investimentos em satélites na década de 1990. Hoje,

20 anos depois, uma nova geração de empresas de satélites – Skybox, Planet Labs, Nanosatisfi e Satellogic – está lançando nanosatélites (que têm, essencialmente, o tamanho de uma caixa de sapatos). O custo por lançamento é de cerca de US$ 100 mil por satélite – uma fração do custo investido pela Iridium de US$ 1 bilhão por lançamento de sua constelação. Mais importante ainda, com o lançamento de um conjunto de nanosatélites operando em uma configuração de malha coordenada, a capacidade desses novos satélites está muito além do que a geração anterior poderia fazer.

Por exemplo, a Planet Labs já tem 31 satélites em órbita e planeja lançar outros 100 em 2014. A Satellogic, operando a partir da Argentina, já lançou seus três primeiros satélites e, em breve, será capaz de fornecer *vídeo em tempo real de qualquer lugar na Terra com resolução de 1 metro.* Emiliano Kargieman, o fundador da Satellogic, estima que o custo total do lançamento de sua frota será inferior a US$ 200 milhões. Considerando tudo isso, essa nova geração de empresas de satélites está operando a um custo dez mil vezes menor e com um desempenho 100 vezes melhor do que 20 anos atrás, um aumento de um milhão de vezes. Isso sim é um momento Iridium.

Principais lições:

- Especialistas de várias áreas irão projetar linearmente em tempos de mudança exponencial.
- A transição explosiva da fotografia em filme para a digital está ocorrendo em diversas tecnologias em aceleração.
- Tudo está sendo habilitado para a informação.
- Um ambiente habilitado para a informação proporciona fundamentalmente oportunidades disruptivas.
- Mesmo as indústrias tradicionais estão prontas para a disrupção.

CAPÍTULO 2

Um conto de duas empresas

Em um dos momentos mais emblemáticos da história empresarial moderna, Steve Jobs abalou o mundo em janeiro de 2007 com o anúncio do iPhone da Apple, lançado seis meses depois.

Literalmente, tudo na alta tecnologia mudou naquele dia – na verdade, você pode até chamar isso de singularidade – à medida que todas as estratégias existentes de eletrônicos de consumo instantaneamente se tornaram obsoletas. Naquele momento, o futuro do mundo digital teve de ser reconsiderado.

Dois meses depois, a gigante finlandesa de telefonia móvel, a Nokia, gastou o valor descomunal de US$ 8,1 bilhões na compra da Navteq, uma empresa de navegação e mapeamento. A Nokia queria a Navteq porque esta dominava a indústria de sensores de tráfego. A Nokia concluiu que o controle desses sensores permitiria dominar o mapeamento e a informação on-line e móvel da região – recursos que atuam como uma barreira defensiva contra a crescente predação de mercado do Google e da Apple.

O preço estratosférico refletia o quase monopólio da Navteq da indústria de sensores de tráfego. Só na Europa, os sensores da Navteq cobriam aproximadamente 400 mil quilômetros em 35 grandes cidades espalhadas por 13 países. A Nokia estava convencida de que, com o monitoramento em tempo real do tráfego global com os sensores da Navteq, seria possível competir com a presença crescente do Google nos dados em tempo real e, ao mesmo tempo, defender-se do novo produto revolucionário da Apple.

Pelo menos, essa era a teoria. Infelizmente para a Nokia, uma pequena empresa israelense chamada Waze foi fundada mais ou menos na mesma época.

Em vez de fazer um enorme investimento de capital em hardware na forma de sensores de tráfego, os fundadores da Waze preferiram utilizar o crowdsourcing de informações de localização, aproveitando os sensores de GPS nos telefones dos usuários – o novo mundo dos smartphones que havia acabado de ser anunciado na Apple por Steve Jobs – para capturar as informações de trânsito. Em dois anos, o número de fontes de dados de tráfego da Waze se igualava ao número de sensores que a Navteq possuía e, em quatro anos, esse número era dez vezes maior. Além do mais, o custo para adicionar mais uma fonte era essencialmente zero. Sem mencionar que os usuários da Waze atualizavam regularmente seus telefones – e, portanto, a base de informações da Waze. Em contraste, a atualização do sistema Navteq custava uma fortuna.

A Nokia fez uma enorme aposta defensiva ao adquirir um ativo na esperança de driblar o iPhone. Foi o tipo de iniciativa celebrada no mundo dos negócios – se bem-sucedida, é claro. Mas como a Nokia não compreendeu as maiores implicações exponenciais dos ativos alavancados (ver o capítulo 3), o esforço foi um fracasso espetacular. Em junho de 2012, a valor de mercado da Nokia tinha caído de US$ 140 bilhões para US$ 8,2 bilhões – praticamente o que gastou para adquirir a Navteq. A maior empresa do mundo de telefonia móvel perdeu sua liderança. E por ter perdido o capital necessário para retomar sua posição, provavelmente perdeu para sempre seu papel de líder do setor.

Em junho de 2013, o Google adquiriu a Waze por US$ 1,1 bilhão. Naquela época, a empresa não tinha infraestrutura, nem hardware e não mais de 100 colaboradores. O que ela tinha, no entanto, era 50 milhões de usuários. Mais precisamente, a Waze tinha 50 milhões de "sensores de tráfego humanos", o dobro em relação a apenas um ano antes. Desde então, esse número provavelmente dobrou mais uma vez para 100 milhões de sensores de localização no mundo inteiro.

A Nokia seguiu as velhas regras lineares, e investiu em infraestrutura física (lembra-se da Iridium?) na esperança de que ela viria a ser uma barreira competitiva. E foi, é claro, mas apenas para os usuários de sensores de tráfego, mas não em relação aos desenvolvedores de aplicativos de celulares habilitados para informação. Em contraste, a Waze passou a perna nos sensores físicos simplesmente pegando carona nos usuários de smartphones.

Em um epílogo em tempo real para o caso da Nokia/Navteq, no momento em que escrevemos isso, a Microsoft adquiriu o portfólio de patentes do negócio de aparelhos de telefone celular da Nokia por US$ 7,2 bilhões, ou cerca de US$ 1 bilhão a menos do que a Nokia pagou pela Navteq. Bem no momento em que a Nokia perdeu totalmente a liderança no setor de telefonia celular, a Microsoft tem se esforçado para ganhar participação de mercado para seu software, o Windows Phone.

A explicação da Microsoft para a transação com a Nokia é aumentar seus lucros e sua participação em telefones; criar uma experiência de telefonia de primeira classe aos usuários da Microsoft; impedir que o Google e a Apple tenham exclusividade na inovação, integração, distribuição e economia de *apps*; e valer-se de uma grande oportunidade financeira alimentada pelo crescimento da indústria de smartphones. O tempo dirá como esse cenário vai se desenrolar e se a aquisição da Nokia foi um caso de expansão linear, exponencial ou simplesmente de propriedade intelectual.

O caso da Waze versus Navteq é importante e relevante para nós, não apenas para mostrar quem ganhou e quem perdeu, mas também pela diferença fundamental nas abordagens das duas empresas em relação à *propriedade*. A Nokia gastou uma quantidade enorme de recursos para comprar e manter bilhões de dólares em ativos físicos, enquanto a Waze simplesmente acessou as informações já disponíveis em dispositivos tecnológicos de propriedade do usuário.

O primeiro é um exemplo clássico do pensamento linear; o último, do pensamento exponencial. Enquanto a estratégia linear da Nokia era dependente da velocidade da instalação física, a Waze se beneficiou da velocidade exponencialmente maior em que a informação pode ser acessada e compartilhada.

Desde os tempos remotos, os seres humanos têm trabalhado para possuir "coisas" e então negociar o acesso a elas. Esse comportamento começou em tribos, foi adotado por clãs, e depois se espalhou pelas nações, impérios e, mais recentemente, pelos mercados globais, tornando possíveis instituições humanas cada vez maiores. O valor sempre foi gerado ao possuir mais terras, mais equipamentos, mais máquinas, mais pessoas. A propriedade foi a estratégia perfeita para gerir recursos escassos e garantir um ambiente relativamente previsível e estável.

Quanto mais você tinha, ou seja, quanto mais valor você "possuísse" – mais rico e mais poderoso você ficaria. Para gerenciar esse ativo, é claro, você precisava de pessoas. Muitas delas. Se um lote de terra fosse duas vezes maior, você precisaria do dobro de pessoas para cultivá-lo ou protegê-lo. Felizmente, nossa esfera de controle não ia muito além do horizonte, por isso era um arranjo perfeitamente viável.

Uma vez que alcançamos uma massa crítica de pessoas necessárias para gerir ou proteger nossos ativos, nós criamos hierarquias. Em cada tribo ou aldeia, havia uma ordem hierárquica implícita ou explícita à estrutura de poder. Quanto maior a tribo, maior a hierarquia. Então, começando na Idade Média, mas tendo se estabelecido completamente com a Revolução Industrial e o surgimento da corporação moderna, esse pensamento hierárquico local foi transferido para as empresas e estruturas governamentais, um sistema que, com apenas algumas modificações, se manteve desde então.

Hoje, ainda gerenciamos e medimos com essa escala linear. Isto é: uma quantidade x de trabalho exige quantidade y de recursos, 2x precisa de 2y, e assim por diante, em uma magnitude *aritmética* cada vez maior.

A automação, a produção em massa, a robótica e até mesmo a virtualização por meio de computadores alteraram a inclinação desse gráfico, mas ele ainda permaneceu linear. Se um caminhão betoneira pode substituir 100 trabalhadores que preparam o concreto manualmente, dois caminhões substituirão 200 trabalhadores. Da mesma forma, grande parte da sociedade também é medida com base nisso: o número de médicos por 100 mil pacientes, o tamanho das turmas por professor, o PIB e a energia per capita. O trabalho é pago por hora, assim como honorários advocatícios, e o preço da habitação é medido por metros quadrados.

Nos negócios, a forma como construímos a maioria dos produtos e serviços continua a refletir esse pensamento linear, incremental e sequencial. Assim, a maneira clássica de construir um produto, seja ele um enorme avião de passageiros ou um minúsculo microprocessador, é por meio de um processo em estágios chamado Desenvolvimento de Novos Produtos, ou NPD (New Product Development), que inclui os seguintes passos:

1. Geração de ideias;
2. Triagem de ideias;
3. Desenvolvimento e teste de conceito;
4. Análise de negócios;
5. Teste beta e teste de mercado;
6. Implementação técnica;
7. Comercialização;
8. Precificação do novo produto.

Esse processo está tão codificado no DNA da empresa moderna que existe até uma associação do setor para ele, chamada de Product Development and Management Association (PDMA).

Você deve achar que, embora essa abordagem linear antiquada ainda seja predominante nos setores maduros, já foi há muito tempo abandonada no mundo das novas tecnologias. Você está errado. O processo linear ainda está difundido em toda a economia mundial, recebendo nomes diferentes para cada uma de suas variações. Em software, por exemplo, é chamado de abordagem em cascata. Embora novos métodos de desenvolvimento, como o Agile, tenham surgido para simplificar essa abordagem e paralelizar alguns de seus passos, o paradigma básico ainda é linear e incremental. Não importa se você está fabricando locomotivas ou criando aplicativos para o iPhone, o desenvolvimento linear de produtos continua a ser o modo predominante de se fazer as coisas. Consulte o diagrama abaixo, observando que isso funciona quando ambos – o problema e a solução desejada – são precisamente conhecidos.

Desenvolvimento de produto tradicional

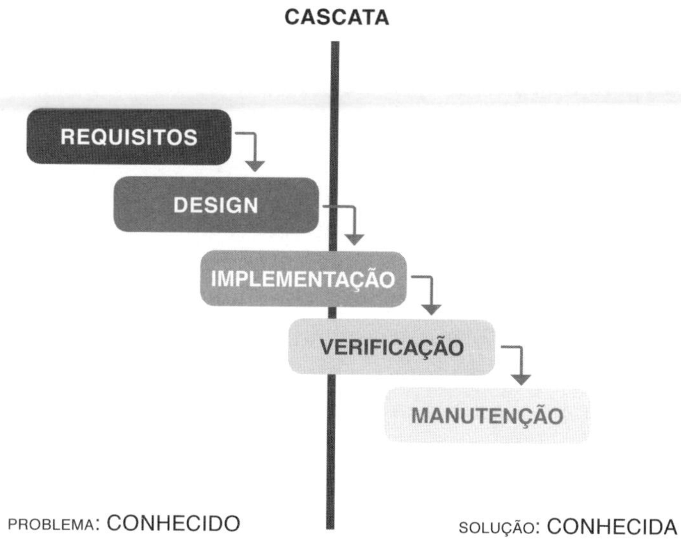

Quando você pensa de forma linear, quando as operações são lineares e quando suas medidas de desempenho e sucesso são lineares, o resultado sempre acaba sendo uma organização linear que vê o mundo por meio de uma lente linear. E isso ocorreu com uma empresa multibilionária e tecnologicamente avançada como a Nokia. Tal organização sempre acaba possuindo muitas das seguintes características:

- Organização *top-down* e hierárquica;
- Orientação a resultados financeiros;
- Pensamento linear e sequencial;
- A inovação ocorre principalmente a partir de dentro;
- O planejamento estratégico é geralmente uma extrapolação do passado;
- Intolerância ao risco;
- Inflexibilidade dos processos;
- Grande número de colaboradores;
- Controle de seus próprios ativos;
- Fortemente investido no status quo.

Como disse o renomado autor de negócios John Hagel: "Nossas organizações estão preparadas para suportar essas mudanças do lado de fora", ao invés de abraçar essas mudanças mesmo quando são úteis. O corolário do engenheiro aeroespacial Burt Rutan é: "Defenda e não questione".

Não é de se surpreender que, considerando todas essas características, as organizações lineares raramente causarão uma disrupção em seus próprios produtos ou serviços. Elas não têm as ferramentas, a atitude ou a perspectiva para isso. O que elas farão, e o que elas foram construídas para fazer, é continuar crescendo para tirar proveito da economia de escala. A *escala* – embora linear – é a *raison d'être* da organização linear. John Seely Brown chama isso de "eficiência escalável" e afirma que é o paradigma que orienta a maioria das estratégias corporativas e as arquiteturas corporativas. Clayton Christensen imortalizou esse tipo de pensamento em seu clássico livro de negócios, *O Dilema da Inovação: Quando as Novas Tecnologias Levam Empresas ao Fracasso.*

A maioria das grandes organizações usa a chamada *estrutura matricial*. A gestão de produto, o marketing e as vendas são muitas vezes alinhados verticalmente, e as funções de apoio como RH, jurídico, finanças e TI são geralmente horizontais. Assim, a pessoa que está cuidando da parte legal de um produto tem de se reportar ao diretor de produto, que tem responsabilidade sobre a receita, e ao diretor do departamento jurídico, cuja função é assegurar a consistência entre os vários produtos. Isso é ótimo para o comando e o controle, mas é terrível para a prestação de contas, a agilidade e a tolerância ao risco. Toda vez que você tenta fazer algo, tem de obter a autorização de todos os chefões do RH, jurídico, contabilidade e assim por diante, o que leva tempo.

Outra questão importante que Salim observou nas estruturas matriciais é que, ao longo do tempo, o poder se acumula nas horizontais. Muitas vezes, o RH ou jurídico não têm incentivo para dizer "sim" e assim sua resposta padrão torna-se "não" (é por isso que o RH é muitas vezes chamado de "recursos desumanos"). Não é que as pessoas de RH sejam más. Mas, com o tempo, seus incentivos acabam se conflitando com os dos gerentes de produto.

Nas últimas décadas, a corrida para obter economias de escala resultou em uma explosão de grandes corporações globalizadas. Ao mesmo tempo, a pressão por margens cada vez maiores levou ao *offshoring*, expansão internacional e megafusões em nome da redução de custos, aumento de receitas e melhores resultados financeiros.

Mas cada uma dessas mudanças tem um grande custo, porque o outro extremo do tamanho é a flexibilidade. Por mais que se esforcem, as grandes empresas com amplas instalações e dezenas de milhares de colaboradores espalhados pelo mundo enfrentam o desafio de operar com agilidade em um mundo em rápida evolução. Em sua análise da disrupção exponencial, Hagel também observa: "Uma das questões-chave em um mundo exponencial... é que tudo em que você acredita hoje logo se tornará obsoleto, e por isso você tem de estar sempre se atualizando sobre as tecnologias e sobre as capacidades organizacionais. Isso será um grande desafio". A mudança rápida ou disruptiva é algo que as grandes organizações matriciais consideram extremamente difícil. Na verdade, as organizações que tentaram isso descobriram que seu "sistema imunológico" costuma reagir à ameaça percebida como sendo um ataque. Gabriel Baldinucci, o executivo-chefe de estratégia da Singularity University e ex-diretor da divisão de capital de risco do Virgin Group, observou que existem dois níveis de respostas imunológicas. O primeiro é defender a atividade principal, porque é o status quo; o segundo é defender a si mesmo como um indivíduo, porque há mais retorno do investimento para você do que para a organização.

O que faz com que as empresas tradicionais sejam altamente eficientes em termos de expansão e crescimento, desde que as condições de mercado permaneçam inalteradas, é também o que as torna extremamente vulneráveis à disrupção. Como Peter Thiel disse: "A globalização está deixando de ser 'um para N', ou seja, de copiar os produtos existentes. Isso foi no século 20. Agora, no século 21, estamos entrando em um mundo onde o 'zero para um' e a criação de novos produtos serão uma prioridade cada vez maior para as empresas, devido ao surgimento de diferentes tecnologias exponenciais".

As grandes empresas podem ser tudo, menos estúpidas. Elas estão cientes dessa fraqueza estrutural e muitas estão se esforçando para corrigi-la. Por exemplo, um dos primeiros passos de Larry Page ao se tornar o CEO do Google em abril de 2011 foi eliminar camadas gerenciais e achatar a organização. Programas semelhantes foram implementados na multinacional chinesa Haier e em outras grandes organizações. Embora algumas dessas correções se mostrem bem-sucedidas, em longo prazo esse achatamento é apenas um paliativo, pois o número total de colaboradores – o peso financeiro e a resistência à mudança – raramente diminui.

É claro que nem todos os setores estão "enxugando". Uma indústria que está caminhando na direção oposta é a farmacêutica. E acreditamos que isso causará arrependimento. Depois que as vendas das drogas de sucesso começaram a definhar por volta de 2012*, em vez de se dividirem em unidades menores e mais flexíveis, os líderes do mercado da indústria farmacêutica optaram pelas consolidações e fusões que pareciam agradar a Wall Street. Acreditamos que o aumento do tamanho reduzirá a flexibilidade das empresas farmacêuticas ainda mais, aumentando assim sua exposição à disrupção.

Um exemplo dessa disrupção iminente é o adolescente Jack Andraka que, aos 14 anos, desenvolveu sozinho um teste de detecção de câncer pancreático em estágio inicial que custa apenas três centavos. Sua abordagem (aguardando revisão por pares) é 26 mil vezes mais barata, 400 vezes mais sensível e 126 vezes mais rápida que os diagnósticos de hoje. Os líderes do mercado da indústria farmacêutica não têm ideia de como lidar com Jack, um dos muitos garotos prodígios que estão surgindo no mundo inteiro. E todos eles têm o potencial de desestabilizar grandes empresas e setores bem-estabelecidos. Os Jacks do mundo trazem o pensamento exponencial ao nosso mundo linear e nada poderá impedi-los.

Voltando ao caso Navteq versus Waze, uma coisa que esperamos deixar claro é que o pensamento linear tradicional não funciona em um mundo exponencial. Em suma, não tem como competir. Salim viu isso em primeira mão no Yahoo em 2007 que, apesar de suas credenciais na web, operava dentro de uma clássica estrutura organizacional matricial linear. Cada vez que um novo produto era lançado, ou quando um produto mais antigo era modificado, a equipe responsável precisava mexer alguns pauzinhos – desenvolvimento de marca, jurídico, privacidade e RP etc. – e cada etapa levava dias ou semanas. Isso significa que no momento em que qualquer coisa finalmente chegava à internet do consumidor, geralmente era tarde demais; alguma startup ou outra empresa já havia começado. A conclusão de Salim sobre uma causa fundamental dos problemas do Yahoo é que sua estrutura organizacional é a antítese da indústria.

O Yahoo não está sozinho. Até mesmo o poderoso Google enfrenta esse problema. Foram necessários dois anos e um esforço enorme para lançar o Google+ ao público. Embora seja um produto primoroso, na época de seu lançamento, em meados de 2011, o Facebook tinha uma vantagem quase insuperável.

---

*<www.fool.com/investing/general/2013/02/28/big-pharmas-blockbuster-battle.aspx>.

Como vimos no primeiro capítulo, este ritmo de mudança não vai desacelerar tão cedo. Na verdade, a Lei de Moore praticamente garante que continuará a acelerar – e acelerar exponencialmente – por várias décadas, no mínimo. E, devido ao impacto transversal em outras tecnologias, se nos últimos 15 anos presenciamos uma enorme disrupção no mundo dos negócios, nos próximos 15 anos essa disrupção parecerá insípida em comparação.

As empresas de internet mudaram a forma como anunciamos e comercializamos. Elas transformaram o mundo dos jornais e das editoras e mudaram profundamente a forma como comunicamos e interagimos uns com os outros. Uma razão para essa mudança é que o custo de distribuição de um produto ou serviço, particularmente se puder ser convertido quase totalmente em informação, caiu praticamente para zero. Costumava exigir milhões de dólares em servidores e softwares para lançar uma empresa de softwares. Graças à Amazon Web Services (AWS), agora isso custa apenas uma pequena fração desse montante. Casos semelhantes podem ser encontrados em cada departamento, em cada setor da economia moderna.

A história e o bom senso deixam claro que você não pode transformar radicalmente cada parte de uma organização – e acelerar o ritmo inerente dessa empresa para uma hipervelocidade – sem alterar fundamentalmente a natureza da organização. É por isso que, nos últimos anos, um novo esquema organizacional congruente com essas mudanças começou a surgir. Nós o chamamos de Organização Exponencial precisamente porque representa a estrutura mais adequada para enfrentar o ritmo acelerado, não linear, baseado na internet, da vida moderna. Mesmo as empresas de ponta tradicionais só podem obter *outputs* (resultados) aritméticos por *input* (entrada), mas uma ExO obtém *outputs* geométricos por *input* ao se valer do padrão de duplicação exponencial de tecnologias baseadas em informação.

Para alcançar esse escalabilidade, as novas organizações ExO como a Waze estão virando a organização tradicional pelo avesso. Ao invés de possuir ativos ou mão de obra e obter um retorno sobre os ativos de forma incremental, as ExOs alavancam recursos externos para alcançar seus objetivos. Por exemplo, elas mantêm um pequeno núcleo de colaboradores e instalações, permitindo uma enorme flexibilidade enquanto as margens de lucro decolam. Elas *recrutam* seus clientes e alavancam comunidades on-line e off-line para tudo, desde a concepção do produto até o desenvolvimento de aplicativos. Elas flutuam no topo da infraestrutura existente e emergente em vez de tentar possuí-la. E elas crescem a velocidades incríveis precisamente porque não se dedicam a possuir seu mercado, mas a recrutá-lo para seus propósitos. Um grande exemplo é a Medium, que está criando uma disrupção no negócio de revistas, ao deixar que seus usuários forneçam artigos com maior conteúdo.

Acreditamos que as ExOs deverão subjugar as organizações lineares tradicionais na maioria dos setores, pois aproveitam melhor as externalidades, baseadas em informação, inacessíveis às estruturas mais antigas. Um feito que irá capacitá-las a crescer mais rápido – extremamente mais rápido – do que seus equivalentes lineares, e então acelerar a partir daí.

É difícil determinar exatamente quando surgiu essa nova forma de organização. Vários aspectos das ExOs já existiam há décadas, mas foi só nos últimos anos que eles realmente começaram a ter importância. Se tivéssemos de escolher uma data oficial para a origem da ExO, seria março de 2006, quando a Amazon lançou o Amazon Web Services e criou a "nuvem" de baixo custo para pequenas e médias empresas. A partir dessa data, o custo de funcionamento de um centro de dados passou de despesas de capital de custo fixo para custo variável. Hoje, é quase impossível encontrar uma startup que não usa a AWS.

Nós até mesmo encontramos uma fórmula simples que ajuda a identificar e distinguir as Organizações Exponenciais emergentes: *um aumento de desempenho de, no mínimo, dez vezes no período de 4 a 5 anos.*

A seguir, mostramos algumas ExOs e seu aumento mínimo de dez vezes no desempenho em relação a seus pares:

Airbnb Hotéis	90 vezes mais anúncios por colaborador
Github Software	109 vezes mais repositórios por colaborador
Local Motors Automóveis	1.000 vezes mais barato produzir um novo modelo de carro; processo de produção de um carro 5 a 22 vezes mais rápido (dependendo do veículo)
Quirky Bens de consumo	Desenvolvimento de produtos 10 vezes mais rápido (29 dias contra 300 dias)
Google Ventures Investimentos	2,5 vezes mais investimentos em *startups* em estágio inicial; 10x mais rápido por meio de processo de design
Valve Games	30 vezes mais valor de mercado por colaborador
Tesla Automóveis	30 vezes mais valor de mercado por colaborador
Tangerine (Anteriormente conhecida como ING Direct Canada) Bancário	7 vezes mais clientes por colaborador; 4 vezes mais depósitos por cliente

Considere novamente a Waze. Ao aproveitar as informações nos telefones de seus usuários, a Waze tem atualmente 100 vezes mais sinais de movimento de tráfego que a Navteq/Nokia possuía com a compra de sensores físicos enterrados nas ruas e estradas. Embora a Waze fosse apenas uma pequena empresa iniciante com apenas algumas dezenas de colaboradores, ela rapidamente alcançou a linear Nokia, apesar de seus milhares de colaboradores. A Nokia achava que estava dominando o mundo da telefonia móvel – e, embora tivesse dominado, no contexto do novo paradigma ela não tem chance.

Dois fatores principais permitiram o sucesso da Waze, e esses dois fatores se aplicam a todas as empresas ExO da próxima geração:

- *Acessar recursos que você não possui.* No caso do Waze, a empresa fez uso das leituras de GPS já embutidas nos smartphones de seus usuários;
- *A informação é seu maior ativo.* Mais confiável do que qualquer outro ativo, a informação tem o potencial de dobrar regularmente. Ao invés de simplesmente acumular ativos, a chave do sucesso está em acessar depósitos valiosos de informações existentes. Andrew Rasiej, presidente do New York Tech Meetup, disse tudo: "Eu considero a Waze como um app cívico. Ela coleta informações sobre o movimento de carros e de pessoas em locais públicos. O que mais você poderia fazer com esses dados?".

Levando a observação de Rasiej um passo adiante, a questão real e fundamental de nossa era exponencial é: *O que mais pode ser habilitado para informação?*

Quando você acessa recursos e os habilita para informação, o resultado principal é que seus custos marginais caem para zero. É muito provável que o avô das ExOs baseadas em informação seja o Google, que faz a busca de páginas da web, mas não as possui. Seu modelo de receita, o alvo de muitas piadas há dez anos, permitiu que o Google se tornasse uma empresa de US$ 400 bilhões, um marco que foi alcançado essencialmente pela manipulação da informação em texto (e agora em vídeo). O LinkedIn e o Facebook juntos valem mais de US$ 200 bilhões, e isso é apenas o resultado da digitalização de nossos relacionamentos – ou seja, transformando-os em informações. Acreditamos que, nos próximos anos, a maioria dos grandes empreendimentos construirá seus negócios a partir de novas fontes de informação ou pela conversão de ambientes previamente analógicos em informação. E esse ambiente inclui cada vez mais hardware (sensores, impressoras/scanners 3D, biotecnologia etc): como mencionado anteriormente, o Tesla S, que tem apenas 17 partes móveis em seu sistema de transmissão, pode ser considerado um computador disfarçado de carro de luxo altamente capaz, que se atualiza a cada semana por meio de downloads de software.

Essa busca por novas fontes de informação que podem sustentar as novas empresas e negócios está no coração da revolução, muitas vezes rotulada de big data. Pela combinação de vastas quantidades de dados com novas e poderosas ferramentas de análise, há uma oportunidade de ver o mundo de uma nova maneira – e de transformar a informação resultante em novas oportunidades de negócios.

As fontes desse big data estão surgindo em toda parte. Por exemplo, nós mencionamos as três diferentes iniciativas para os sistemas de satélites de órbita terrestre baixa que, dentro de alguns anos, transmitirão vídeo e imagens em tempo real para qualquer lugar do planeta. Apesar das inevitáveis preocupações com a segurança e a privacidade que deverão surgir com o lançamento desses sistemas de satélites, não há dúvida de que um grande número – ou até centenas – de novos negócios emergirá a partir do acesso a essa nova e gigantesca fonte de informação.

Por exemplo, imagine se pudéssemos contar o número de carros nos estacionamentos da Sears ou Walmart em todo o país? Ou prever calamidades naturais, como tsunamis e tufões, bem como seu impacto? Ou medir o aumento da potência em watts ao longo do Rio Amazonas à noite? Ou acompanhar cada navio porta-contêiner, em tempo real, ao redor do mundo? Em breve você poderá – por meio de nanosatélites ou de iniciativas de acesso global à internet, como o Project Loon do Google e as estratégias de *drones* do Facebook.

Em um futuro ainda mais próximo, temos o automóvel autônomo do Google. A tecnologia de navegação-chave que ele utiliza é o radar de luz, também conhecida como LIDAR. Cada veículo tem uma unidade LIDAR girando em seu teto que cria um mapa 3D ao vivo de seus arredores com um alcance de cerca de 100 metros. À medida que se move, o Google Car coleta quase um gigabyte de dados por segundo e cria uma imagem 3D de seus arredores com uma resolução de um centímetro. Ele pode até mesmo comparar duas imagens para obter uma perfeita análise cronológica. Se você tirar uma planta de sua varanda, se deixar uma janela aberta ou se seu filho adolescente fugir de seu quarto à noite, o Google vai saber.

Isso não é apenas informação estática; também é *informação dinâmica* – dados que registram o mundo natural, não apenas como ele é, mas à medida que ele muda. Montanhas (petabytes) de dados podem ser analiticamente fragmentadas para descobrir verdades até então desconhecidas sobre o mundo que nos rodeia – verdades que resultarão em oportunidades atualmente inimagináveis.

Conforme descrito anteriormente, as estruturas organizacionais tradicionais, concebidas ao longo dos últimos 100 anos para gerenciar hierarquicamente pessoas ou ativos físicos, estão rapidamente se tornando obsoletas. Para competir em nosso mundo em rápida transformação, precisamos de um novo tipo de organização, que não só é capaz de gerir essa mudança, mas também prosperar com ela.

Nós abrimos o Capítulo 1 com uma discussão sobre o que nos referimos como o momento Iridium. Por uma coincidência irônica, a extinção dos dinossauros foi revelada por uma camada de irídio em formações rochosas; mas, dessa vez, o agente destrutivo é um Cometa de Informação. Será que estamos presenciando um novo momento Iridium coletivo? Um que não envolve apenas uma corporação gigante que não foi capaz de reconhecer o caráter revolucionário da mudança tecnológica ocorrendo a seu redor, mas toda uma *espécie* – a *espécie* dominante – de grandes corporações na economia moderna. Será que todos terão o mesmo destino da Iridium?

Essa pergunta e a busca de uma estratégia que tanto as empresas estabelecidas quanto as novas possam usar para sobreviver e prosperar nesse novo mundo será o tema do restante deste livro. As Organizações Exponenciais têm a capacidade de se adaptar a esse novo mundo de informação intensa e onipresente e convertê-la em vantagem competitiva. A ExO, na verdade, é a resposta comercial adequada a nosso novo mundo exponencial.

Mais adiante, examinaremos essa nova e notável forma organizacional: como funciona, como está organizada, como expande suas operações e por que ela será bem-sucedida em um mercado transformado, ao contrário dos esquemas organizacionais consagrados. Acima de tudo, vamos explorar por que, se quisermos ter sucesso nos negócios, a Organização Exponencial é nosso destino.

Principais lições:

- Nossas estruturas organizacionais evoluíram para administrar a escassez. O conceito de propriedade funciona bem para a escassez, mas o acesso ou a partilha funciona melhor em um mundo abundante e baseado em informação.
- Enquanto o mundo baseado em informação está se movendo de forma exponencial, nossas estruturas organizacionais ainda são muito lineares (especialmente as grandes).
- Já aprendemos como expandir a tecnologia; agora é a hora de expandir a organização.
- As estruturas matriciais não funcionam em um mundo exponencial baseado em informação.
- As ExOs aprenderam a se organizar em torno de um mundo baseado em informação.

David S. Rose, autor do best-seller *Angel Investing: The Gust Guide to Making Money and Having Fun Investing in Startups*, resume esses pontos de forma mais dramática: "Qualquer empresa projetada para o sucesso no século 20 está fadada ao fracasso no século 21".

CAPÍTULO 3

A Organização Exponencial

A empresa moderna tem muito orgulho da velocidade com que pode levar produtos e serviços ao mercado em relação às empresas no passado. Relatórios anuais, anúncios e discursos proclamam como as empresas se virtualizaram, aceleraram as cadeias de fornecimento, reduziram os ciclos de aprovação e melhoraram os canais de distribuição.

O resultado é que agora demora uma média de 250 a 300 dias para uma empresa típica de bens de consumo de rápida circulação (Consumer Packaged Goods – CPG) levar um novo produto, a partir de sua invenção, às prateleiras das lojas de varejo – e isso, acredite ou não, é considerado um ritmo vertiginoso.

Considere a Quirky, uma Organização Exponencial pioneira no setor de CPG. Ela completa esse mesmo ciclo em apenas 29 dias. Ou seja, 29 dias desde a criação da ideia até ver o produto à venda em seu Walmart local.

Uma empresa tradicional da indústria automobilística gasta cerca de US$ 3 bilhões para levar um novo modelo de carro ao mercado. A Local Motors, uma ExO, consegue a mesma coisa por apenas US$ 3 milhões – um desempenho mil vezes maior, embora não tenha a mesma escala de produção.

Em seguida, considere a Airbnb, uma empresa que disponibiliza os quartos extras dos usuários. Fundada em 2008, a Airbnb possui atualmente 1.324 colaboradores e gerencia 500 mil anúncios em 33 mil cidades.

No entanto, a Airbnb não possui qualquer ativo físico e vale quase US$ 10 bilhões. Isso é mais do que o valor da Hyatt Hotels, que tem 45 mil colaboradores espalhados em 549 propriedades. E embora os negócios da Hyatt estejam relativamente estabilizados, o número de diárias efetivadas da Airbnb está crescendo exponencialmente. No ritmo atual, a Airbnb será a maior empresa hoteleira do mundo até o final de 2015.

Airbnb

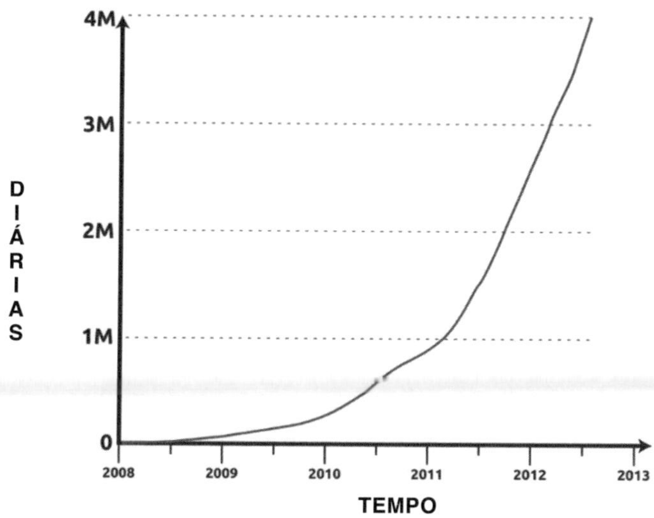

Da mesma forma, a Uber – o Airbnb dos carros – converte automóveis particulares em táxis, e foi avaliada em US$ 17 bilhões. Como a Airbnb, a Uber não tem ativos, não tem (praticamente) força de trabalho e também está crescendo exponencialmente.

Se você não considera esses valores suficientemente reveladores, leia novamente, desta vez lembrando-se de que cada uma dessas organizações exponenciais tem *menos de seis anos*.

Como vimos na Waze no Capítulo 2, há dois fatores fundamentais que possibilitam que as ExOs alcancem esse nível de escalabilidade. O primeiro é que algum aspecto de seu produto foi habilitado para informação e assim, seguindo a Lei de Moore, pode assumir as características de duplicação do crescimento da informação.

O segundo é que, graças ao fato de que a informação é essencialmente líquida, as principais funções de negócios podem ser transferidas para fora da organização – para os usuários, fãs, parceiros e ao público em geral. (Nós vamos rever esse conceito mais tarde.)

Vamos examinar agora as principais características das Organizações Exponenciais. Com base em nossa pesquisa – que inclui as 100 startups que mais crescem em todo o mundo nos últimos seis anos – identificamos traços comuns em todas as ExOs. Eles incluem um Propósito Transformador Massivo (PTM), bem como outros dez atributos que refletem os mecanismos internos e externos que estão sendo alavancados para alcançar um crescimento exponencial.

Usamos o acrônimo SCALE para refletir os cinco atributos externos e o acrônimo IDEAS para os cinco atributos internos. Nem todas as ExOs possuem todos os dez atributos, mas quanto mais elas tiverem, mais expansíveis elas tendem a ser. Nossa pesquisa indica que um mínimo de quatro atributos implementados contempla o título de ExO e deverá lançá-la à frente de sua concorrência.

Neste capítulo, vamos examinar o PTM e os cinco atributos externos que formam SCALE. No próximo capítulo, vamos investigar os cinco atributos internos que compõem IDEAS. Uma boa metáfora para enquadrar atributos das ExOs são os dois hemisférios do cérebro. O lado direito do cérebro controla crescimento, criatividade e incerteza, enquanto que o lado esquerdo do cérebro se concentra em ordem, controle e estabilidade.

PTM – Propósito Transformador Massivo

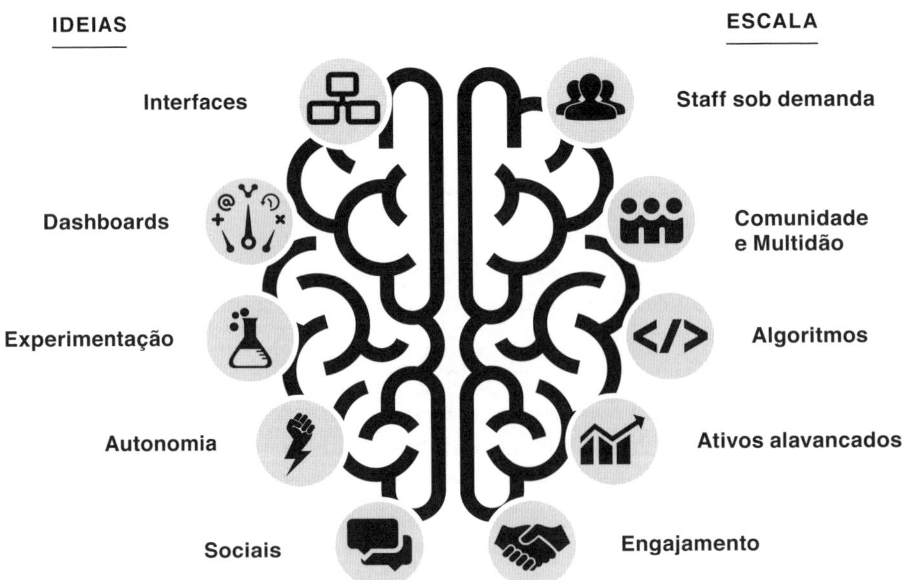

Lado esquerdo do cérebro
• Ordem • Controle • Estabilidade

Lado direito do cérebro
• Criatividade • Crescimento • Incerteza

Propósito Transformador Massivo (PTM)

As Organizações Exponenciais, quase por definição, pensam GRANDE. Há uma boa razão para isso: quando uma empresa pensa pequeno, é improvável que vá buscar uma estratégia de negócios capaz de alcançar um rápido crescimento. Mesmo que a empresa de alguma forma consiga atingir um impressionante nível de crescimento, a escala de seus negócios vai superar rapidamente seu modelo de negócio e deixará a empresa perdida e sem rumo. Assim, as ExOs precisam sonhar alto.

É por isso que, quando examinamos as declarações de propósito das Organizações Exponenciais existentes, nos deparamos com exemplos que, anos atrás, poderiam parecer exagerados:

- **TED**: "Ideias que merecem ser espalhadas".
- **Google**: "Organizar a informação do mundo".
- **X Prize Foundation**: "Promover avanços radicais para o benefício da humanidade".
- **Quirky**: "Tornar a invenção acessível".
- **Singularity University**: "Impactar positivamente um bilhão de pessoas".

À primeira vista, estas declarações parecem se alinhar com a tendência nos últimos anos de reescrever as declarações de empresas para serem mais curtas, mais simples e mais gerais. Mas, ao examinar de perto, você vai notar que cada uma das declarações também é muito *aspiracional*. Nenhuma indica o que a organização faz, mas o que aspira realizar. As aspirações não são nem estreitas nem mesmo específicas de tecnologia. Em vez disso, elas pretendem capturar os corações e mentes – e as imaginações e ambições – das pessoas, dentro e (principalmente) fora da organização.

Esse é o PTM – o propósito maior e ambicioso da organização. Todas as ExOs que conhecemos têm um. Alguns pretendem transformar o planeta, outros apenas um setor produtivo. Mas a transformação radical é o objetivo fundamental. E enquanto as empresas do passado poderiam se sentir envergonhadas de fazer tais afirmações, as ExOs de hoje declaram com sinceridade e confiança que pretendem realizar milagres. Mesmo uma empresa em um mercado relativamente pequeno pode "pensar PTM": a Dollar Shave Club, por exemplo, está transformando a indústria de aparelhos de barbear com o mantra "um dólar por mês".

É importante notar que um PTM *não* é uma declaração de missão. Considere a declaração de missão da Cisco, que não é nem inspiradora nem aspiracional: "Moldar o futuro da internet por meio da criação de valor e oportunidades sem precedentes para nossos clientes, colaboradores, investidores e parceiros do ecossistema". Embora tenha um certo Propósito e seja um pouco Massivo, certamente não é Transformador. Além disso, é uma declaração que poderia ser usada por pelo menos uma dúzia de empresas de internet. Se fôssemos escrever o PTM da Cisco, provavelmente seria algo parecido com: "Conectando todas as pessoas, todas as coisas, em todos os lugares – o tempo todo". *Isso* certamente seria mais empolgante.

O resultado mais importante de um PTM adequado é que ele gera um movimento cultural que John Hagel e John Seely Brown chamam de "Poder da Atração". Ou seja, o PTM é tão inspirador que forma uma comunidade ao redor da ExO e espontaneamente começa a operar por conta própria, criando no fim sua própria comunidade, tribo e cultura. Considere as filas para entrar em uma loja da Apple ou as listas de espera para uma conferência anual do TED. Essas empresas têm um ecossistema emergente tão empolgado com o produto ou serviço que, literalmente, puxam os produtos e serviços para fora do núcleo da organização e assumem sua propriedade, com marketing, serviços de apoio e até mesmo *design* e manufatura. Considere o iPhone da Apple: com um universo de produtos de apoio e um milhão de aplicativos criados pelos usuários, quem realmente é o proprietário?

Essa mudança cultural inspirada pelo PTM tem seus próprios efeitos secundários. Por um lado, ela move o ponto focal de uma equipe da política interna para o impacto externo. A maioria das grandes empresas contemporâneas está focada internamente e, muitas vezes, perdeu o contato com seu mercado e seus clientes – exceto por meio de pesquisas de *marketing* rígidas e formalizadas e grupos de foco.

No nosso mundo cada vez mais volátil, essa perspectiva pode ser fatal. É fundamental para uma empresa moderna que olhe constantemente para fora – especialmente para detectar uma ameaça tecnológica ou competitiva que se aproxima rapidamente. Se você estiver no Google, você estará constantemente se perguntando (de acordo com a declaração da empresa): "Como posso organizar melhor as informações do mundo?". Na Singularity University, a pergunta que fazemos a nós mesmos em cada ponto de inflexão é: "Será que isto vai impactar positivamente um bilhão de pessoas?".

O maior imperativo de um PTM respeitável é seu *propósito*. Com base na influente obra de Simon Sinek, o objetivo deve responder a duas perguntas críticas:

- Por que fazer este trabalho?
- Por que a organização existe?

Um PTM como uma vantagem competitiva

Um PTM forte é especialmente vantajoso para os "pioneiros". Se o PTM é suficientemente abrangente, não há lugar para os concorrentes a não ser *abaixo* dele. Afinal, seria muito difícil para uma outra organização aparecer e anunciar: "Nós *também* vamos organizar a informação do mundo, mas melhor". Uma vez que as empresas percebem essa vantagem singular, podemos esperar uma apropriação em massa de PTMs autênticos em um futuro próximo.

Um PTM forte também serve como um excelente recrutador de novos talentos, bem como um ímã para reter os melhores talentos – proposições cada vez mais difíceis no mercado de talentos hipercompetitivo de hoje. Além disso, um PTM serve como uma força estabilizadora durante períodos de crescimento instável e permite que as organizações se dimensionem com menos turbulência.

O PTM não é apenas um atrator e retentor eficaz de clientes e colaboradores, mas também para o ecossistema da empresa como um todo (desenvolvedores, startups, hackers, ONGs, governos, fornecedores, parceiros etc.). Como resultado, ele reduz os custos de aquisição, de transação e de retenção desses participantes.

Os PTMs não operam isoladamente. Em vez disso, eles criam uma penumbra ao seu redor que influencia cada parte da organização. Um ótimo indicador inicial é o Red Bull, cujo PTM é "Te dá asas".

É por isso que, ao longo do tempo, podemos esperar que as marcas se misturem com os PTMs, tornando-se, durante o processo, cada vez mais aspiracionais. Por quê? Porque as marcas aspiracionais criam ciclos de feedback positivos na comunidade da ExO: os clientes se sentem bem com os produtos e têm cada vez mais orgulho de fazer parte de um movimento grandioso. Uma marca aspiracional ajuda a reduzir custos, aumenta a eficácia e acelera a aprendizagem ao alavancar a motivação intrínseca e não a externa. Há também uma vantagem econômica em abraçar um PTM. O mundo está enfrentando muitos grandes desafios e, como diz Peter Diamandis, "os maiores problemas do mundo são os maiores mercados do mundo". Como resultado, durante a próxima década, esperamos que até mesmo os acionistas incorporem os PTMs em suas estratégias de portfolio de ações.

Assim como os PTMs, também vemos um aumento mundial de empresas sociais. Um estudo realizado pelo G8, em 2013, estima que existam 688 mil empresas sociais, gerando US$ 270 bilhões por ano[1]. Essas organizações se apresentam de muitas formas (Benefit Corporations ou

---

[1] <www.gov.uk/government/publications/g8-factsheet-social-investment-and-social-enterprise/g8-factsheet-social-investment- and-social-enterprise>.

B-Corporations, Triple Bottom Line, L3Cs, o movimento Capitalismo Consciente, o movimento Slow Money) e alavancam suas PTMs para integrar as questões sociais e ambientais – bem como os lucros – em seus processos de negócio. Esta tendência começou com a ascensão de programas de Responsabilidade Social Empresarial (RSE) nas organizações. Em 2012, 57% das empresas da Fortune 500 publicaram relatórios RSE – o dobro em relação ao ano anterior[2]. A diferença é que as iniciativas de RSE são complementos da atividade principal da maioria das empresas; para as empresas sociais, as iniciativas de RSE são a atividade principal.

Martin Seligman, um dos maiores especialistas em psicologia positiva, diferencia os três estados de felicidade: a vida prazerosa (hedonista, superficial), a boa vida (família e amigos) e a vida significativa (encontrar um propósito, transcender o ego, trabalhar para um bem maior). A pesquisa mostra que a geração Y – os nascidos entre 1984 e 2002 – está mostrando uma tendência para a busca de significado e propósito em suas vidas[3]. Em todo o mundo, eles estão se tornando cada vez mais aspiracionais e, como tal, serão atraídos como clientes, colaboradores e investidores para as organizações igualmente aspiracionais – ou seja, para as empresas que têm PTMs e colocam em prática seus princípios. Na verdade, nós esperamos ver pessoas propondo seus próprios PTMs, que vão se justapor, sobrepor e coexistir em simbiose com o PTM da organização.

Por que é importante?	Dependências ou pré-requisitos
• Permite um crescimento exponencial coerente; • Une as aspirações coletivas; • Atrai os melhores talentos de todo o ecossistema; • Suporta uma cultura cooperativa/não política; • Permite a agilidade e a aprendizagem.	• Deve ser exclusivo; • Os líderes devem dar o exemplo; • Deve suportar todas as três letras do acrônimo.

Agora que entendemos o significado e a finalidade do PTM, está na hora de examinarmos as cinco características externas que definem uma Organização Exponencial, para o qual usamos a sigla SCALE:

- **S**taff sob demanda;
- **C**omunidade e Multidão;
- **A**lgoritmos;
- Ativos a**L**avancados;
- **E**ngajamento.

---

[2] <www.sustainablebrands.com/news_and_views/articles/sustainability-reporting-among-sp-500-companies-increases-dramatically>.

[3] <www.bcgperspectives.com/content/articles/consumer_insight_marketing_millennial_consumer/>.

Staff sob demanda

Em um relatório oficial de 2012 para o Aspen Institute, Michael Chui, sócio da McKinsey Global Institute, descreveu a teoria do emprego no século 20 dessa forma:

> *A melhor maneira de aproveitar o talento humano é por meio de relações de emprego exclusivas e de tempo integral, em que as pessoas são pagas pela quantidade de tempo que passam em um local comum. Elas devem ser organizadas em hierarquias estáveis, onde serão avaliadas principalmente pelos seus superiores, e pelo modo como eles fazem seu trabalho.*

Chui então começa a desmantelar cada frase desse parágrafo para mostrar como a teoria se tornou fundamentalmente ultrapassada em pouco mais de uma década. Literalmente, nada disso se aplica hoje em dia.

Para qualquer ExO, ter Staff sob Demanda é uma característica necessária para a velocidade, funcionalidade e flexibilidade em um mundo em rápida transformação. O aproveitamento de pessoal de fora da organização-base é fundamental para a criação e administração de um ExO de sucesso. O fato é que não importa o quanto seus colaboradores são talentosos; provavelmente, a maioria deles está se tornando obsoleta e pouco competitiva diante de seus olhos.

Como John Seely Brown observou, a vida útil de uma habilidade aprendida costumava ter cerca de 30 anos. Hoje, ela diminuiu para cerca de cinco anos. Em seu livro recente, *Comece por Você: Adapte-se ao Futuro, Invista em Você e Transforme sua Carreira*, o fundador da LinkedIn, Reid Hoffman, observa que as pessoas aprenderão cada vez mais a gerenciar a si mesma como empresas, com gestão de marca (PTM!), e as funções de marketing e vendas serão reduzidas ao indivíduo. Da mesma forma, Ronald Coase, que ganhou o Prêmio Nobel de Economia em 1991, observou que as empresas são mais como famílias do que como indústrias, e que as empresas são mais um conceito sociológico do que econômico.

Para qualquer empresa de hoje, ter uma força de trabalho permanente e em tempo integral é algo repleto de perigos crescentes, já que os colaboradores não conseguem manter suas habilidades atualizadas, resultando em pessoas que necessitam de maior gerenciamento. No nosso mercado global, em rápida mudança e orientado para a internet, organizações cada vez mais desesperadas estão recorrendo à mão de obra externa e temporária para preencher suas lacunas profissionais. Por exemplo, em um esforço para manter atualizadas as habilidades gerais da organização, a AMP, a maior companhia de seguros da Austrália, exige que metade do seu departamento de TI, de 2.600 colaboradores, seja composta de temporários. De acordo com Annalie Killian, uma executiva global da AMP, tal requisito não é apenas útil; em nossos tempos, é obrigatório.

Embora manter uma equipe permanente provavelmente continue sendo mais importante em certos setores que fazem uso intensivo de equipamentos e capital – como a de transporte, mineração ou construção – em qualquer negócio habilitado para informação uma grande equipe interna parece cada vez mais desnecessária, contraproducente e cara. E o velho argumento de que *freelancers* e temporários só aumentam a burocracia necessária para gerenciá-los está perdendo força rapidamente: graças à internet, o custo de encontrar e rastrear a mão de obra externa cai quase para zero. Além disso, devido ao rápido aumento do número dos usuários de internet, o volume e a qualidade de *freelancers* aumentou dramaticamente nos últimos dez anos.

A Gigwalk, que conta com meio milhão de trabalhadores conectados por smartphones, oferece um exemplo de como esse novo mundo dos empregos está funcionando. Quando a Proctor and Gamble precisa saber como e onde sua mercadoria está sendo colocada nas prateleiras do Walmart em todo o mundo, ela pode usar a plataforma da Gigwalk para mobilizar instantaneamente milhares de pessoas que recebem alguns dólares para entrar em um Walmart e verificar as prateleiras. Os resultados chegam em menos de uma hora.

Iniciativas de Staff sob Demanda semelhantes às da Gigwalk estão surgindo em toda parte: o Desk, Roamler, Elance, TaskRabbit e a respeitável Mechanical Turk da Amazon são plataformas em que todos os níveis de trabalho, incluindo o trabalho altamente qualificado, podem ser terceirizados. Essas empresas, que representam apenas a primeira onda desse novo modelo de negócio, otimizam o conceito de pagar pelo desempenho para reduzir o risco do cliente.

Para os trabalhadores talentosos, trabalhando e sendo pagos por múltiplos projetos, é uma oportunidade especialmente interessante. Mas também existe um outro ângulo: o aumento da diversidade de ideias. A Kaggle, uma empresa de ciência de dados, por exemplo, oferece uma plataforma que hospeda concursos de algoritmos públicos e privados, em que mais de 185 mil cientistas de dados em todo o mundo competem por prêmios e reconhecimento. Em 2011, a gigante do ramo de seguros Allstate, com 40 dos melhores atuários e cientistas de dados que o dinheiro pode comprar, queria saber se seu algoritmo de pedidos de indenização poderia ser melhorado e, dessa forma, criou um concurso pela Kaggle.

Constatou-se que a algoritmo da Allstate, que foi cuidadosamente otimizado por mais de seis décadas, foi derrotado em três dias por 107 equipes concorrentes. Três meses depois, quando o concurso terminou, o algoritmo original da Allstate tinha sido melhorado 271%. E enquanto o prêmio custou à empresa US$ 10 mil, a redução de custos resultante dos melhores algoritmos foi estimada em dezenas de milhões por ano. Um ROI (Retorno sobre Investimento) bem interessante.

Na verdade, em cada um dos 150 concursos de Kaggle até hoje, os cientistas de dados externos derrotaram os algoritmos internos, geralmente por uma larga margem. E, na maioria dos casos, os não especialistas derrotaram os especialistas de uma área específica, o que mostra o poder das novas ideias e perspectivas diversas.

Anos atrás, a posse de uma grande força de trabalho diferenciaria sua empresa e permitiria que ela realizasse mais. Hoje, essa mesma força de trabalho pode se tornar uma âncora que reduz sua velocidade e capacidade de manobra. Além disso, as indústrias tradicionais têm grande dificuldade em atrair trabalhadores altamente qualificados sob demanda, como os cientistas de dados, pois as vagas disponíveis são percebidas como sendo baixas em termos de oportunidades e altas em termos de obstáculos burocráticos. Um estudo encomendado pela Deloitte constatou que 98% dos cientistas de dados recentemente graduados foram trabalhar para o Google, Facebook, LinkedIn ou várias outras startups. Isso não deixa muito talento de sobra para o resto do mundo.

No entanto, mesmo a força de trabalho do Google de 50 mil colaboradores muito inteligentes é nada se comparada com a inteligência coletiva das 2,4 bilhões de pessoas on-line hoje. Não temos dúvida de que os potenciais extraordinários desse enorme conjunto de capital intelectual emergirão afinal. Nas palavras de Chris Anderson, ex-editor-chefe da revista *Wired*: "A realidade é que a maioria das pessoas mais inteligentes do mundo não tem as credenciais certas. Elas não falam a linguagem certa. Não cresceram no país certo. Não foram para a universidade certa. Elas não te conhecem e você não as conhece. Elas não estão disponíveis, e já têm um emprego".

Enquanto conduzimos a pesquisa para este livro, logo percebemos o quanto é fácil terceirizar qualquer coisa. Na verdade, Timothy Ferris, autor do best-seller *4-Hour Workweek*, criou muitas ideias novas em torno desse tema.

Uma empresa chamada Advisory Board Architects (ABA) oferece um exemplo fascinante de como levar o conceito de Staff sob Demanda a um nível totalmente novo. A ABA notou dois problemas com os conselhos de administração: em primeiro lugar, como Jaime Grego-Mayer, sócio da ABA, observou, "95% de todos os conselhos simplesmente não são gerenciados", já que a maior parte da atenção de um CEO está concentrada na gestão da empresa. Em segundo lugar, a remoção de um membro não produtivo do conselho pode ser uma questão delicada e política; como é embaraçoso para o CEO, isso normalmente não acontece. A ABA oferece às empresas um departamento de recursos humanos para os conselhos de administração, permitindo que os CEOs terceirizem a gestão e o monitoramento do conselho. A ABA estabelece metas para cada membro do conselho (por exemplo, três telefonemas por mês para abrir portas), e então acompanha essas metas. Se um membro do conselho não estiver produzindo, e uma conversa difícil for necessária para remover esse membro, a ABA cuidará disso, aliviando a pressão sobre o CEO.

Em 2010, o mundo tinha 1,2 bilhão de pessoas on-line. Em 2020, esse número chegará a cinco bilhões. Cerca de mais três bilhões de pessoas, e seus cérebros, estarão disponíveis para trabalhar via smartphones, tablets ou em *cybercafés*. Os recursos que serão disponibilizados estão além da imaginação. O que as organizações tradicionais, atoladas com colaboradores permanentes e de tempo integral, podem fazer para sobreviver a um ataque desses?

Por que é importante?	Dependências ou pré-requisitos
• Permite a aprendizagem (novas perspectivas) • Permite agilidade • Cria laços mais fortes dentro da equipe principal	• Interfaces para gerenciar SoD • Especificações claras das tarefas

Comunidade e Multidão

Comunidade

Desde maio de 2007, Chris Anderson vem formando uma comunidade chamada DIY Drones. Agora, com quase 55 mil membros, essa comunidade foi capaz de projetar e construir um *drone* que é muito semelhante ao Predator usado pelas forças armadas norte-americanas (na verdade, o *drone* da DIY possui 98% das funcionalidades do Predator).

Mas existe uma grande diferença: um Predador custa US$ 4 milhões. O drone da DIY custa apenas US$ 300.

Com certeza, uma grande parte desses 2% de diferença em desempenho pode ser atribuída aos sistemas bélicos... mas, ainda assim, como isso é possível?

É possível porque Anderson se utilizou de um grande grupo de entusiastas apaixonados que contribuem com tempo e experiência. "Se você criar comunidades e fizer as coisas em público", diz ele, "você não tem que encontrar as pessoas certas, elas te encontram."

Ao longo da história humana, as comunidades começaram com base geográfica (tribos), tornaram-se ideológicas (por exemplo, as religiões) e, em seguida, mudaram para as administrações civis (monarquias e estados-nação). Hoje, no entanto, a internet está produzindo *comunidades baseadas em atributos* que compartilham intenções, crenças, recursos, preferências, necessidades, riscos e outras características, e não dependem da proximidade física. Para uma organização ou empresa, sua "comunidade" é composta por membros da equipe principal, ex-alunos (ex-membros de equipe), parceiros, fornecedores, clientes, usuários e fãs. A Multidão pode ser considerada como todos que estiverem fora dessas camadas centrais.

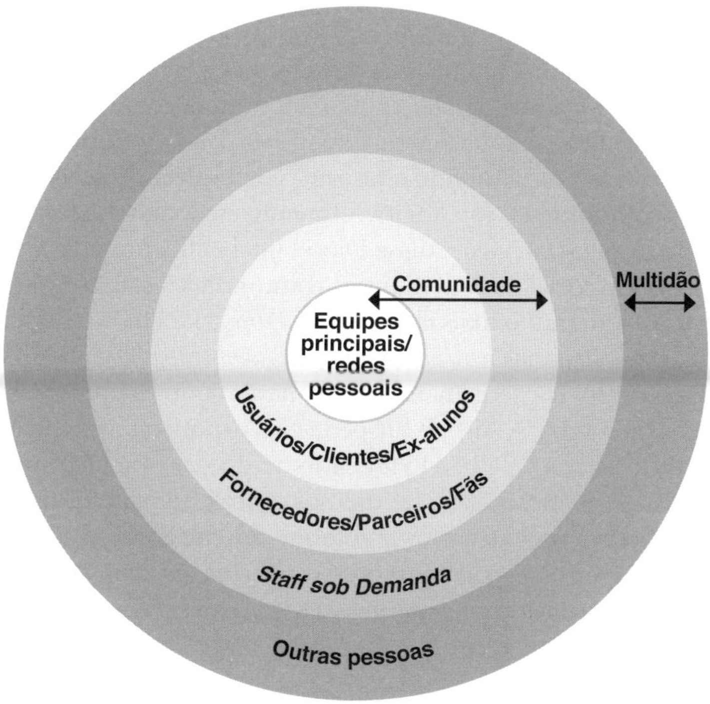

É importante notar que a interação entre uma Organização Exponencial e sua comunidade não é simplesmente uma transação. A verdadeira comunidade ocorre quando há o envolvimento peer-to-peer. No entanto, quanto mais aberta for a comunidade, o modelo de liderança tem de ser mais tradicional e orientado às melhores práticas. Como Anderson afirma: "No topo de cada uma dessas comunidades existe um ditador benevolente". Você precisa de uma liderança forte para gerenciar a comunidade, porque, embora não existam colaboradores, as pessoas ainda têm responsabilidades e *precisam* ser cobradas pelo seu desempenho.

Normalmente, existem três passos para construir uma comunidade em torno de uma ExO:

- *Usar o PTM para atrair e envolver os membros iniciais*. O PTM serve como uma força gravitacional que atrai pessoas à sua órbita. Tesla, Burning Man, TED, Singularity University e GitHub são bons exemplos de comunidades cujos membros compartilham as mesmas paixões;
- *Nutrir a comunidade*. Anderson passa três horas toda manhã atendendo à comunidade da DIY Drones. Isso inclui ouvir e dar algo em troca. Os projetos da DIY Drones eram de código aberto e disponíveis desde o início, o que era bom, mas descobriu-se que os membros realmente queriam os kits da DIY Drone. Então Anderson forneceu os kits. (A mesma demanda pelos kits da DIY está ocorrendo na comunidade de biotecnologia da DIY). É uma jogada inteligente. "Ao contrário do marketing digital, onde o ROI é obtido quase no momento em que ocorrem os gastos, as comunidades são um investimento em longo prazo significativamente mais estratégico", disse Dion Hinchcliffe, uma das autoridades em negócio social. "Além disso, as comunidades com a participação de um CxO têm muito mais chances de serem as melhores do setor.";
- *Criar uma plataforma para automatizar engajamento peer-to-peer*. A GitHub, por exemplo, faz seus membros avaliarem e revisarem os códigos de outros membros. A Airbnb hospeda e os usuários preenchem formulários de avaliação; a Uber, Lyft e Sidecar, do setor de táxi, encorajam os clientes e motoristas a avaliar uns aos outros; e a plataforma de notícias Reddit convida os usuários a votarem em artigos. Em 2013, a Reddit, que tem apenas 51 colaboradores, a maioria dos quais gerencia a plataforma, presenciou 731 milhões de visitantes diferentes depositarem 6,7 bilhões de votos em 41 milhões de artigos. Que plataforma! (Mais detalhes adiante.)

Tony Hsieh, CEO da Zappos – com sede em Las Vegas –, foi inspirado pela comunidade Burning Man e combinou a comunidade física com a baseada em atributos em seu Las Vegas Downtown Project. O projeto combina trabalho e diversão em uma paisagem urbana com casas, infraestrutura, *hackerspaces*, lojas, café / teatro e arte. Além do objetivo de revitalizar o centro de Las Vegas, a fim de melhorar o senso de comunidade, tornando-a uma cidade com atrações diversas, Hsieh visa criar o lugar mais inteligente do planeta, maximizando as chances de aprendizado fortuito entre as pessoas de dentro e de fora da Zappos. O resultado não é apenas uma comunidade construída em torno de paixões comuns, mas também em torno de um local comum.

Note que, nos primeiros estágios, muitas empresas acham mais fácil participar de uma comunidade existente que compartilhar seu PTM. O movimento The Quantified Self, por exemplo, está reunindo startups envolvidas na avaliação de todos os aspectos do corpo humano. Exemplos de startups que oferecem tecnologia vestível que se uniram para formar uma comunidade incluem a Scanadu, Withings e Fitbit. À medida que encontra seu caminho, é claro, cada startup é livre para criar sua própria comunidade, especialmente quando sua base de usuários se torna mais significativa.

Multidão

Como mencionamos anteriormente, a Multidão é composta de anéis concêntricos de pessoas que estão fora do núcleo da comunidade. A Multidão é mais difícil de alcançar, mas seus números são muito maiores - até mesmo um milhão de vezes maior – e é por isso que persegui-la é algo particularmente tentador.

Embora semelhantes, há uma diferença entre Multidão e Staff sob Demanda – este é contratado para uma tarefa específica e, geralmente, por meio de uma plataforma como o Elance. *O Staff sob Demanda é gerenciado* – você diz aos trabalhadores o que deve ser feito. A Multidão, por outro lado, é *baseada na atração*. Você cria uma ideia, financiando uma oportunidade ou prêmio de incentivo... e deixa que as pessoas o encontrem.

As ExOs podem alavancar a Multidão, explorando a criatividade, a inovação, a validação e mesmo o financiamento:

- *A criatividade, a inovação* e o processo global de gerar, desenvolver e comunicar novas ideias podem ser realizados com o uso de ferramentas e plataformas. Algumas plataformas que ajudam nesse processo incluem IdeaScale, eYeka, Spigit, InnoCentive, SolutionXchange, Crowdtap e Brightidea;
- *A validação* é obtida por meio de evidências mensuráveis de que um experimento, produto ou serviço consegue atender a especificações predeterminadas. Ferramentas como UserVoice, Unbounce e Google AdWords podem realizar isso;
- Crowdfunding é uma tendência cada vez mais popular e ajuda a financiar ideias utilizando a web para reunir um grande número de investidores comparativamente pequenos – dessa forma, não só levanta o capital, como também reflete o interesse do mercado. Dois exemplos bem conhecidos de empresas de crowdfunding são

a Kickstarter e a Indiegogo. Em 2012, cerca de US$ 2,8 bilhões foram levantados por meio de campanhas de crowdfunding. Em 2015, esse número deverá chegar a US$ 15 bilhões. O Banco Mundial prevê que o crowdfunding deverá alcançar US$ 93 bilhões em 2025.

Além de levantar enormes quantias de dinheiro para as startups e outras causas, essas plataformas também estão democratizando o acesso ao capital de giro. A Gustin, uma empresa de jeans finos, utiliza o crowdfunding para todos os seus projetos. Os clientes financiam determinados modelos e quando um objetivo monetário predeterminado é alcançado, os produtos são confeccionados e enviados a todos esses clientes. A Gustin não tem, portanto, qualquer risco de produto ou custos de estoque.

As ExOs já estão alavancando Comunidade e Multidão para muitas funções tradicionalmente desenvolvidas dentro da empresa, incluindo geração de ideias, financiamento, design, distribuição, marketing e vendas. Essa mudança é poderosa e explora o que o professor universitário e guru de mídia social, Clay Shirky, chama *de excedente cognitivo*. "O mundo tem mais de um trilhão de horas por ano de tempo livre para se comprometer com projetos compartilhados", disse ele em um recente programa de rádio do TED. E isso é só hoje. Em 2020, quando três bilhões de mentes adicionais usando tablets baratos se juntarem aos dois bilhões atualmente on-line, os trilhões de horas por ano de Shirky vão triplicar.

Como disse o visionário do Vale do Silício, Bill Joy: "As pessoas mais inteligentes do mundo não trabalham para você". Para as ExOs, seu foco externo permite que suas comunidades de centenas e milhares, juntamente com uma multidão de milhões e, eventualmente, bilhões, tornem-se uma extensão da própria empresa.

Como resultado do Staff sob Demanda e da Comunidade e Multidão, os ETIs (Equivalentes a Tempo Integral) de uma organização ficam menores e sua força de trabalho flexível fica maior. Como resultado, as organizações não apenas são muito mais ágeis, como também são melhores em aprender e desaprender, devido à diversidade e ao volume de uma força de trabalho flexível. As ideias também são capazes de circular muito mais rápido.

Por que é importante?	Dependências ou pré-requisitos
• Aumenta a fidelidade à ExO; • Promove o crescimento exponencial; • Aprova novas ideias e o aprendizado; • Permite agilidade e rápida implementação; • Amplifica a ideação.	• PTM; • Engajamento; • Liderança autêntica e transparente; • Menores requisitos de participação; • Criação de valor P2P.

Algoritmos

Em 2002, as receitas do Google estavam abaixo de meio bilhão de dólares. Dez anos mais tarde, suas receitas haviam multiplicado 125 vezes, e a empresa estava gerando meio bilhão de dólares *a cada três dias*. No coração desse crescimento vertiginoso estava o algoritmo PageRank, que classifica a popularidade de páginas da *web*. (O Google não avalia qual página é melhor, do ponto de vista humano; seus algoritmos simplesmente reagem de acordo com as páginas que oferecem o maior número de cliques).

O Google não está sozinho. Hoje, o mundo funciona basicamente na base de algoritmos. Freios ABS de automóveis, mecanismo de recomendação da Amazon, precificação dinâmica das companhias aéreas, previsão do sucesso dos próximos filmes de Hollywood, redação de notícias, controle de tráfego aéreo, detecção de fraudes de cartões de crédito, os 2% das postagens que o Facebook mostra a um usuário típico: os algoritmos estão por toda parte na vida moderna. Recentemente, a McKinsey estima que dos 700 processos bancários *end-to-end* (a abertura de uma conta ou a obtenção de um empréstimo para compra de um carro, por exemplo), cerca da metade pode ser totalmente automatizada. Os computadores estão realizando tarefas cada vez mais complexas.

Existe até mesmo um mercado chamado Algorithmia, no qual as empresas procuram algoritmos que podem, potencialmente, computar seus dados. Como a GitHub (veja o Capítulo 7), os desenvolvedores podem abrir seu código para os outros melhorarem.

Em particular, há dois tipos de algoritmos que estão na fronteira desse novo mundo: *Aprendizado de máquina* e *Aprendizado profundo*.

O *Aprendizado de máquina* é a capacidade de executar com precisão tarefas inéditas, projetadas com base em propriedades conhecidas, obtidas a partir de dados históricos ou de treinamento, e na previsão. Principais exemplos de código aberto incluem Hadoop e Cloudera. Um bom caso de Aprendizado de máquina é o da Netflix, que em 2006 decidiu aprimorar suas recomendações de filmes. Em vez de limitar o desafio a sua força de trabalho interna, a Netflix lançou um concurso com um prêmio de US$ 1 milhão, com o objetivo de melhorar seu algoritmo de avaliação de filmes em 10%. Os primeiros 51 mil participantes, provenientes de 186 países, receberam os dados de 100 milhões de avaliações e tiveram cinco anos para atingir a meta. O concurso terminou mais cedo, em setembro de 2009, quando uma das 44.014 propostas válidas alcançou o objetivo e recebeu o prêmio.

O *Aprendizado profundo* é um novo e instigante subsistema do Machine Learning baseado na tecnologia de rede neural. Ele permite que uma máquina descubra novos padrões sem ser exposta a dados históricos ou de treinamento. As startups líderes nessa área são a Deepmind – comprada pelo Google no início de 2014 por US$ 500 milhões, quando a empresa tinha apenas 13 colaboradores – e a Vicarious, financiada com o investimento de Elon Musk, Jeff Bezos e Mark Zuckerberg. Twitter, Baidu, Microsoft e Facebook também fazem um investimento pesado nessa área. Os algoritmos de Aprendizado profundo se baseiam na descoberta e autoindexação, e operam da mesma forma que um bebê que aprende os primeiros sons, depois palavras, depois frases e até mesmo línguas. Como um exemplo: em junho de 2012, uma equipe do Google X construiu uma rede neural de 16 mil processadores de computador com um bilhão de conexões. Depois de permitir que ela navegasse em dez milhões de miniaturas de vídeo do YouTube selecionadas aleatoriamente, por três dias, a rede começou a reconhecer gatos, sem realmente conhecer o conceito de "gato". É importante ressaltar que isso aconteceu sem qualquer contribuição ou intervenção humana.

Nos dois anos seguintes, as capacidades do Aprendizado profundo melhoraram consideravelmente. Hoje, além de melhorar o reconhecimento de voz, criar uma ferramenta de busca mais eficaz (Ray Kurzweil está trabalhando nisso no Google) e identificar objetos distintos, os algoritmos de Aprendizado profundo também podem detectar episódios específicos em vídeos e até mesmo descrevê-los em texto, tudo isso sem intervenção humana. Os algoritmos de Aprendizado profundo podem até mesmo jogar videogames, descobrindo as regras do jogo e, em seguida, otimizando o desempenho.

Imagine as implicações dessa descoberta revolucionária. A tecnologia fará com que a maioria dos produtos e serviços seja mais eficaz, personalizada e eficiente. Ao mesmo tempo, muitos empregos da área de gestão serão impactados e até mesmo desestabilizados.

Tendo em conta que os 55 mil caminhões da frota norte-americana da UPS fazem 16 milhões de entregas diárias, o potencial de roteamento ineficiente é enorme. Mas com a aplicação da telemática e de algoritmos, a empresa poupa seus motoristas de 135 milhões de quilômetros por ano, resultando em uma economia de US$ 2,55 bilhões. Aplicações similares nas áreas da saúde, de energia e de serviços financeiros significam que estamos entrando em um mundo onde tudo é algoritmo.

Já em 2005, o escritor e editor Tim O'Reilly afirmou que "Os dados são o novo Intel Inside". E isso foi quando havia apenas meio bilhão de dispositivos conectados à internet em todo o mundo. Como observamos no Capítulo 1, esse número deverá chegar a um trilhão de dispositivos à medida que nos preparamos para abraçar a internet das coisas.

Diante dessa explosão, a necessidade de algoritmos tornou-se uma missão crítica. Vamos considerar por um momento que nos últimos dois anos presenciamos uma criação de dados nove vezes maior do que em toda a história da humanidade. Considere agora que a Computer Sciences Corporation acredita que até 2020 nós teremos criado um total de 73,5 *zettabytes* de dados – que, na linguagem de Stephen Hawking, é 73 seguido de 21 zeros.

Notavelmente, e muitas vezes tragicamente, a maioria das empresas hoje em dia ainda é conduzida quase que exclusivamente com base nas suposições intuitivas de seus líderes. Eles podem usar dados para orientar em suas decisões, mas têm as mesmas chances de serem vítimas de uma longa lista de autoilusões, como o viés de custos irrecuperáveis ou o viés de confirmação (veja abaixo uma lista de vieses cognitivos). Uma das razões para o sucesso do Google é que ele é muito mais voltado a dados do que a maioria das empresas, até mesmo em suas práticas de contratação.

Da mesma forma que hoje não podemos mais lidar com as complexidades do controle de tráfego aéreo ou com a gestão da cadeia de suprimentos sem os algoritmos, quase todas as ideias e decisões de negócios do futuro serão baseadas em dados.

Uma análise feita pela Associação Americana de Psicologia em 17 estudos sobre práticas de contratação descobriu que um algoritmo simples vence as práticas de contratação intuitivas em mais de 25% em termos de contratações bem-sucedidas. Neil Jacobstein, um especialista em Inteligência Artificial (IA), observa que usamos a IA e algoritmos para mitigar e compensar muitas das seguintes heurísticas na cognição humana:

- **Viés de ancoragem:** a tendência a confiar demais ou de se "ancorar" a uma característica ou uma parte da informação na tomada de decisões;
- **Viés de disponibilidade:** a tendência a superestimar a probabilidade de eventos com maior "disponibilidade" na memória e que pode ser influenciada por quão recentes são as memórias ou o quanto elas são incomuns ou emocionalmente carregadas;
- **Viés de confirmação:** a tendência a procurar, interpretar, focar e lembrar-se de informações de tal forma que confirmem suas próprias ideias preconcebidas;
- **Viés de apresentação:** tirar conclusões diferentes a partir da mesma informação, dependendo de como e por quem a informação é apresentada.
- **Viés de otimismo:** a tendência a ser demasiado otimista, superestimando os resultados favoráveis e agradáveis;

- **Viés da falácia do planejamento:** a tendência a superestimar os benefícios e a subestimar os custos e tempo de conclusão de tarefas;
- **Viés de custos irrecuperáveis ou aversão a perdas:** a inutilidade de desistir de um objeto é maior do que a utilidade associada ao adquiri-lo[4].

Jacobstein costuma observar que o neocórtex não teve uma grande atualização em 50 mil anos. Ele tem o tamanho, a forma e a espessura de um guardanapo. "E se", pergunta ele, "fosse do tamanho de uma toalha de mesa? Ou da Califórnia?".

Há uma diferença interessante de opinião sobre a quantidade de dados que deve ser utilizada com base na natureza do mercado em que a organização opera. Enquanto a sabedoria convencional dita que devemos reunir a maior quantidade de dados possível (daí o termo big data), o psicólogo Gerd Gigerenzer adverte que em mercados incertos, é melhor simplificar, utilizar a heurística e depender de menos variáveis. Nos mercados estáveis e previsíveis, por outro lado, ele recomenda que as organizações "complexifiquem" e utilizem algoritmos com mais variáveis.

Uma das líderes em extrair ideias de grandes quantidades de dados é a Palantir. Fundada em 2004, a Palantir cria soluções governamentais, comerciais e de software na área da saúde que capacitam as organizações a decifrar dados discrepantes. Ao lidar com os problemas técnicos, a Palantir deixa seus clientes livres para se concentrarem na resolução dos problemas humanos. A indústria de capital de risco considera a Palantir tão importante que a empresa já recebeu um total espantoso de US$ 900 milhões em financiamento e está avaliada em dez vezes esse montante.

Michael Chui observa que, hoje, muitas empresas de sucesso têm o big data em seu DNA. Nós acreditamos que isso é apenas o começo, e que muito mais ExOs focadas em algoritmo deverão surgir nos próximos anos, explorando o que Yuri van Geest chama de benefícios 5P do big data: *produtividade, prevenção, participação, personalização* e *previsão.*

Para implementar algoritmos, as ExOs precisam seguir quatro passos:

1. **Reunir:** o processo algorítmico começa com aproveitamento de dados, que são coletados por meio de sensores ou humanos, ou importados de conjuntos de dados públicos;
2. **Organizar:** o próximo passo é organizar os dados, um processo conhecido como ETL (extração, transformação e carga);

[4] Lista completa de todos os vieses cognitivos: <en.wikipedia.org/wiki/List_of_cognitive_biases>.

3. **Aplicar:** uma vez que os dados estão acessíveis, as ferramentas de aprendizado de máquina, como Hadoop e Pivotal, ou mesmo algoritmos (de código aberto) de aprendizado profundo como DeepMind, Vicarious e SkyMind, extraem ideias, identificam tendências e ajustam novos algoritmos;
4. **Expor**: o passo final é expor os dados, como se fossem uma plataforma aberta. Dados abertos e APIs podem ser usados para possibilitar que a comunidade de uma ExO desenvolva serviços valiosos, novas funcionalidades e inovação sobrepostos na plataforma ao remixar os dados da ExO com seus próprios dados. Exemplos incluem a Ford Motor Company, Uber, Rabobank, o Porto de Rotterdam, IBM Watson, Wolfram Alpha, Twitter e Facebook.

Nem é preciso dizer que a iminente explosão de dados resultante dos bilhões e trilhões de sensores que em breve serão implementados fará com que os algoritmos sejam um componente crítico de *todos* os negócios no futuro. Levando em conta que eles são muito mais objetivos, escaláveis e flexíveis que os seres humanos, os algoritmos não apenas são a chave para o futuro dos negócios em geral, como também são críticos para as organizações comprometidas em conduzir o crescimento exponencial.

Por que é importante?	Dependências ou pré-requisitos
• Permitem produtos e serviços totalmente escaláveis; • Potencializa os sensores e dispositivos conectados; • Menor incidência de erros estabiliza o crescimento; • Facilmente atualizável.	• Técnicas de Aprendizado de Máquina ou Aprendizado Profundo; • Aceitação Cultural.

Ativos alavancados

A noção de alugar, compartilhar ou alavancar ativos – em vez de possuí-los – assumiu muitas formas diferentes ao longo da história. No mundo dos negócios, a locação de tudo, desde edifícios até máquinas, foi uma prática comum para deslocar os ativos do balanço patrimonial.

E embora a prática de não possuir ativos fosse, por décadas, um padrão para máquinas pesadas e funções não críticas (por exemplo, copiadoras), recentemente está havendo uma tendência crescente a terceirizar até mesmo os ativos de missão crítica. A Apple, por exemplo, alavanca as fábricas e linhas de montagem da Foxconn, seu parceiro de produção, para as linhas de produtos-chave. Nos casos como o da Tesla, que possui suas próprias fábricas, ou da Amazon, que tem seus próprios armazéns e serviços de entrega local, a razão básica não é financeira; em vez disso, a força motriz é a escassez de recursos de missão crítica envolvidos, ou porque são tão novos que agora estão totalmente desenvolvidos.

A era da informação permite agora que a Apple e outras empresas acessem os ativos físicos a qualquer hora e em qualquer lugar, em vez de exigir que elas possuam tais ativos. A tecnologia permite que as organizações facilmente compartilhem e ajustem os ativos não só localmente, mas também globalmente, e sem fronteiras.

Como observamos anteriormente, o lançamento da Amazon Web Services em março de 2006 foi um ponto de inflexão fundamental na ascensão das ExOs. A capacidade de arrendar a computação sob demanda, que poderia se ajustar numa base de custo variável, mudou completamente a indústria de TI.

Um novo fenômeno no Vale do Silício, chamado TechShop, é outro exemplo dessa tendência. Da mesma forma que as academias de ginástica usam um modelo de associação para agregar máquinas de exercício caras que poucos podem ter em casa, a TechShop oferece aos assinantes o acesso ilimitado a máquinas *de produção* caras por uma pequena taxa mensal (US$ 125 a US$ 175, dependendo da localização).

A TechShop não é insignificante e nem é uma novidade. O protótipo da Square, o popular dispositivo de pagamento, por exemplo, foi feito pela TechShop. O inventor da Square não precisou comprar máquinas caras para construir seu protótipo, ele simplesmente se associou à TechShop e alavancou os ativos sob demanda. Atualmente, a Square processa mais de US$ 30 bilhões por ano em transações e está avaliada em mais de US$ 5 bilhões. Empresas estabelecidas, como a GE e a Ford, também estão trabalhando com a TechShop. A Ford lançou uma nova sede da TechShop em Detroit em 2012 e, em conjunto, as duas empresas criaram o Programa de Incentivo de Patentes dos Colaboradores da Ford (Ford's Employee Patent Incentive Program).

Cerca de 200 colaboradores da Ford aderiram ao programa, resultando em um aumento de 50% em ideias patenteáveis. A GE, em conjunto com a TechShop, a Skillshare e a Quirky, lançou uma iniciativa semelhante, no ano passado, em Chicago, chamada GE Garages.

Assim como no caso do Staff sob Demanda, as ExOs mantêm sua flexibilidade, precisamente por não possuir ativos, mesmo em áreas estratégicas. Essa prática otimiza a flexibilidade e permite que a empresa se ajuste de forma incrivelmente rápida, já que elimina a necessidade de pessoas para gerenciar esses ativos. Assim como a Waze pegou carona nos smartphones de seus usuários, Uber, Lyft, BlaBlaCar e Sidecar alavancaram carros subutilizados. (Se você possui um carro, ele fica vazio cerca de 93% do tempo.)

A mais recente onda de empresas sem ativos é algo chamado de Consumo Colaborativo, um conceito evangelizado por Rachel Botsman e Roo Rogers, em seu livro, *O Que É Meu É Seu: Como o Consumo Colaborativo Vai Mudar o seu (o nosso) Mundo*. O livro incrementa a filosofia de compartilhamento por meio da criação de todos os tipos de ativos habilitados para informação, desde livros didáticos até ferramentas de jardinagem domésticas – ativos e recursos que são abundantes e amplamente disponíveis. Uma pesquisa conduzida pela Crowd Companies, em abril de 2014, destaca os setores em que operam as 77 das maiores organizações nessa nova economia. Como mostra o gráfico abaixo, o varejo, o transporte e a tecnologia são atualmente os maiores setores.

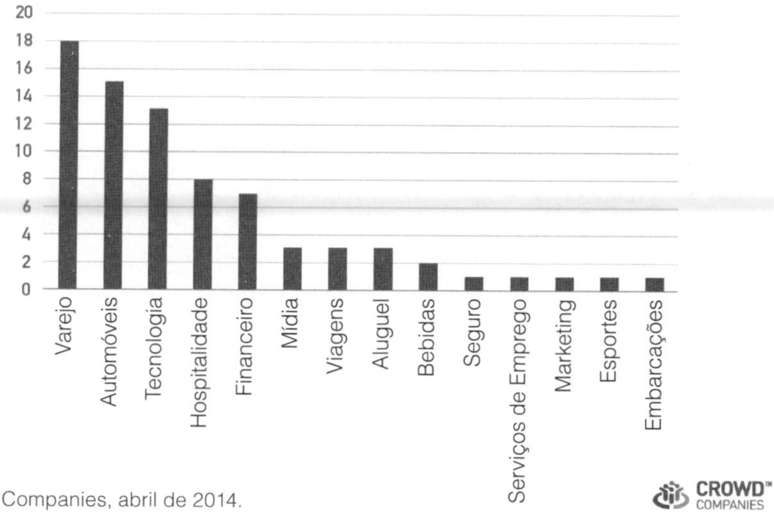

Fonte: Crowd Companies, abril de 2014.

A não propriedade é, portanto, a chave para o sucesso no futuro – exceto, é claro, quando se trata de ativos e recursos escassos. Como mencionado acima, a Tesla possui suas próprias fábricas e a Amazon seus próprios armazéns. Quando o ativo em questão é raro ou extremamente escasso, então a propriedade é a melhor opção. Mas se seu ativo for baseado em informação ou, de alguma forma, comoditizado, então acessar é melhor que possuir.

Por que é importante?	Dependências ou pré-requisitos
• Permite produtos escaláveis; • Reduz o custo marginal do fornecimento; • Remove a necessidade de gerenciar ativos; • Aumenta a agilidade.	• Ativos em abundância ou facilmente disponíveis; • Interfaces.

Engajamento

Técnicas de *engajamento do usuário*, tais como sorteios, concursos, cupons, milhas aéreas e cartões de fidelidade já existem há muito tempo. Mas, nos últimos anos, essas técnicas foram totalmente habilitadas para informação, elaboradas e socializadas. O engajamento é constituído por sistemas digitais de reputação, jogos e prêmios de incentivo, e oferece a oportunidade para bons ciclos de feedback positivo – que, por sua vez, permite um crescimento mais rápido, devido a ideias mais inovadoras e maior fidelidade do cliente e da comunidade. Empresas como Google, Airbnb, Uber, eBay, Yelp, GitHub e Twitter alavancam diferentes mecanismos de engajamento. Nilofer Merchant, autora de dois livros sobre colaboração e professora de administração na Santa Clara University, faz referência ao engajamento em seu livro, *11 Rules for Creating Value in the Social Era*:

> *(O engajamento) é uma forma de permitir que ocorra o comportamento humano colaborativo – comportamento social. A verdade é essa: os indivíduos conectados podem fazer agora o que antes apenas as grandes organizações centralizadas podiam fazer. Seus efeitos são vistos em todos os exemplos de Organizacional Exponencial. Mas é essa verdade que exige uma consideração mais profunda. Por que as pessoas se conectam? Com base em que tipo de propósito? O que motiva as pessoas a agirem por interesses comuns, e não por seus próprios interesses? O que as leva a confiar em outras pessoas o suficiente para querer contribuir com algo que possuem para atingir um objetivo comum? Portanto, a questão para os líderes é: como possibilitar, incentivar, organizar, mobilizar e agir sobre a capacidade humana fundamental de contribuir e trabalhar com outras pessoas?*

Os principais atributos do Engajamento incluem:

- Transparência da avaliação;
- Autoeficácia (noção de controle, ação e impacto);
- Pressão dos pares (comparação social);
- Desperta emoções positivas, ao invés de negativas, para promover uma mudança de comportamento de longo prazo;
- Feedback instantâneo (ciclos curtos de feedback);
- Regras, metas e recompensas simples e autênticas (premiar apenas os *outputs* e não os *inputs*);
- Moedas virtuais ou pontos.

Devidamente implementado, o engajamento cria efeitos de rede e ciclos de feedback positivo com um alcance extraordinário. As técnicas de engajamento exercem um maior impacto sobre os clientes e todo o ecossistema externo. No entanto, essas técnicas também podem ser usadas internamente com os colaboradores para aumentar a colaboração, a inovação e a lealdade.

Para a geração do milênio, o jogo é um estilo de vida. Hoje, mais de 700 milhões de pessoas em todo o mundo jogam games on-line – 159 milhões só nos EUA – e a maioria joga mais de uma hora por dia. Um jovem típico acumula mais de dez mil horas de jogo ao alcançar a idade de 21 anos. Isso é quase exatamente o tempo que as crianças passam na sala de aula durante o ensino fundamental II e o ensino médio. Jogar não é apenas algo que os jovens fazem, é algo que em grande parte os define.

Esses números ajudam a explicar por que os pesquisadores de IA estão usando os jogos para ajudá-los a mapear o cérebro humano. O único problema é que um pesquisador auxiliado por IA leva 50 horas para reconstruir apenas um neurônio em 3D. O cérebro tem 85 bilhões de neurônios – o que significa que seriam necessárias 4,25 trilhões de horas, ou 485,2 milhões de anos, para mapear totalmente o cérebro humano. Muito linear, você não acha?

Para resolver esse problema e acelerar o processo, o EyeWire – que foi criado no MIT e lançado em dezembro de 2012 – desenvolveu um jogo em que jogadores colorem peças em 2D para formar peças em 3D, enquanto eles simultaneamente reconstroem neurônios. Essa tarefa muito simples para um problema muito difícil já resultou em 130 mil pessoas de 145 países mapeando mais de 100 neurônios.

O EyeWire ilustra como uma ExO pode aplicar elementos e mecânicas de jogos em produtos e serviços para criar experiências divertidas e envolventes, convertendo usuários em jogadores fiéis – e, durante o processo, realizarem coisas extraordinárias. Outros jogos que utilizam essa técnica são o MalariaSpot (caçar parasitas de malária em imagens reais), GalaxyZoo (classificar galáxias de acordo com seus formatos) e Foldit (ajudar os bioquímicos a combater a AIDS e outras doenças ao prever e produzir modelos de proteínas).

Como disse a autora e desenvolvedora de jogos Jane McGonigal, "Os seres humanos foram programados para competir".

Engajar os jogadores, no entanto, requer mais do que apenas colocar um jogo em um website e deixar os jogadores se divertirem. "A gamificação (*gamification*) deve capacitar as pessoas, e não explorá-las. Você deve se sentir bem no final do dia por ter progredido em algo que considera importante."

Para ser bem-sucedidas, todas as iniciativas de *gamificação* devem alavancar as seguintes técnicas de jogo:

- **Dinâmica**: motivar o comportamento por meio de cenários, regras e progressão;
- **Mecânica**: ajudar a alcançar objetivos por meio de equipes, competições, recompensas e feedback;
- **Componentes**: acompanhar o progresso por meio de missões, pontos, níveis, emblemas e coleções.

A gamificação não é utilizada apenas para enfrentar os desafios e os problemas com a ajuda de uma comunidade; ela também pode ser usada como uma ferramenta de contratação. O Google é famoso por usar jogos para se qualificar contratações potenciais e a Domino Pizza criou um videogame chamado Pizza Hero, cujo objetivo é fazer a pizza perfeita de modo rápido e ordenado. Os clientes podem criar suas próprias pizzas e depois encomendá-las, e os mais criativos são incentivados a se candidatar a empregos.

Outro uso da gamificação é melhorar a cultura interna da empresa. Karl M. Kapp pesquisou esse tema em seu livro, *The Gamification of Learning and Instruction Fieldbook: Ideas Into Practice*. Um exemplo que ele cita é o da Pep Boys, uma grande loja de varejo de reparo e manutenção de carros que tem mais de 700 filiais em 35 estados e gera US$ 2 bilhões por ano. Apesar de suas margens de lucro, a empresa descobriu que ela sofria com muitos incidentes e acidentes relacionados com a segurança todo ano, muitos deles resultantes de erro humano. Ela também descobriu que o roubo estava se tornando um problema crescente. Para aumentar a conscientização sobre essas questões, a Pep Boys implementou uma plataforma chamada Axonify, que utilizava um jogo de perguntas para educar os colaboradores sobre determinados incidentes. Os colaboradores ganhavam prêmios pelas respostas corretas; as respostas incorretas resultavam em informações e análises adicionais até que o material fosse totalmente dominado. A plataforma atingiu uma taxa de participação voluntária de mais de 95% e, mesmo com o aumento de número de lojas e colaboradores ao longo do tempo, os incidentes de segurança e pedidos de indenização caíram mais de 45%, e os erros humanos e roubos baixaram 55%. À medida que a segurança se tornou um foco principal na Pep Boys, sua cultura mudou completamente.

As iniciativas de gamificação podem ser criadas a partir do zero (como ilustrado pelo EyeWire), mas há também muitas startups e empresas prestando serviços que uma organização pode simplesmente adotar e alavancar, assim como a Pep Boys fez com a Axonify. Há uma lista de mais de 90 exemplos de empresas de gamificação incluindo Badgeville, Bunchball, Dopamina e Comarch. As organizações também podem usar a Work.com (uma empresa da Salesforce), na qual a gamificação está totalmente integrada, ou a Keas, que foi criada especificamente para melhorar o bem-estar dos colaboradores.

Os *concursos de incentivo* são outra forma de engajamento que foi recentemente popularizada pela X Prize Foundation e outras. Essa técnica de engajamento é normalmente utilizada para encontrar pessoas com potencial no meio da Multidão e inseri-las na comunidade. Os concursos também são usados para desafiar, alavancar e motivar a comunidade, a fim de incitar ideias inovadoras e potencialmente radicais. Para Peter Diamandis, tudo começou com o Ansari X Prize, que ofereceu o prêmio de US$ 10 milhões à primeira organização não governamental que lançasse uma nave espacial tripulada e reutilizável ao espaço, duas vezes, no prazo de duas semanas. Vinte e seis equipes do mundo inteiro participaram e os concorrentes incluíam desde amadores a equipes patrocinadas por grandes corporações. Em novembro de 2004, a Mojave Aerospace Ventures ganhou o prêmio com sua nave espacial SpaceShipOne. A Virgin Galactic está usando os sucessores desse projeto para permitir o voo espacial comercial, cuja passagem custará US$ 250 mil, e está previsto para o final de 2014.

Depois do sucesso do Ansari X Prize, mais X Prizes foram criados. Uma das ofertas atuais da X Prize é o Qualcomm Tricorder X Prize, que vai pagar o prêmio de US$ 10 milhões à primeira equipe que, com um dispositivo handheld de diagnóstico médico, superar o desempenho de dez médicos certificados. Atualmente, 21 equipes estão competindo pelo grande prêmio. A HeroX, um desdobramento da X Prize lançado recentemente, leva esse modelo um passo adiante, permitindo que as empresas criem seus próprios desafios por meio da plataforma HeroX para resolver os desafios locais e globais.

Um prêmio de incentivo cria uma meta clara, mensurável e objetiva, e oferece uma recompensa em dinheiro para a primeira equipe que alcançar essa meta. A vantagem que essas competições oferecem é sua capacidade de gerar uma enorme alavancagem e eficiência. Os prêmios de incentivo também são ferramentas que podem ser usadas por indivíduos, startups, governos e médias e grandes empresas, mas eles são os únicos que permitem que equipes pequenas ou inovadores isolados iniciem ou transformem as indústrias. Ao explorar o desejo humano profundamente enraizado de competir, essas competições incentivam as equipes a se esforçarem ao máximo. Na maioria dos casos, os concursos de incentivo também têm metas de crescimento incorporadas, o que significa que exigem pensamento inovador e produtos revolucionários para ganhar.

Talvez o efeito colateral mais importante do concurso de incentivo seja a inovação periférica que ela cria, à medida que inúmeros concorrentes competem para alcançar um objetivo comum. Tais inovações podem galvanizar uma empresa ou uma indústria inteira, impulsionando-a para frente em um ritmo sem precedentes. De 2008 a 2011, Yuri van Geest e a Vodafone Netherlands (e mais tarde, a Vodafone Group) criaram e executaram o maior concurso de startups de internet móvel do mundo, o Vodafone Mobile Clicks, com prêmios superiores a US$ 300 mil. A competição foi lançada na Holanda e cresceu rapidamente com a inclusão de um total de sete países europeus. O Mobile Clicks permitiu que a Vodafone se envolvesse não só com mais de 900 startups de internet móvel, mas também com a comunidade móvel local de cada um desses países. Durante esse processo, o que começou como um concurso externo teve seu foco direcionado para uma interface interna que forneceu à Vodafone oportunidades de financiamento e aquisição de ideias, identificar talentos e obter candidatos. O "concurso" da Vodafone tornou-se uma forma de capital de risco corporativo e que se transformou com êxito no programa de incubadora / aceleradora de startups, a Startupbootcamp (SBC), expandindo por toda a Europa.

As competições de incentivo não são novidade, afinal, o voo solo sem escalas de Charles Lindberg atravessando o Oceano Atlântico em 1927 foi exatamente em busca de tais prêmios; na verdade, sua biografia inspirou Peter Diamandis a criar o X Prize. Outro programa de incentivo bem conhecido, projetado para aumentar o engajamento, é o velho "Funcionário do Mês".

Até recentemente, no entanto, os programas de incentivo eram raramente utilizados para motivar a criatividade e a produtividade dentro das comunidades e multidões.

Outro efeito positivo do engajamento, principalmente quando se trata de gamificação, é o *treinamento*. A complexidade de alguns dos jogos de hoje oferece uma excelente educação em habilidades de liderança e trabalho em equipe. Na verdade, Joi Ito observou que tornar-se um *guild master* eficaz no jogo World of Warcraft é equivalente a um curso de liderança de imersão total.

Realmente, o que parece ser a ferramenta menos importante em programa de envolvimento de usuários e colaboradores de uma empresa muitas vezes acaba sendo uma das ferramentas mais poderosas para encontrar e treinar o pessoal necessário para alcançar um nível mais alto.

Embora seja uma questão relativamente secundária, em se tratando de empresas tradicionais, o engajamento é fundamental para as ExOs.

Ele é um elemento fundamental para o dimensionamento da organização em relação à Comunidade e Multidão e para a criação de efeitos de rede externos. Não importa o quanto seu produto ou premissa seja promissor, a menos que uma ExO seja capaz de otimizar o engajamento de sua Comunidade e Multidão, ele irá definhar e desaparecer.

Por que é importante?	Dependências ou pré-requisitos
• Aumenta a fidelidade; • Amplifica a ideação; • Converte Multidão em Comunidade; • Alavanca o marketing; • Permite jogar e aprender; • Oferece um ciclo de feedback digital com os usuários.	• PTM; • Regras claras, justas e coerentes, sem conflitos de interesse.

Paixão e propósito. Começamos este capítulo essencialmente fazendo duas perguntas: O que dá significado à organização? O que compele os colaboradores, clientes e até mesmo os membros do público em geral a dedicar-se ao sucesso da empresa? Essas questões tornam-se ainda mais vitais quando falamos sobre as Organizações Exponenciais, já que suas taxas extraordinárias de crescimento, combinadas com uma forte dependência de suas comunidades para ajudá-las a concretizar suas visões, exigem um nível de compromisso sem precedentes de um conjunto mais amplo de partes interessadas – indivíduos que tradicionalmente tinham apenas uma tênue ligação com a empresa.

Embora seja frequentemente encontrado em grupos musicais e equipes esportivas, tal compromisso é raramente visto no mundo corporativo. Há, no entanto, algumas estrelas de rock corporativas. A mais famosa de todas é a Apple. O exército da Apple de milhões de verdadeiros seguidores, que faz fila para comprar seus produtos, cria blogs sobre a empresa e seus produtos, cola adesivos da Apple nas janelas de seus carros, e defende veementemente a empresa contra os hereges e apóstatas da Apple, é um exemplo paradigmático de uma comunidade corporativa vibrante, complexa e poderosa.

Obviamente, criar esse tipo de comunidade requer um grande produto e uma visão cativante. Mas também exige uma boa quantidade de tempo. Levou oito anos após a introdução do Macintosh para que a Apple Computer se tornasse um fenômeno, e mais 16 anos para que a empresa atingisse seu status de ícone cultural. As Organizações Exponenciais não têm todo esse tempo. E também têm poucas chances de ter um líder carismático como Steve Jobs. Em vez disso, elas devem avançar de forma rápida e sistemática, utilizando técnicas e ferramentas comprovadas. Neste capítulo, nós oferecemos ambos: o PTM, para provocar um forte envolvimento de todas as partes interessadas em uma cruzada para alcançar uma meta maior e cativante; e os componentes de SCALE, para formar e engajar a Comunidade e a Multidão, para usar o Staff sob Demanda e os Ativos Alavancados, e para alavancar os Algoritmos.

Esses atributos são substitutos perfeitos para o carisma e a genialidade? Não, mas eles estão muito mais disponíveis e muito menos sujeitos ao acaso. Eles também são muito mais gerenciáveis. O melhor de tudo é que a combinação de PTM e SCALE pode ser aplicada a *qualquer* organização, grande ou pequena.

Agora que já abordamos os atributos externos de uma ExO, no próximo capítulo examinaremos os atributos internos, para ver como uma organização gerencia o caos e evita sua desintegração enquanto avança em alta velocidade.

Principais lições:

- As Organizações Exponenciais têm um Propósito Transformador Massivo (PTM);
- As marcas começarão a se transformar em PTMs;
- As ExOs se expandem para além de suas fronteiras organizacionais, alavancando ou acessando pessoas, ativos e plataformas para maximizar a flexibilidade, a velocidade, a agilidade e a aprendizagem;
- As ExOs alavancam cinco externalidades (SCALE) para aumentar o desempenho:
  - *Staff sob Demanda*;
  - Comunidade e Multidão;
  - Algoritmos;
  - Ativos alavancados;
  - Engajamento.

CAPÍTULO 4

Dentro da Organização Exponencial

O total de *output* a ser processado quando os elementos SCALE são alavancados exige que os mecanismos de controle interno de uma ExO sejam gerenciados com cuidado e de forma eficiente. Por exemplo, um Prêmio X gera centenas de ideias que precisam ser avaliadas, catalogadas, classificadas e priorizadas. Com um *output* exponencial, a organização interna tem de ser extremamente robusta, precisa e devidamente ajustada para processar todos os *inputs*. Como resultado, as Organizações Exponenciais são muito mais do que aparentam ser para o mundo exterior, ou como elas se comportam com os clientes, comunidades e outras partes interessadas. Elas também têm operações *internas* distintas que abrangem tudo, desde suas filosofias de negócios à forma como os colaboradores interagem uns com os outros, como medem seu desempenho (e o que elas valorizam nesse desempenho) e até mesmo suas atitudes em relação ao risco – na verdade, *especialmente* suas atitudes em relação ao risco.

E da mesma forma que os atributos externos da Organização Exponencial podem estar contidos na sigla SCALE, os mecanismos internos de uma ExO também podem ser expressos com a sigla IDEAS:

- Interfaces;
- Dashboards;
- Experimentação;
- Autonomia;
- tecnologias Sociais.

Mais uma vez, examinaremos cada um deles.

Interfaces

As interfaces são processos de filtragem e comparação pelos quais as ExOs ligam as externalidades de SCALE às estruturas de controle interno de IDEAS. Eles são algoritmos e fluxos de trabalho automatizados que roteiam o *output* das externalidades de SCALE para as pessoas certas no momento certo, internamente.

Em muitos casos, esses processos começam de forma manual e gradualmente se tornam automatizados. No final, porém, eles se tornaram plataformas de autoprovisionamento que permitem a expansão da ExO. Um exemplo clássico é o AdWords do Google, que agora é um negócio de multibilionário dentro do Google. A chave para sua escalabilidade é o autoprovisionamento – ou seja, a interface para um cliente do AdWords foi completamente automatizada, de tal forma que não há envolvimento manual.

No capítulo anterior, apresentamos a Quirky, uma empresa de CPG conhecida por transformar uma ideia em um produto nas prateleiras das lojas, em menos de um mês. A empresa alavanca uma comunidade de mais de um milhão de inventores, todos ansiosos para colocar suas ideias no mercado. Como resultado, a Quirky teve de desenvolver processos e mecanismos especiais para gerenciar, classificar, filtrar e engajar essa vasta comunidade. As interfaces, como a utilizada pela Quirky, ajudam as ExOs a filtrar e processar os *outputs* dos atributos externos (SCALE) de um modo sistemático e automático para a organização central. A utilização de interfaces resulta em processos mais eficazes e eficientes, reduzindo a margem de erro. À medida que crescem exponencialmente como uma empresa, as interfaces são críticas para uma organização que deseja expandir sem interrupções, especialmente em um nível global.

O mesmo é verdadeiro para outras empresas que coordenam dados e supervisionam tudo, desde prêmios até recursos humanos. A Kaggle tem seus próprios mecanismos exclusivos para gerenciar seus 200 mil cientistas de dados. A X Prize Foundation criou mecanismos e equipes dedicadas para cada um de seus prêmios. O TED possui diretrizes rígidas que ajudam seus muitos eventos "franqueados" ao redor do mundo, os TEDx, a apresentar resultados consistentes. E a Uber tem suas próprias maneiras de lidar com seu exército de motoristas.

A maioria desses processos de interface é única e de propriedade exclusiva da organização que os desenvolveu, e, como tal, compreende um tipo único de propriedade intelectual que pode ter um valor considerável no mercado. As ExOs dispensam uma considerável atenção às interfaces e uma grande dose de design baseado no ser humano é exercida sobre esses processos, a fim de otimizar cada instanciação.

À medida que esses novos processos evoluem e se tornam mais poderosos, eles normalmente se caracterizam pelo alto grau de instrumentação e pelo tipo de coleta de metadados que alimenta os dashboards da empresa (que descreveremos na próxima seção).

Eventualmente, as interfaces costumam se tornar as características internas mais distintivas de uma ExO plenamente realizada. Há uma boa razão para isso: nos picos de produtividade, as interfaces emancipam a administração de seus atributos externos de SCALE – especialmente Staff sob Demanda, ativos alavancados, Comunidade e Multidão. Sem essas interfaces a ExO não pode se expandir, o que as torna cada vez mais críticas.

Provavelmente, o exemplo atual mais dramático de uma interface é a App Store da Apple, que agora contém mais de 1,2 milhão de *apps* que foram baixados *75 bilhões* de vezes. A Apple tem cerca de nove milhões de desenvolvedores dentro desse ecossistema, que ganharam mais de US$ 15 bilhões.

Para gerenciar esse ambiente único, a interface da Apple é composta por um conselho editorial interno que veta novas aplicações e mudanças solicitadas, bem como recomendações de outros colaboradores, que compõem uma rede informal. Novos produtos e políticas são anunciadas na WWDC - Worldwide Developers Conference (conferência mundial de desenvolvedores) e a Apple usa um algoritmo sofisticado para ajudar a determinar quais apps estão liderando em suas categorias e quais devem ser exibidos na página inicial de seu site. Como seria de esperar, esse processo é exclusivo da Apple, como é a maioria das interfaces nas ExOs. Elas não são ensinadas nos cursos de administração, e não há especialistas que explicam como criá-las. No entanto, são as alavancas fundamentais pelas quais qualquer ExO consegue se expandir. A tabela a seguir mostra algumas ExOs e suas interfaces:

	Interface	Descrição	Uso Interno	Atributo SCALE
Uber	Seleção de motoristas	O sistema que permite aos usuários encontrar e escolher motoristas	O algoritmo encontra o motorista mais próximo da localização do usuário	Algoritmo
Kaggle	Tabela de classificação	Placar em tempo real, que mostra a classificação atual de um concurso	Agrega e compara os resultados de todos os usuários de um concurso	Engajamento
Quirky	Busca de usuário	O sistema busca usuários relevantes para concursos privados	Escolhe os melhores usuários para projetos especiais	Comunidade e Multidão
TED	Avaliações/votações	Sistema para votar em cada aspecto do ciclo de produção	Prioridades nas características e benefícios de novos produtos	Engajamento
Local Motors	Submeter ideias	Sistema para permitir que os usuários submetam ideias	Algoritmo para processar somente as inscrições válidas ou viáveis	Comunidade e Multidão
	Criador de concursos	Sistema para criar novos concursos para a comunidade	Algoritmos para agilizar todas as etapas do concurso	Comunidade e Multidão
	Avaliações/votações	Sistema para votar em cada aspecto do ciclo de produção	Prioridades nas características e benefícios de novos produtos	Engajamento

Google Ventures	Busca de colaboradores	Busca qualificações/pessoas no banco de dados de colaboradores do Google visadas e relevantes	Seleciona startups do GV que correspondem a qualificações/colaboradores visados	Algoritmos
	Busca de currículos	Sistema de busca de currículos para encontrar novas contratações relevantes	Seleciona currículos que correspondem a qualificações específicas	Algoritmos
Waze	Coordernadas de GPS	Obtém sinais de GPS de cada usuário	Atrasos de trânsito calculados em tempo real	Ativos alavancados
	Indicações do usuário enquanto dirige	Usuários apontam acidentes, viaturas policiais etc.	Mapas mostram indicações para todos os usuários	Comunidade e Multidão
Google	AdWords	Usuário escolhe palavras-chave para fazer um anúncio	Google coloca anúncios de acordo com os resultados de pesquisa	Algoritmos
	Indicações do usuário enquanto dirige	Usuários apontam acidentes, viaturas policiais etc.	Mapas mostram indicações para todos os usuários	Comunidade e Multidão
Github	Sistema de controle de versão	Vários programadores atualizam um software sequencialmente e em paralelo	A plataforma mantém todas as contribuições em sincronia	Comunidade e Multidão
Zappos	Processo de contratação	Concursos de incentivo	Elimina um grande número de candidatos	Engajamento
Gigwalk	Disponibilidade de tarefas	Trabalhadores da Gigwalk recebem tarefas simples baseadas na localização, quando disponíveis	Faz a correspondência entre a demanda de tarefas e a oferta de Gigwalkers	Staff sob Demanda

Uma última consideração sobre as interfaces é que elas ajudam a gerenciar a *abundância*. Enquanto a maioria dos processos é otimizada em torno da escassez e da eficiência, os elementos SCALE geram grandes conjuntos de resultados, ou seja, as interfaces são voltadas para a filtragem e a correlação. Como um exemplo, lembre-se que o prêmio da Netflix gerou 44.104 inscrições que precisaram ser filtradas, classificadas, priorizadas e pontuadas.

Por que é importante?	Dependências ou pré-requisitos
• Filtra a abundância externa em valor interno; • Conecta os determinantes de crescimento externo e fatores internos de estabilização; • A automação permite a escalabilidade.	• Processos padronizados que permitam a automação; • Externalidades escaláveis; • Algoritmos (na maioria dos casos).

Dashboards

Conforme as enormes quantidades de dados de clientes e colaboradores vão se tornando disponíveis, as ExOs precisam de uma nova maneira de medir e de gerenciar a organização: um dashboard adaptável e em tempo real, com todas as métricas essenciais dos colaboradores da empresa, acessíveis a todos na organização.

No início da década de 1990, o padrão da indústria das gigantes do varejo, como Sears e Kmart, era agrupar diariamente as transações de ponto de venda de todas as caixas registadoras. Alguns dias depois, um centro regional registraria os resultados de várias lojas. Algumas semanas depois, um comprador no escritório central examinaria os totais para determinar quantas caixas de Pampers a empresa precisaria pedir em sua próxima compra.

O Walmart derrubou esse modelo – e nesse processo revolucionou o varejo – com o lançamento do seu próprio satélite geoestacionário e o rastreamento de transferências de estoque e cadeia de suprimentos em tempo real. Ele esmagou a concorrência, superando sistematicamente as outras cadeias em 15% – uma margem competitiva descomunal no varejo. Sears e Kmart jamais se recuperaram totalmente.

Sempre houve uma tensão criada pela necessidade de equilibrar a instrumentação e a coleta de dados com a gestão da empresa. Coletar estatísticas internas de progresso exige tempo, esforço e caros recursos de TI. É por isso que o acompanhamento dos resultados costumava ser feito anualmente ou, na melhor das hipóteses, trimestralmente.

As startups de hoje (assim como as empresas mais maduras) estão alavancando a banda larga sem fio, a internet, sensores e a nuvem para monitorar esses mesmos dados em tempo real. Will Henshall, fundador e CEO da fascinante startup focus@will, que transmite música "antidistração" e sons para ajudar os usuários a se concentrar, instrumentou seu negócio quase que completamente. Estão incorporadas em suas operações as seguintes métricas, que rastreiam dados em tempo real:

- Total de usuários;
- Novos visitantes no último dia;
- Número total de usuários pessoais;
- Registros de novos usuários pessoais no último dia;
- Porcentagem de novos usuários pessoais em relação a novos visitantes no último dia;
- Total de assinantes Pro;
- Novos assinantes Pro no último dia;
- Porcentagem de novos assinantes Pro em relação a novos usuários pessoais no último dia;
- Total de recibos;
- Recibos nos últimos 30 dias;
- Recibos no último dia.

Para um executivo de apenas 20 anos atrás, essa seria uma lista impressionante de medições – quase além da imaginação. Mas a qualidade dessa lista é ainda mais impressionante do que sua quantidade. Ela oferece métricas sobre o comportamento do cliente, exatamente como a informação armazenada na cabeça de um lojista dos velhos tempos sobre as necessidades e desejos de cada um dos clientes em sua pequena cidade – mas em uma escala *global*. E a quantidade de informações armazenadas só deverá crescer a cada ano, mesmo enquanto as análises de big data para processar essas informações vão melhorando com o tempo.

E tem mais. Hoje estamos vendo uma *abordagem* diferente para a coleta de dados em relação ao passado. As tradicionais métricas de vaidade (*vanity metrics*) – estatísticas, como o número de visitantes ou de downloads de *apps*), estão sendo substituídas por métricas de valor real, incluindo o uso repetido, o percentual de retenção, monetização e o Net Promoter Score (NPS). Esse foco emergente nos indicadores-chave de desempenho (Key Performance Indicator – KPI) de valor real está sendo criado com base no popular movimento da startup enxuta (ver Experimentação).

Ao mesmo tempo em que a instrumentação das empresas está acelerando, uma transformação semelhante também está ocorrendo no âmbito do colaborador individual e no acompanhamento de desempenho de equipes. A temida avaliação anual de desempenho é desmotivadora para a maioria dos colaboradores, especialmente para os mais talentosos, por causa do longo tempo de espera entre a realização e o reconhecimento. Durante esse intervalo, há o risco de que os melhores colaboradores fiquem frustrados e aborrecidos e saiam da empresa – o que custa às empresas de rápido crescimento as pessoas de que menos podem se dar ao luxo de perder.

Em resposta, muitas ExOs estão adotando o método dos *Objetivos e Resultados-Chave* (OKR – *Objectives and Key Results*). Inventado na Intel pelo CEO Andy Grove e levado ao Google pelo capitalista de risco John Doerr, em 1999, os OKRs acompanham as metas individuais, das equipes e da empresa e expõem os resultados de uma forma aberta e transparente. Em *High Output Management*, o manual altamente conceituado de Grove, ele introduziu os OKRs como a resposta a duas perguntas simples:

1. Aonde quero ir? (*Objetivos.*)
2. Como sei que estou chegando lá? (*Resultados-chave para garantir que o progresso esteja ocorrendo.*)

Além da Intel e do Google, outras empresas de rápido crescimento que utilizam o sistema incluem LinkedIn, Zynga, Oracle, Twitter e Facebook.

Um programa de OKRs, como o próprio nome sugere, opera ao longo de dois trajetos. Um objetivo, por exemplo, poderia ser "aumentar as vendas em 25%", juntamente com "formar duas parcerias estratégicas" e "conduzir uma campanha de AdWords " como sendo os resultados-chave desejados. Os OKRs envolvem foco, simplicidade, ciclos de feedback (mais) curtos e transparência. Como resultado, *insights* e melhorias são mais fáceis de ver e implementar. Em contraste, a complexidade, o sigilo e objetivos amplos tendem a impedir o progresso, muitas vezes resultando em consequências imprevisíveis. Como diz Larry Keeley, presidente e cofundador da empresa de estratégia de inovação Doblin Group: "A verdade é que há cerca de 65 métricas diferentes para a inovação. Nenhuma empresa precisa de todas elas. Você precisa de uma meia dúzia. Você precisa escolher a meia dúzia correta, contextualmente, para realizar o que você está tentando alcançar estrategicamente".

Algumas características dos OKRs:

- Os KPIs são determinados de cima para baixo (*top-down*), enquanto OKRs são determinados de baixo para cima (*bottom-up*);
- Os Objetivos são o sonho; os Resultados-chave são os critérios de sucesso (ou seja, uma forma de medir o progresso gradual em direção ao objetivo);

- Os Objetivos são qualitativos e os Resultados-chave são quantitativos;
- Os OKRs e as avaliações de colaboradores não são a mesma coisa;
- Os OKRs envolvem as metas da empresa e como cada colaborador contribui para essas metas. As avaliações de desempenho – que só dizem respeito à avaliação de como um colaborador se desempenhou em um determinado período – são independentes dos OKRs;
- Os objetivos são ambiciosos e dão uma sensação de desconforto.

(Em geral, até cinco objetivos e quatro Resultados-chave por iniciativa é o mais eficiente, e os Resultados-chave devem ter uma taxa de realização de 60% a 70%; caso contrário, as metas estão muito baixas.)

As ExOs levam essa técnica muito mais a sério. Muitas estão implementando OKRs de *alta frequência* – ou seja, uma meta por semana, por mês ou por trimestre para cada indivíduo ou equipe dentro de uma empresa.

Os resultados científicos da neurociência, gamificação e economia comportamental têm demonstrado a importância da especificidade e do feedback frequente para conduzir mudanças comportamentais e, eventualmente, causar um impacto. A especificidade e ciclos de feedback rápidos energizam, motivam e aumentam o moral e a cultura da empresa. Como resultado, uma série de serviços, incluindo OKR Hub, Cascade, Teamly e 7Geese, foi criada para ajudar as empresas a acompanhar esses indicadores.

No entanto, ainda há um longo caminho a percorrer, especialmente para além do mundo das startups, e isso é verdade mesmo para os centros de alta tecnologia do mundo. Fabio Troiani, diretor-executivo da Business Integration Partners, uma empresa de consultoria global com sede na Itália, observa que os OKRs ainda são algo especial até mesmo no Vale do Silício. Ele relata que das 100 grandes corporações na Europa e América do Sul com as quais ele está familiarizado nenhuma usa OKRs.

Enquanto isso, os dashboards de métricas de valor, utilizados em conjunto com os OKRs, estão se tornando o *verdadeiro* padrão para medir as ExOs – tudo, desde a empresa como um todo até as equipes e colaboradores individuais. No Google, por exemplo, todos os OKRs são completamente transparentes e públicos dentro da empresa.

Além disso, os colaboradores de gerações mais recentes têm experimentado um condicionamento diferente em termos de medições e ciclos de feedback em comparação com as gerações mais antigas. Por exemplo, dentro do jogo altamente popular do World of Warcraft existem dashboards semelhantes aos OKRs e métricas enxutas com ciclos de feedback curtos.

Uma boa analogia para o benefício dos OKRs de ciclo rápido são os telefones celulares. Nos últimos 15 anos, o e-mail instantâneo e a conectividade ininterrupta oferecida pelos telefones celulares melhoraram drasticamente a velocidade da tomada de decisão e a duração das conversas. Os OKRs fazem o mesmo para as organizações.

Por que os dashboards são fundamentais para os ExOs? Porque o crescimento acelerado exige que a instrumentação das avaliações do negócio, dos indivíduos e da equipe seja integrada e executada em tempo real, até porque os pequenos erros podem crescer muito rapidamente. Sem ambas as funções estabelecidas, uma empresa está sujeita a perder o foco e retornar às métricas de "vaidade" ou ter KPIs equivocados para as equipes. Ou ambos.

Como mencionado no início do capítulo, estruturas rígidas de controle são fundamentais para gerenciar o hipercrescimento. Dashboards em tempo real e OKRs são elementos-chave dessa estrutura de controle.

Por que é importante?	Dependências ou pré-requisitos
• Monitora fatores críticos de crescimento em tempo real; • OKRs criam uma estrutura de controle para gerenciar o crescimento rápido; • Minimiza a exposição por erros devido a loops de feedback curtos.	• Métricas em tempo real monitoradas, reunidas e analisadas; • OKRs implementados; • Aceitação da cultura pelos colaboradores.

Experimentação

Definimos a experimentação como a implementação da metodologia da startup enxuta de pressupostos de testes e experimentando constantemente com riscos controlados.

De acordo com o CEO da Zappos Tony Hsieh, "Uma grande marca ou empresa é uma história que nunca deixa de ser contada". Ou seja, é fundamental evoluir e experimentar continuamente. Bill Gates leva a ideia de Hsieh um passo adiante: "O sucesso é um péssimo professor. Ele induz pessoas inteligentes a achar que não podem perder".

Em um discurso recente na Singapore Management University, John Seely Brown defendeu uma ideia convincente de que todas as arquiteturas corporativas foram definidas para *resistir* ao risco e à mudança. Além disso, segundo ele, todos os esforços de planejamento corporativo tentam aumentar a eficiência e a previsibilidade, ou seja, eles trabalham para criar ambientes estáticos – ou pelo menos de crescimento controlado – na crença de que reduzirão o risco.

Mas no mundo em rápida mudança de hoje, Seely Brown continuou: "o oposto é verdadeiro". Mark Zuckerberg concorda, ressaltando que:

"O maior risco é não correr nenhum risco". A constante experimentação e a iteração de processos são agora as únicas maneiras de reduzir o risco. Um grande número de ideias *bottom-up*, devidamente filtradas, *sempre* supera o pensamento *top-down*, não importa o setor ou a organização. Seely Brown e Hagel chamam isso de "aprendizagem escalável" e, considerando as taxas de crescimento das ExOs, é a única estratégia possível para eles. Nos melhores casos, as ExOs apresentam ambos – ou seja, as ideias são desenvolvidas de baixo para cima e recebem aceitação/ratificação/suporte do topo. No final, vencem as melhores ideias, independentemente de quem as propôs.

Em um esforço para dar um pontapé inicial nesse tipo de pensamento, a Adobe Systems lançou recentemente o KickStart Innovation Workshop. Os colaboradores participantes recebem uma caixa vermelha contendo um guia de inicialização passo a passo e um cartão de crédito pré-pago com mil dólares em capital semente, e 45 dias para experimentar e validar ideias inovadoras. Embora eles tenham acesso ao treinamento por alguns dos melhores inovadores da empresa, o resto é por conta deles. Em 2013, 900 dos 11 mil colaboradores da Adobe participaram do workshop. A abordagem da Adobe não só estimula a experimentação, como também estabelece um funil mensurável pelo qual as ideias e conceitos promissores podem ser identificados e perseguidos de forma sistêmica e comparável.

Muitas outras empresas também estão explorando a experimentação – não apenas em pequenos departamentos, mas também nos processos principais. Isso não é, no entanto, um conceito totalmente novo. Os japoneses há muito tempo têm seguido a prática do *kaizen*: a melhoria contínua como uma técnica fundamental de gerenciamento de processos. A única diferença entre a aprendizagem escalável e o *kaizen* é o uso de novas e mais avançadas ferramentas orientadas a dados tanto on-line quanto off-line, para testar hipóteses de segmentos de clientes, casos de uso (*use cases*) e soluções.

A Apple utilizou uma espécie de *kaizen* para lançar sua a primeira loja de varejo, o que foi considerada uma medida de alto risco na época. Após trazer Millard Drexler, o CEO da Gap Inc., para seu conselho, a Apple contratou Ron Johnson (que, como vice-presidente de *merchandising*, ficou famoso ao elevar a imagem da Target acima da mais sofisticada Kmart) para gerenciar as novas operações de varejo. Com seu conhecimento conjunto, os dois criaram um protótipo da loja e, em seguida, testaram e revisaram com base em dados de clientes e feedback. A Apple continuou a iteração até que obtiveram validação suficiente para lançar sua primeira Apple Store no norte da Virgínia em 15 de maio de 2001.

Com o sucesso do conceito, a Apple expandiu agressivamente; a empresa tem atualmente 425 lojas em 16 países.

Essa técnica é conhecida popularmente como o movimento da startup enxuta, criado por Eric Ries e Steve Blank e baseado no livro de Ries de mesmo nome. A filosofia da startup enxuta (também conhecido como *lean launchpad*) é por sua vez baseada nos princípios do *lean manufacturing* da Toyota, estabelecido pela primeira vez há meio século, em que a eliminação de processos ineficientes é fundamental. (Um dos princípios: "Eliminar todas as despesas com qualquer meta que não seja a criação de valor para o cliente final.")

Abordagem Lean

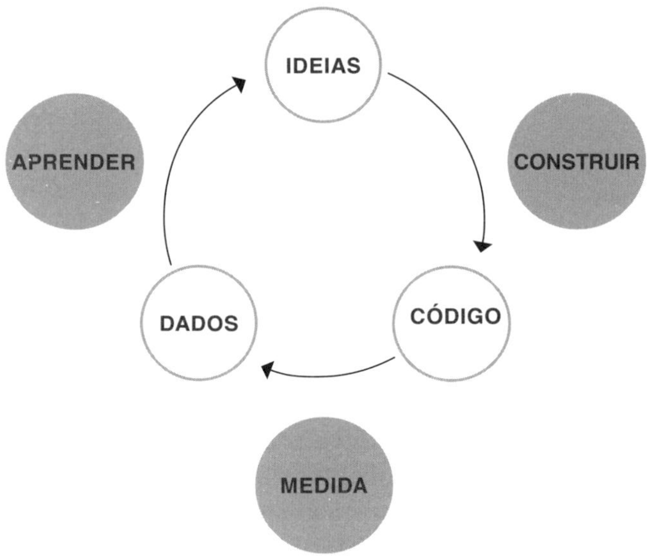

O conceito de startup enxuta também recebeu incentivo no livro de Steve Blank, *The Four Steps to the Epiphany*, que se concentra no desenvolvimento do cliente. (Um dos conceitos: "Nós não sabemos o que o cliente quer até que suposições sejam validadas".) A mensagem mais importante do movimento da startup enxuta é "*falhar rápido e com frequência, enquanto elimina o desperdício*". Sua abordagem à inovação prática pode ser resumida como nova, científica, orientada a dados, iterativa e altamente orientada ao cliente, que é utilizada por startups, empresas de médio porte, corporações e até governos. Para ilustrar a forma como esse credo pode ter um impacto tão positivo sobre uma empresa, compare-o com o método tradicional de desenvolvimento de produtos, também conhecido como modelo em cascata.

Como mencionado no Capítulo 2, a abordagem em cascata tradicional de desenvolvimento de produtos é um processo linear (na maioria das vezes, referido como NPD ou New Product Development) que utiliza passos sequenciais, tais como a geração de ideias, triagem, design de produto, desenvolvimento e comercialização. Esse processo não só desperdiça uma grande quantidade de tempo precioso, mas resulta em novos produtos que não satisfazem – ou não mais satisfazem, já que o mercado está mudando tão rapidamente – as necessidades do cliente, culminando em um produto que ninguém quer. Inevitavelmente, são gastos ainda mais tempo e dinheiro para adaptar o produto para atender ao cliente. Um processo que, mais uma vez, leva muito tempo, enquanto o mercado continua seguindo em frente.

No final, é claro, o produto é um fracasso. Em suma, o NPD tornou-se um processo em que o pensar e o fazer são separados por um longo período de tempo e o feedback com base em dados e no comportamento do cliente chegam muito tarde ao processo de desenvolvimento. Como Nassim Taleb explica, "O conhecimento oferece uma pequena vantagem, mas a experimentação (tentativa e erro) é o equivalente a mil pontos de QI. Foi a experimentação que permitiu a Revolução Industrial". A título de comparação, considere o mesmo cenário utilizando o método da startup enxuta.

A empresa primeiramente pesquisa as necessidades do cliente. Em seguida, realiza um experimento para saber se o produto proposto corresponde a essas necessidades. Valendo-se de dados quantitativos e qualitativos, a empresa tira uma conclusão baseada em uma série de perguntas bem ponderadas:

- O produto atende à necessidade do cliente?
- Como o cliente resolveu um problema ou necessidade no passado?
- Quais são os custos atuais criados pelo problema do cliente?
- Devemos adaptar ou mudar nosso curso?
- Estamos prontos para produzir?

Esse processo de aprendizado constante pode ser realizado em apenas algumas semanas ou meses, a um custo mínimo. O melhor de tudo é que geralmente fica claro logo no início se um produto está fadado ao fracasso. Podemos examinar a questão dessa forma: quando você passa do ponto A ao ponto B, você enxerga o ponto C, mas não enxerga o ponto C do ponto A. A iteração/experimentação é o único caminho.

Como Eric Ries explica, "A regra moderna da concorrência é: aquele que aprende mais rápido, ganha". A maioria dos mercados digitais tem os maiores vencedores devido aos efeitos de rede. Isto faz com que uma cultura de experimentação contínua seja ainda mais importante.

A Martin Trust Center for MIT Entrepreneurship utiliza um processo de startup enxuta para a inovação empresarial que é semelhante ao utilizado pela Adobe. É o chamado *método 5x5x5x5* (54). Cinco equipes corporativas com cinco membros competem por cinco semanas (um ou dois dias por semana), gastando não mais que US$ 5 mil para produzir uma inovação. O orçamento é ideal para testar os pressupostos com clientes reais de um determinado segmento, o problema do cliente (caso de uso) e a solução (conceito de inovação), utilizando diferentes métodos on-line e off-line.

Após cinco semanas, cada equipe apresenta seu resultado, que é uma combinação de conceito, análise competitiva, quadro de modelo de negócio (*business model canvas*) e aprendizagem validada (*validated learning*) com base em diferentes experimentos ou produtos viáveis mínimos (*Minimal Viable Products - MVPs*). Em resumo, é um processo científico orientado a dados com solução ajustada ao problema (*problem-solution fit*) e produto ajustado ao mercado (*product-market fit*) para a ideia inovadora que maximiza o aprendizado e acelera o processo de desenvolvimento de produtos – requisitos essenciais para um mundo em rápida mudança. Nada mal para um trabalho de pouco mais de um mês.

Maria Mujica, que dirige a unidade de inovação Fly Garage, criada há dois anos, para a Mondelez International, uma empresa de produtos de confeitaria, usa a Experimentação para realizar "Garagens" de vários dias com o objetivo de criar novos compromissos de marca. Grupos de livres pensadores de dentro e fora da organização são convidados a participar em um ambiente sem fronteiras. Os passos seguintes constituem uma experiência de "Garagem":

- Desintoxicação ao desconectar-se e desligar-se de tudo;
- Valer-se da empatia e imersão para se conectar com a oportunidade;
- Resumir as ideias em uma frase criativa (posteriormente transcrita em uma camiseta para ser vestida);
- Agitar para motivar a ideação e misturar/acelerar soluções;
- Criar rapidamente um protótipo para permitir uma rápida experiência de usuário.

Resultados fascinantes foram produzidos nas Garagens, incluindo o "Traffic Karaoke in Bogota" e uma máquina de venda automática, onde os usuários pagam com sua fome (que é medida por um sensor ingerido). O Fly Garage equilibra muito bem a repetibilidade de procedimentos corporativos com resultados altamente criativos – um santo graal para qualquer organização. Mujica também dominou outro equilíbrio tradicionalmente difícil: gestão *top-down* com a criatividade *bottom-up* e de pouca ou nenhuma tensão cultural.

Um pré-requisito final e crítico para a experimentação é a disposição a falhar. Trinta anos atrás, Regis McKenna, um pioneiro de marketing do Vale do Silício, foi o primeiro a notar que, embora tivesse uma reputação de ser bem-sucedido, o Vale foi, na verdade, construído sobre o fracasso – ou, mais precisamente, sobre uma disposição para aceitar e até mesmo recompensar um "bom" fracasso.

Infelizmente, dentro do ambiente corporativo tradicional, uma falha, na maioria das vezes, ainda resulta em consequências que afetam carreiras, devido aos longos tempos de aprovisionamento e grandes investimentos. Isso, naturalmente, reduz o apetite ao risco. Ao mesmo tempo, o viés de custos irrecuperáveis (o impulso recebido pelos projetos devido unicamente ao dinheiro já investido) também entra em ação. Em pouco tempo, a empresa pode acabar gastando ainda mais dinheiro no lançamento de um produto condenado, apesar de os dados claramente indicarem seu fracasso. Lembra-se do caso dos telefones móveis da Iridium? E do caso Navteq-Waze? Além disso, considere o lema bem-conhecido da NASA: "O fracasso não é uma opção". Embora nobre e inspirador, ele foi, em última análise, uma sentença de morte para a exploração. Quando o fracasso não é uma opção, você acaba ficando com uma inovação segura e incremental, sem avanços radicais ou inovações disruptivas.

Ao integrar a experimentação como um valor básico e adotando abordagens como a startup enxuta, os fracassos da empresa – enquanto ainda aceitos como uma parte inevitável do risco – podem ser rápidos e relativamente indolores e informativos. O Google, por exemplo, é particularmente bom na experimentação: se um produto não estiver cumprindo seus objetivos e os recursos puderem ser mais bem aproveitados em outros lugares, o produto é descontinuado. As recriminações são limitadas, a empresa se recupera rapidamente e os trabalhadores envolvidos nunca sofrem consequências que afetam suas carreiras.

Algumas empresas até começaram a comemorar o fracasso a fim de neutralizar o que elas consideram uma resistência cultural de seus colaboradores à própria ideia do fracasso. Por exemplo, o prêmio Heroic Failure (fracasso heroico) da Procter & Gamble homenageia o colaborador ou a equipe que teve o maior fracasso que gerou a maior descoberta. Da mesma forma, a Tata oferece anualmente o prêmio Dare To Try (ouse tentar), que reconhece os gestores que assumiram o maior risco. Só em 2013, o prêmio atraiu mais de 240 inscrições.

Isso não significa, é claro, que qualquer falha ou erro é encorajado ou celebrado. Mas, se uma equipe estiver operando dentro dos modelos estratégicos, comerciais, éticos e legais e evitando recriar os velhos erros, uma falha pode e deve ser comemorada pelo aprendizado que tal experimentação oferece. Uma filosofia conhecida no Vale do Silício defende que é fundamental distinguir um "bom" fracasso – que ocorreu pelas razões certas e que produz resultados úteis – de um "mau" fracasso – e mesmo de um "mau sucesso" que foi causado mais pela sorte do que pela realização – e, em seguida, recompensá-lo adequadamente.

O fracasso não só libera as pessoas, as ideias e o capital para o aprendizado e avanços futuros, mas também é importante notar que, embora raramente reconhecido, uma cultura corporativa que aceita o fracasso beneficia-se de uma menor tensão interna, na forma de disputas de poder e atribuição de culpa, graças à confiança, transparência e franqueza.

Existem algumas limitações para a abordagem da startup enxuta, incluindo a ausência de análise da concorrência ou considerações em relação ao processo de design. Além disso, é importante notar que é muito mais simples falhar em ambientes baseados em informação e software porque a iteração é muito mais fácil. Para uma empresa de hardware, é muito mais difícil fazer uma iteração. A Apple somente lança um hardware quando ele está perfeito. Você não gostaria de repetir e falhar várias vezes se estiver construindo um reator nuclear.

Como Nathan Furr e Jeff Dyer afirmaram em seu novo livro, *The Innovator's Method: Bringing the Lean Start-up into Your Organization*: "Não tente produzir antes de dominar o processo".

Por que é importante?	Dependências ou pré-requisitos
• Mantém processos alinhados com externalidades em rápida mudança; • Maximiza a captura de valor; • Disponibilização mais rápida ao mercado (MVP); • A tomada de riscos proporciona uma vantagem e um aprendizado mais rápidos.	• Métricas em tempo real monitoradas, reunidas e analisadas; • OKRs implementados; • Aceitação da cultura pelos colaboradores.

Autonomia

Descrevemos a Autonomia como equipes auto-organizadas e multidisciplinares que operam com uma autoridade descentralizada. A Valve Software, uma empresa de jogos, é uma iniciativa incomum. Ela tem 330 colaboradores, mas não possui estrutura gerencial clássica, cadeias hierárquicas, descrições de trabalho ou reuniões regulares. Em vez disso, a empresa contrata pessoas talentosas, inovadoras e com iniciativa, que decidem de quais projetos desejam participar. Eles também são incentivados a iniciar novos projetos, desde que se enquadrem no PTM da empresa. A autonomia é um pré-requisito para a inovação sem permissão (*permissionless innovation*).

A autonomia extrema – contar com equipes pequenas, independentes e multidisciplinares – tem funcionado bem para a Valve. Ela possui a maior receita por colaborador que qualquer outra empresa de jogos, e sua abordagem permite que todos os colaboradores possam mudar de função ou atividade. Esse estilo organizacional também cria uma cultura sociável, aberta e confiante com uma equipe altamente satisfeita. Na verdade, a empresa confia tanto em sua maneira de fazer negócios que seu manual do colaborador é de código aberto e disponível a qualquer pessoa, incluindo os concorrentes.

A Valve não está sozinha na criação de novos modelos organizacionais a fim de aumentar o desempenho. Sua abordagem para a autonomia é semelhante ao MIT Media Lab: ambas são organizações impulsionadas pela paixão, onde os colaboradores e alunos têm a liberdade de lançar seus próprios projetos ou escolher um projeto em andamento. Alguns projetos são até mesmo iniciados com parceiros externos com o único propósito de colaborar com ideias inovadoras.

No caso talvez mais extremo de autonomia, Philip Rosedale, fundador e ex-CEO do Second Life e fundador e CEO da High Fidelity, estabeleceu uma prática na High Fidelity em que seus colaboradores votam a cada trimestre em sua permanência ou não como CEO. Além disso, em vez de confiar nas análises de colaboradores, as opções de ações são alocadas anonimamente via peer-to-peer.

Há uma tendência clara e constante em direção a uma maior autonomia no local de trabalho: trabalho remoto, terceirização, organizações virtuais e achatadas. Como resultado, prevemos que a abordagem enxuta dos OKRs deverá substituir gradualmente a supervisão *top-down* tradicional. Além disso, muitas Organizações Exponenciais estão se organizando internamente, não em departamentos tradicionais, com camadas de média gerência, mas em equipes interdisciplinares, auto-organizadas e com autoridade radicalmente descentralizada. A geração do milênio, armada com a internet e habilidades em jogos, que cultiva a iniciativa e o espírito empreendedor, está cada vez mais em desacordo com as estruturas hierárquicas clássicas que são otimizados para a eficiência acima da adaptabilidade.

Ed Catmull, cofundador da Pixar Animation Studios e presidente da Pixar Animation e Walt Disney Animation, desenvolve essa ideia em seu best-seller *Criatividade S.A.: Superando as Forças Invisíveis que Ficam no Caminho da Verdadeira Inspiração*: "Partimos do pressuposto de que nosso pessoal é talentoso e quer contribuir. Nós aceitamos que, sem querer, nossa empresa está sufocando despercebidamente esse talento de inúmeras formas. Finalmente, tentamos identificar esses impedimentos e corrigi-los".

A necessidade de autonomia e descentralização é impelida ainda mais por consumidores cada vez mais críticos e instruídos, que esperam serviços e entregas sem atrasos e, se suas expectativas cada vez maiores não forem satisfeitas, rapidamente reclamam em sites de avaliação. Uma pesquisa realizada pela McKinsey constatou que, após uma fraca experiência do cliente, 89% dos consumidores mudaram para uma empresa concorrente. Por outro lado, 86% disseram que estavam dispostos a pagar mais por uma melhor experiência do cliente. Esses consumidores hipercríticos e exigentes somente podem ser satisfeitos por empresas que colocam seus colaboradores mais capacitados e proativos na linha de frente.

Um bom exemplo dessa tendência à autonomia é uma empresa chamada Holacracy, que aplicou o método Ágil (*Agile*) do mundo do software e a abordagem da startup enxuta em todos os aspectos da organização. A Holacracy (um conceito e também o nome da empresa) é definida como uma tecnologia social ou sistema de governança organizacional[1], em que a autoridade e a tomada de decisões são distribuídas a equipes fractais e auto-organizadas ao invés de serem conferidas ao topo de uma hierarquia. O sistema combina experimentação, OKRs, abertura, transparência e autonomia.

A tabela a seguir compara as características organizacionais tradicionais com organizações autônomas, como as defendidas pela Holacracy:

Sem Holacracy	Com Holacracy
Controle e autoridade centrais;	Controle e autoridade distribuídos;
Prevê e planeja em longo prazo;	Dinâmica e flexível: as mudanças estão ocorrendo constantemente;
Estrutura hierárquica ou achatada, com base no consenso;	Nenhuma das duas, já que qualquer um é a "mais alta autoridade" em sua própria função e "seguidor" de outras funções;
Orientado ao interesse;	Orientado a metas principais;
A tensão é vista como um problema;	A tensão é vista como combustível;
Reorganização e gestão da Mudança;	Desenvolvimento, evolução e movimento naturais;
Cargos;	Funções dinâmicas;
Líderes, colaboradores e supervisores de processo heroicos;	Pessoas vitais que cumprem seu papel;
Organização de pessoas;	Organização de trabalho;
Uso instrumental das relações humanas para servir a objetivos organizacionais.	Separação clara entre as pessoas, as relações e os papéis.

[1] <en.wikipedia.org/wiki/Governance>.

A Holacracy afirma aumentar a agilidade, eficiência, transparência, inovação e responsabilidade dentro de uma organização. A abordagem incentiva os membros individuais da equipe a tomar a iniciativa e oferece um processo pelo qual suas preocupações ou ideias podem ser abordadas. O sistema de autoridade distribuída também reduz a pressão imposta sobre os líderes para tomar todas as decisões sozinhos.

É importante ressaltar que a autonomia não implica uma falta de responsabilidade. Como explica o especialista em design organizacional, Steve Denning: "Ainda existem hierarquias em uma rede, mas elas tendem a ser hierarquias baseadas em competência, que dependem mais da responsabilidade dos pares do que da responsabilidade baseada em autoridade – ou seja, a prestação de contas a alguém que sabe algo, em vez de alguém que simplesmente ocupa uma posição, independentemente da competência. É uma mudança na função do gestor e não a abolição da função". Mostramos a seguir algumas empresas na vanguarda da autonomia organizacional:

Medium (2012) – 40 colaboradores

Mercado: Plataforma de conteúdo. A Medium é um novo site da internet no qual as pessoas podem compartilhar ideias e histórias com mais de 140 caracteres. Não apenas para os amigos.

Como a empresa está organizada? A Medium não tem gerentes de pessoal e enfatiza a máxima autonomia. Os principais componentes da Medium são:

- Resolução de tensão (identificar problemas e resolvê-los de forma sistemática);
- Expansão orgânica (os colaboradores podem contratar pessoas se o trabalho exigir);
- O poder de tomada de decisão é distribuído e a busca de consenso é desencorajada.

Qual é o impacto financeiro? Investimentos recentes em 2014. Empresa avaliada em US$ 250 milhões.

Zappos.com (1999) – 4 mil colaboradores

Mercado: Varejo on-line de calçados e roupas.

Como a empresa está organizada?

- Grande ênfase na cultura e nos valores básicos da empresa;
- A Zappos paga as pessoas para saírem, se elas não se enquadram na cultura da empresa;
- Colaboradores são incentivados a ir além do tradicional atendimento ao cliente;

- Representantes são incentivados a tomar decisões por conta própria;
- Não há padrões de emprego disponíveis.

Qual é o impacto financeiro? Em novembro de 2009, a Zappos.com foi adquirida pela Amazon.com em um acordo avaliado em US$ 1,2 bilhões no dia do fechamento. As vendas brutas ultrapassaram US$ 1 bilhão em 2008 (20% acima do ano anterior) e 75% de seus clientes são compradores habituais. A empresa é lucrativa desde 2006.

Valve Corp (1996) – 400 colaboradores

Mercado: Desenvolvimento de jogos.

Como a empresa está organizada?

- A empresa não possui gerentes;
- Cada colaborador tem liberdade para criar, sem ter de se preocupar com as consequências do fracasso;
- Os colaboradores são encorajados a escolher e trabalhar em seus próprios projetos;
- Os colaboradores são responsáveis pelo lançamento de projetos e pela contratação de pessoal.

Qual é o impacto financeiro? Mais de 75 milhões de usuários ativos na plataforma social de entretenimento. Um patrimônio de US$ 2,5 bilhões em 2012.

Morning Star Company (1970) – 400 a 2.400 colaboradores (mais durante a colheita)

Mercado: Agronegócio e processamento de alimentos (tomate).

Como a empresa está organizada?

- Não há gerência de supervisão;
- Os colaboradores são incentivados a inovar de forma independente, definir eles próprios as responsabilidades do trabalho, tomar decisões de compra de equipamentos;
- Colaboradores negociam e definem as responsabilidades individuais com os colegas de trabalho;
- A remuneração é baseada em pares. Cada colaborador compõe uma carta, a Colleague Letter of Understanding (CLOU), que descreve como o trabalhador vai cumprir com a declaração de missão pessoal. O colega mais afetado pelo trabalho dessa pessoa deve aceitar a CLOU antes de entrar em vigor;

Qual é o impacto financeiro? A empresa financiou praticamente todo seu crescimento a partir de fontes internas, o que sugere que ela seja robustamente rentável. Com base em seus próprios dados de benchmarking, a Morning Star acredita que é o processador de tomates mais eficiente do mundo.

FAVI (1960) – 440 colaboradores

Mercado: Designer e fabricante de componentes automotivos de ligas de cobre.

Como a empresa está organizada? A FAVI não tem hierarquia ou departamento de pessoal e não existe média gerência ou procedimentos formais. As equipes são organizadas em torno de clientes. Cada equipe é responsável não apenas pelo cliente, mas pelos seus próprios recursos humanos, compras e desenvolvimento de produtos.

Qual é o impacto financeiro? Em 2010, a FAVI gerou um faturamento bruto de € 75 milhões, sendo 80% da área automotiva. Pelo menos 38% do pessoal estão na empresa há mais de 15 anos. A força de trabalho cresceu de 140 para 440 colaboradores.

Outras empresas que implementaram estruturas autônomas incluem a WL Gore & Associates, Southwest Airlines, Patagônia, Semler, AES, Buurtzorg e Springer.

O economista da University of Michigan, Scott Page, descobriu que equipes diversificadas respondem melhor a questões complexas do que os grupos homogêneos ou indivíduos, mesmo que os indivíduos e grupos homogêneos sejam mais talentosos. Sua conclusão, no entanto, não deveria ser tão surpreendente. Charles Darwin descobriu que a evolução progrediu de modo mais rápido sempre que pequenos grupos de uma espécie, isolados da população principal, adaptaram-se a condições de estresse. Da mesma forma, as equipes pequenas, independentes e interdisciplinares são fundamentais para as futuras organizações, especialmente em suas bordas.

Uma nota final: as abordagens sobre a autonomia dos colaboradores, como os encontrados na Holacracy, não são apenas para as pequenas empresas. Grandes organizações, incluindo a Zappos e a Semler, também adotaram essa estrutura em operações muito maiores.

A professora da Harvard, Rosabeth Moss Kanter, explica: "Ao lidar com um ambiente em rápida mutação e as fronteiras instáveis das unidades de negócios que vêm e vão, mais trabalho será feito por equipes de projetos transversais, e haverá mais auto-organização *bottom-up*".

Por que é importante?	Dependências ou pré-requisitos
• Maior agilidade; • Mais responsabilidade no contato direto com o cliente; • Tempos de aprendizado e de reação mais rápidos; • Moral mais alto.	• PTM (como um poço gravitacional); • Colaboradores com iniciativa; • Dashboards.

Tecnologias sociais

Tecnologia social é um termo que vem provocando azia nos CEOs durante a última década. Apesar disso, ela teve o efeito de transformar os velhos ambientes de negócio analógicos em ambientes digitais de baixa latência. As tecnologias sociais – cujo equivalente analógico, é claro, é o chamado *water cooler effect* (as conversas informais na empresa) – criam interações horizontais em empresas verticalmente organizadas.

A tecnologia social encontrou terreno fértil porque o local de trabalho vem se tornando cada vez mais digitalizado. Tudo começou com e-mail, que proporcionou uma conectividade assíncrona; depois vieram as wikis e intranets, que ofereceram informação síncrona compartilhada; hoje temos fluxos de atividade que fornecem atualizações em tempo real nas organizações. Como Marc Andreessen disse: "A comunicação é a base para a civilização e no futuro será um catalisador e uma plataforma para mais inovações em muitos setores". Achamos isso importante devido à abordagem do especialista de negócios sociais Theo Priestley, quando diz: "A transparência é a nova moeda. A confiança é a conta que estaremos pagando". A equação de Priestley para o negócio social é: CONEXÃO + ENGAJAMENTO + CONFIANÇA + TRANSPARÊNCIA[1].

Quando se trata de fazer seu negócio avançar, J.P. Rangaswami, cientista-chefe da Salesforce, considera três objetivos principais para a tecnologia social:

1. Reduzir a distância entre a obtenção (e o processamento) da informação e a tomada de decisões;
2. Ao invés de procurar informações, faça com que elas fluam por meio de sua percepção;
3. Comunidade alavancada para formar ideias.

De acordo com nossa perspectiva, as tecnologias sociais são compostas de sete elementos-chave: objetos sociais, fluxos de atividades, gerenciamento de tarefas, compartilhamento de arquivos, telepresença, mundos virtuais e sensoriamento emocional.

Quando implementados, esses elementos criam transparência e conexão e, o mais importante, reduzem a latência da informação em uma organização. O objetivo final é o que a Gartner Group chama de uma empresa de latência zero – isto é, uma sociedade em que o tempo entre a ideia, a aceitação

---

[1] <bpmredux.wordpress.com/2012/09/20/the-social-business-equation-connection-engagement-trust-transparency/>.

e a implementação praticamente desaparece – e sua implementação pode proporcionar um significativo retorno sobre o investimento.

Mas quão significante? A Forrester Research estudou uma implementação do Yammer, a rede social empresarial da Microsoft, em uma organização de 21 mil colaboradores. Durante um período de recuperação de apenas 4,3 meses e com apenas um terço da força de trabalho utilizando o produto, a empresa obteve um ROI de 365%.

Diante desses resultados, não é de se surpreender que a Yammer agora tenha 8 milhões de instalações. De forma semelhante, o produto da Salesforce, o Chatter, passou de 20 mil redes ativas em fevereiro de 2011 para 150 mil em menos de 18 meses. Além disso, os dados da Salesforce indicam que o engajamento dos colaboradores nas empresas que adotam sua plataforma aumentou 36% e a velocidade de acesso à informação cresceu 43%.

A Gestão de Relacionamento com o Colaborador (Employee Relationship Management) é apenas um tipo de **objeto social** que está sendo habilitado para informação. Outros são a localização, objetos físicos, ideias e conhecimento – incluindo atualizações de dados de preços, níveis de estoque, ocupação de salas de reunião e até recargas de café. Tudo isso está sendo transmitido a toda a empresa e é a base dos **fluxos de atividade**, aos quais qualquer membro da organização pode se inscrever.

O gerenciamento de tarefas também está se tornando cada vez mais social. No passado, ele era mais usado como uma lista de tarefas, mas agora está passando para uma abordagem mais ágil. As equipes estão se mensurando continuamente, vivendo pelas métricas que o software de gerenciamento de tarefas fornece. A Asana, uma empresa de software fundada por Dustin Moskovitz (cofundador do Facebook) e Justin Rosenstein, aumenta a produtividade no trabalho, e baseia-se no princípio de que "sua lista de tarefas deve ser tão viciante quanto o mural do Facebook".

O compartilhamento de arquivos, o quarto elemento da tecnologia social, está apreciando uma adoção generalizada. Ferramentas como o Google Drive, Box, Dropbox e o OneDrive da Microsoft são vitais para o compartilhamento de informações e fornecem atualizações para uma única instanciação das informações do cliente. Por exemplo, o Citibank já teve mais de 300 bases de dados de clientes diferentes, cada uma incorrendo em despesas indiretas e custando enormes somas em duplicação e redundância. Tal empecilho em termos de custos e operações é simplesmente inaceitável em uma Organização Exponencial – ou mesmo para qualquer empresa disposta a competir no século 21.

A Telepresença já existe há muitos anos, na forma de videoconferência. Embora a videoconferência tenha sido um tanto inconveniente no passado, agora uma organização pode se aproveitar de serviços como o Skype e Google Hangout, que são rápidos, fáceis de usar e disponíveis em todos os dispositivos. A telepresença permite que os colaboradores trabalhem de forma proativa de qualquer local e interajam em uma escala global, reduzindo os custos de viagem e melhorando o bem-estar. Melhor ainda são os robôs de telepresença como o Beam da Suitable Technologies e o Double Robotics, que se aproveita do tablet do usuário. Esses robôs permitem até mesmo que o usuário esteja em vários locais ao mesmo tempo, o que pode afetar significativamente a forma de conduzir os negócios.

Enquanto a Telepresença permite que as pessoas interajam em um ambiente real, a realidade virtual permite a interação, colaboração, coordenação e até mesmo criar protótipos em um **mundo virtual**. O Second Life de Philip Rosedale é um dos exemplos mais conhecidos: "Uma das coisas que o Second Life pode fazer é permitir que a IBM, por exemplo, basicamente organize uma grande reunião com mil pessoas do mundo inteiro", diz ele. Embora o Second Life não tivesse satisfeito plenamente as expectativas do cliente (ou do investidor) e tenha parado de crescer depois de alguns anos, manteve-se consistente, com um milhão de pessoas on-line por mês e uma economia de US$ 600 milhões em transações.

Para possibilitar um mundo virtual totalmente imersivo, a nova plataforma de alta fidelidade de Rosedale está se utilizando de hardware como o Oculus Rift, a câmera com sensor de profundidade PrimeSense e o controlador via gestos Leap Motion. O ambiente de alta fidelidade reduziu o intervalo de tempo entre o gesto e a resposta do sistema para quase a velocidade da percepção humana, resultando em uma verdadeira experiência em tempo real.

O sensoriamento emocional, o último elemento-chave da tecnologia social, faz uso de sensores – tais como os sensores de saúde e neurotecnologia – em uma equipe ou grupo para criar colaboradores quantificados e uma força de trabalho quantificada. Os colaboradores serão capazes de mensurar tudo sobre eles mesmos e seus trabalhos, prevenindo doenças, fadiga e irritação, e também melhorando a agilidade, a colaboração e o desempenho da equipe. Enquanto o trabalho no passado era focado principalmente na importância do Quociente de Inteligência (QI), agora as métricas de Quociente Emocional (EQ) e Quociente Espiritual (QS) também estão se tornando cada vez mais importantes.

Todo o paradigma social apresenta várias implicações críticas para as ExOs. A intimidade na organização é aumentada, a latência de decisão é reduzida, o conhecimento é melhorado e mais amplamente difundido, e a descoberta fortuita é aumentada. Em suma, as tecnologias sociais possibilitam uma empresa em tempo real.

E, por fim, o paradigma social também serve como uma força gravitacional, mantendo a organização intimamente ligada ao seu PTM e garantindo que suas diversas partes não se afastem em busca de metas conflitantes, ou mesmo opostas.

Por que é importante?	Dependências ou pré-requisitos
• Conversas mais rápidas; • Ciclos de decisão mais rápidos; • Aprendizado mais rápido; • Estabiliza a equipe durante o crescimento rápido.	• PTM; • Ferramentas sociais em nuvem; • Cultura cooperativa.

No Capítulo 2 nós apresentamos uma lista de atributos lineares das organizações tradicionais. Agora, podemos comparar as características lineares com as exponenciais:

Características da Organização Linear	Características da ExO
Organização *top-down* e hierárquica;	Autonomia, tecnologias sociais;
Impulsionada por resultados financeiros;	PTM, dashboards;
Pensamento sequencial e linear;	Experimentação, autonomia;
A inovação vem principalmente de dentro;	Comunidade e Multidão, Staff sob Demanda, ativos alavancados, interfaces (inovar nas bordas);
O planejamento estratégico é, em grande parte, uma extrapolação do passado;	PTM, experimentação;
Intolerância ao risco;	Experimentação;
Inflexibilidade dos processos;	Autonomia, experimentação;
Grande número de ETIs;	Algoritmos, Comunidade e Multidão, Staff sob Demanda;
Controla/possui seus próprios ativos;	Ativos alavancados;
Fortemente investida em status quo.	PTM, dashboards, experimentação.

Vamos agora nos relembrar da nossa definição de uma ExO: "**Uma Organização Exponencial é aquela cujo impacto (ou resultado) é desproporcionalmente grande – pelo menos dez vezes maior – comparado com seus pares, devido ao uso de novas técnicas organizacionais que alavancam as tecnologias aceleradas**".

Quando pesquisamos esse paradigma, nós descobrimos mais de 60 organizações com pontuações que ultrapassam o limite que definimos para uma ExO. Cada uma delas alcançou um desempenho pelo menos dez vezes maior em relação às outras empresas de seu setor. Relacionamos a seguir as dez melhores (em ordem alfabética): **Airbnb, GitHub, Google, Netflix, Quirky, Tesla, Uber, Waze, Valve, Xiaomi**. Pode parecer estranho olhar quatro séculos no passado para capturar a essência do que há de mais moderno em organização de empresas. No entanto, a segunda lei de Isaac Newton resume com precisão o conceito geral de uma Organização Exponencial. A lei F = MA afirma que a força causa a aceleração na proporção inversa à massa. Uma pequena massa permite uma aceleração dramática e mudanças rápidas de direção – precisamente o que estamos vendo em muitas ExOs de hoje. Com muito pouca inércia interna (isto é, número de colaboradores, ativos ou estruturas organizacionais), elas demonstram uma extraordinária flexibilidade, o que é uma qualidade fundamental no mundo volátil de hoje.

Essa característica notável foi demonstrada muito bem pela Netflix. Conforme mencionamos anteriormente, a empresa ofereceu um prêmio de US$ 1 milhão (engajamento) a qualquer pessoa que conseguisse aprimorar seu programa de recomendações de locação. O que pouca gente sabe é que a Netflix *não implementou o algoritmo vencedor*.

Por quê? Porque, por incrível que pareça, o mercado já havia mudado. Quando o concurso terminou, a indústria havia se afastado da locação de DVDs; enquanto isso, o negócio de streaming de vídeo da Netflix estava explodindo e, infelizmente, o algoritmo vencedor não se aplicava a recomendações de streaming. (O streaming era muito menos uma questão de reunir a família em uma noite de sexta-feira com pipoca do que ter 45 minutos para assistir um episódio de *Mad Men* em um aeroporto.)

Agora, imagine se a Netflix tivesse investido as duas mil horas que a equipe vencedora gastou no projeto para desenvolver esse mesmo algoritmo que agora é obsoleto. Com o predominante viés de custos irrecuperáveis e a insistência institucional de ver o retorno sobre o investimento (além dos egos envolvidos), haveria uma enorme pressão interna na empresa para implementar o algoritmo, independentemente da realidade do mercado. Como resultado, a Netflix poderia não ter alterado o curso para se tornar, essencialmente, um negócio de streaming – que, como sabemos agora, teria sido um erro devastador. Mas como o algoritmo foi desenvolvido externamente, havia muito pouco apego emocional corporativo (ou seja, a massa) e inércia (força) para sua implementação. A Netflix estava livre para se concentrar em outras questões e isso permitiu que, eventualmente, evoluísse para se tornar a gigante do streaming de conteúdo.

A questão fundamental para qualquer organização não é o quanto você se parece com uma Organização Exponencial, mas o quanto você é exponencial. Isto é, o quanto da ideia de ser uma ExO você já incorporou? Como isso influenciou suas operações diárias em termos de autonomia e de tecnologia social? Você está usando as ferramentas certas, como as de interface e dashboards, de forma eficiente? E o quanto você está aberto ao risco, à experimentação e até mesmo ao fracasso?

Essas são perguntas que você precisa fazer a si mesmo – e não apenas uma vez, mas todo mês ou mesmo toda semana. É isso o que é preciso para se tornar e continuar sendo uma Organização Exponencial.

Principais lições:

- As ExOs gerenciam a abundância de informações fornecidas pelas externalidades de SCALE, com a orientação do seu PTM e o suporte dos cinco elementos internos de IDEAS:
  - Interfaces;
  - Dashboards;
  - Experimentação;
  - Autonomia;
  - Tecnologias Sociais.
- Quanto mais ativos e colaboradores você tiver, maior será a dificuldade para mudar as estratégias e modelos de negócios. Quanto mais você estiver habilitado para informação, maior será sua flexibilidade estratégica;
- Um questionário de diagnóstico (Apêndice A ou www.exponentialorgs.com/survey) ajudará a medir o Quociente Exponencial da sua organização;
- As interfaces criam uma migração sem atritos dos atributos externos para os internos;
- Os elementos SCALE e IDEAS são integrativos e de autorreforço.

CAPÍTULO 5

Implicações das Organizações Exponenciais

Embora a noção da Organização Exponencial possa parecer revolucionária, na verdade muitas de suas características já se revelaram há muito tempo em certas partes do mundo dos negócios – particularmente em Hollywood.

Por que Hollywood, a três mil milhas de distância do mundo das estrelas da Broadway e do centro financeiro de Nova York, tornou-se a capital mundial da indústria cinematográfica no final da década de 1920? No início, foi simplesmente pela abundância de iluminação natural. Mas logo surgiu uma segunda razão. A Costa Oeste estava bem-isolada da cultura tradicional do Leste, e com a quantidade quase ilimitada de imóveis baratos e um governo local flexível, os primeiros barões do cinema estavam livres para fazer quase tudo o que queriam, inclusive criar suas próprias regras.

O resultado foi o *sistema de estúdios*, em que os primeiros cineastas possuíam a totalidade de seus ativos e de sua força de trabalho, desde os cenários até os estúdios e colaboradores. Até mesmo os atores eram contratados por determinados estúdios e a distribuição era exclusiva às salas pertencentes a esse estúdio.

Essa estratégia rapidamente criou uma das indústrias mais importantes do planeta. Mas, com o passar das décadas, a ineficiência e questões de antitruste foram aumentando e, na década de 1960, o sistema de estúdio foi totalmente desmantelado. O novo sistema era quase exatamente o oposto do que existia antes.

Hoje, Hollywood funciona exatamente no mesmo ambiente livremente interligado de um ecossistema de ExO. Cada participante – desde o escritor e o ator até diretor e o operador de câmera – gerencia sua própria carreira. Enquanto isso, agentes de todos os níveis ajudam a encontrar e conectar os scripts aos talentos, produtoras e equipamentos. Nos dias de hoje, quando um filme é criado, uma Multidão de entidades independentes se reúne durante toda a produção, operando em escalas 24/7 e em estreita colaboração. Depois que o filme é concluído, os cenários são divididos para reutilização, os equipamentos são redirecionados e todos os atores, operadores de câmera e assistentes de produção se dispersam para perseguir seus próximos projetos, que muitas vezes começam logo no dia seguinte.

Hollywood não planejou essa metamorfose; em vez disso, ela evoluiu para um ecossistema semelhante ao da ExO, pois os filmes são, por natureza, uma série de projetos distintos. O processo de filmagem em si sempre foi caracterizado por uma combinação singular de componentes de alta densidade, grande proximidade e livremente acoplados. Esses fatores fizeram com que Hollywood se tornasse a pioneira na virtualização das empresas e, somados às novas tecnologias sociais e de comunicação, ela agora está na vanguarda da ascensão da Organização Exponencial.

O ecossistema das startups de alta tecnologia no Vale do Silício é um outro exemplo desse modelo: empresários, trabalhadores, cientistas, comerciantes, advogados de patentes, investidores-anjo, capitalistas de risco e até mesmo clientes, todos operam dentro de uma pequena região geográfica na baía de São Francisco. Outro exemplo (mais disfuncional) é Wall Street.

Alavancada por novas gerações de tecnologia que, graças à Lei de Moore, surgiram em intervalos de poucos anos, a infraestrutura está montada para muitas indústrias se deslocarem para esse sistema, que não só confere uma enorme vantagem competitiva, como também recompensa os pioneiros.

Neste capítulo, examinaremos em profundidade algumas das características do ecossistema de uma ExO. Nós identificamos particularmente nove principais dinâmicas em ação:

1. A informação acelera tudo

Onde quer que você olhe, o novo paradigma da informação, criado como resultado da Lei de Moore e de outras forças fundamentais que incidem sobre o mundo digital, está acelerando o metabolismo de produtos, empresas e indústrias. Em todos os setores, o ciclo de desenvolvimento de produtos e serviços está se tornando cada vez mais curto. E, assim como a mudança da fotografia em filme para a digital, uma vez que você muda algo com base material e mecânica para algo com base digital e informacional, uma explosão se torna inevitável.

Em 1995, 710 milhões de rolos de filme foram revelados em milhares de centros de processamento. Já em 2005, cerca de 200 bilhões de fotografias digitais, o equivalente a oito *bilhões* de rolos de filme, foram tiradas, editadas, armazenadas e exibidas de maneiras inimagináveis há apenas alguns anos. Hoje, os usuários da internet carregam quase um bilhão de fotos *por dia* em sites como o Snapchat, Facebook e Instagram.

Como vimos no Capítulo 1, a mudança do analógico para o digital está ocorrendo em várias tecnologias básicas que apresentam efeitos multiplicadores em suas interseções. Esse processo de "virtualizar" uma indústria após a outra não está apenas avançando exponencialmente, mas até mesmo em velocidades muitas vezes maiores, já que os dados de muitos componentes diferentes de um único item ou processo são sistematicamente analisados e automatizados por software (análise de dados). E isso é apenas o começo: à medida que adicionamos trilhões de sensores em todos os dispositivos, processos e pessoas, o sistema deverá se acelerar ainda mais para um ritmo quase inimaginável (big data). Finalmente, de acordo com a Ericsson Research, nos próximos oito anos, veremos a próxima geração de redes móveis (5G) exibindo velocidades de cinco gigabits por segundo. Imagine o que isso tornará possível.

Quando Marc Andreessen afirmou em um artigo do *Wall Street Journal* de 2011 que "o software está devorando o mundo", ele estava se referindo exatamente a esse fenômeno. Andreessen, que ajudou a inventar o navegador de internet e é agora um dos mais poderosos capitalistas de risco do Vale do Silício, argumentou que "em todos os setores e em todos os níveis, o software está automatizando e acelerando o mundo". A computação em nuvem e os ecossistemas de lojas de apps são testemunhos claros dessa tendência, com as plataformas da Apple e do Android hospedando mais de 1,2 milhão de programas de aplicativos, a maioria deles via crowdsourcing de clientes.

Em nenhum lugar esse ritmo de mudança alucinante é mais aparente do que na internet de consumo. Muitos produtos são lançados mais cedo – inacabados e em beta perpétuo – com a única finalidade de coletar dados dos usuários o quanto antes para estabelecer como "terminar" o produto. Os dados coletados a partir desses primeiros usuários são rapidamente analisados para obter ideias sobre bugs que precisam ser resolvidos e sobre os recursos mais desejados pelos usuários. Uma vez que as mudanças são implementadas, o produto é relançado e analisado... e o processo continua.

Como Reid Hoffman, o fundador do LinkedIn, disse: "Se você não ficar envergonhado com o produto no lançamento, é porque você lançou tarde demais".

Nos dias de hoje, os ciclos de desenvolvimento de produtos não são medidos em meses ou trimestres, mas em horas ou dias. O movimento da startup enxuta, com seu paradigma de constante iteração/experimentação, começou na linha de produção de automóveis da Toyota na década de 1970, passou para a internet na década de 1990 e hoje está demonstrando que é aplicável a praticamente qualquer tipo de negócio.

Um grande exemplo dessa nova abordagem é o Wercker, uma plataforma de entrega de desenvolvimento de software com sede na Holanda. O Wercker ajuda os desenvolvedores a reduzir o risco e eliminar o desperdício por meio de teste e implantação contínua de código, utilizando técnicas avançadas de teste e depuração. O objetivo do Wercker é dar liberdade ao desenvolvedor individual para se concentrar no código e na aplicação, onde sua atenção é mais valiosa, em vez dos tediosos processos de instalação ou gerenciamento de sistemas.

O movimento do código aberto tem acelerado ainda mais essa tendência. Um único desenvolvedor trabalhando em um driver de impressora, por exemplo, pode agora se beneficiar da transparência de uma centena de outros desenvolvedores que trabalharam em projetos semelhantes. E isso é apenas o começo: quando os efeitos de rede entrarem em ação, a comunidade em geral começará a aprender em um ritmo muito mais acelerado. Nós podemos ver isso acontecendo em comunidades de desenvolvedores hospedados na web, como GitHub e Bitbucket.

Essa aceleração da informação não se limita ao desenvolvimento de software. Isso também está acontecendo no mundo do hardware. Considere a Illumina, uma empresa de biotecnologia que foi pioneira no desenvolvimento de máquinas de sequenciamento de genoma de alta velocidade. Em 2008, os produtos da Illumina estavam sendo vendidos por US$ 500 mil cada, com um adicional de até US$ 200 mil por ano em produtos de consumo para manter as máquinas funcionando. Enquanto isso, o ciclo de desenvolvimento de produtos para novos modelos era de 18 meses.

Esse ciclo de desenvolvimento de produtos de 18 meses era particularmente ruim. Por quê? Porque o ritmo da mudança (impulsionado pela nova base de informação do genoma) no setor foi tão rápido que o prazo de validade de qualquer projeto novo era de apenas nove meses. Isso significava que, enquanto a equipe de vendas da Illumina estava negociando uma versão do sequenciador de genes, duas versões futuras da mesma máquina estavam em diferentes pontos do ciclo de desenvolvimento.

O custo de ter três gerações de tecnologia tanto no inventário quanto no desenvolvimento era enorme para todos os envolvidos. Em seguida, uma nova comunidade de código aberto entrou em cena. Chamada de OpenPCR, ela estava se dedicando a construir uma máquina de cópia de DNA por apenas US$ 599. Isso foi análogo aos aficionados do clube Home Brew que criaram os primeiros PCs que acabaram revolucionando a computação. O resultado foi uma transformação completa do setor, permitindo a entrada de novos participantes e amadores, o que beneficiou a todos no negócio, incluindo a Illumina.

Embora poucas indústrias tenham experimentado uma transformação tão impressionante como a biotecnologia, tendências semelhantes também podem ser vistas em muitos outros setores de hardware. Assim, enquanto uma impressora 3D básica em 2007 custava cerca de US$ 40 mil, o novo Peachy Printer – financiado recentemente pelo Kickstarter – está disponível por apenas US$ 100. E isso é só o começo: Avi Reichental, CEO da líder do mercado 3D Systems, não vê obstáculos para colocar suas sofisticadas impressoras 3D no mercado por apenas US$ 399, nos próximos cinco anos.

Outro exemplo dessa tendência são os computadores de placa única para robótica e educação, nos quais a plataforma de código aberto Raspberry Pi provou ser transformadora. O mesmo acontece com os controladores de placa única, onde a Arduino assumiu o domínio. Não é de se surpreender que um dos novos memes mais populares no setor de informática é o "hardware é o novo software". Dan Barry, um ex-astronauta que agora constrói robôs, observa que, sempre que ele fica enroscado em uma configuração de robô ou em um problema de sensor, ele posta uma pergunta on-line antes de dormir e na manhã seguinte encontra respostas de dezenas de milhares de entusiastas.

Essa tendência digital está transformando fundamentalmente o cenário competitivo em muitos setores, permitindo a entrada de novos participantes provenientes de lugares inesperados. Em alguns países, os bancos estão entrando no negócio de viagens. Também estamos vendo agentes de viagens que passaram para o setor de seguros e varejistas que passaram para a mídia (Amazon, Netflix). Como resultado, qualquer que seja seu negócio, é bem provável que seus concorrentes não sejam mais o que costumavam ser.

Uma consequência final dessa tendência é que estamos entrando em uma era de mercados em que o "vencedor leva tudo". Existe realmente apenas uma ferramenta de busca (Google), um site de leilão (eBay) e um site de comércio eletrônico (Amazon). A dominância pelos efeitos de rede e experiência do cliente parece estar na raiz dessa mudança fundamental na natureza da concorrência.

2. A corrida para a desmonetização

Uma das conquistas mais importantes – e pouco celebradas – da internet durante a última década foi cortar o custo marginal de marketing e de vendas para quase zero.

Com isso queremos dizer que, com a web, é possível promover um produto on-line no mundo inteiro por uma pequena fração do custo de apenas 25 anos atrás. E, em conjunto com um ciclo viral de recomendações (*viral referral loop*), os custos de aquisição de clientes também podem ser cortados para o que antes era considerado impossível: zero. É precisamente essa vantagem que permitiu que empresas como Craigslist, eBay e Amazon crescessem em uma velocidade extraordinária para se tornarem algumas das maiores empresas do mundo. As vantagens virtuais dessas empresas devastaram suas concorrentes, particularmente o negócio tradicional de classificados impressos. Apresentados com a opção de anúncios classificados on-line grátis, ao contrário dos anúncios pagos de jornal, os consumidores correram para os sites como o Craigslist e eBay. Como resultado, em 2012, a receita dos jornais caiu para US$ 18,9 bilhões, o menor nível anual desde que a Newspaper Association of America começou a registrar esses dados em 1950. Incapaz de competir com a gratuidade, muitos jornais saíram do negócio, enquanto outros se reduziram a uma fração do que costumavam ser.

Essa revolução ainda está em andamento. Recentemente, a startup francesa Free começou a oferecer um serviço de telefonia móvel apoiado por uma grande e ativa comunidade digital de defensores da marca. A empresa cultiva líderes de opinião altamente conectados que interagem com o resto da base por meio de blogs, redes sociais e outros canais da internet, criando assim uma onda de entusiasmo que se espalha rapidamente por todo o cenário digital. Embora o orçamento de marketing da Free fosse relativamente baixo, a empresa conquistou uma significativa fatia de mercado e alcançou altos níveis de satisfação do cliente.

O que é importante entender é que, na era da Organização Exponencial, as novas tecnologias habilitadas para informação deverão forçar uma queda exponencial dos custos não apenas de vendas e marketing, mas também de todas as funções de negócios.

Em um artigo da *Harvard Business Review* de 2003, intitulado "One Number You Need to Grow" (Um número que você precisa para crescer), Fred Reichheld introduziu o conceito de Net Promoter Score (NPS), que mede a lealdade que existe entre um fornecedor e um consumidor. Um NPS pode ter um valor mínimo de –100 (todos são detratores) ou um valor máximo de +100 (todos são promotores).

Um NPS positivo (ou seja, maior que zero) é considerado bom, e um NPS de +50 é excelente.

O NPS é baseado essencialmente em uma única pergunta direta: *Qual é a probabilidade de você recomendar nossa empresa/produto/serviço para um amigo ou colega?* Se você tiver um NPS alto, então sua função de vendas é gratuita. Se você estiver usando modelos peer-to-peer, seus custos de serviço também podem ser basicamente zero. Usando crowdsourcing e ideação da comunidade (como a Quirky ou Gustin), seu P&D e os custos de desenvolvimento de produto também podem se aproximar de zero.

E isso não para por aí. O que estamos vendo agora com as ExOs – e isso é extremamente importante – é que **o custo marginal de oferta cai para zero**.

Para ilustrar esse ponto: na Uber, o custo para adicionar um carro e motorista à sua frota é praticamente zero. Da mesma forma, a Quirky pode encontrar seu próximo produto de consumo por praticamente zero. As ExOs são capazes de ampliar seus negócios com custos variáveis próximos de 100%, mesmo em setores que tradicionalmente trabalham com altas despesas de capital.

Essa vantagem parece óbvia quando se tratam de setores baseados em informação ou habilitados para informação. Mas lembre-se: todos os setores estão passando a ser baseados em informação, ao se digitalizar ou utilizar a informação para identificar os ativos subutilizados (por exemplo, os consumos colaborativos). Na Airbnb, por exemplo, o custo marginal de alugar mais um quarto é praticamente zero. Não é assim no Hyatt ou no Hilton. Uma das principais razões para a queda no custo marginal é que existe uma (relativa) abundância da oferta. Em seu livro *Abundância*, Peter Diamandis e Steven Kotler argumentam que, enquanto a tecnologia propicia um mundo de abundância, o acesso triunfará sobre a propriedade. Em comparação, a escassez de oferta ou de recursos tende a manter os custos elevados e estimula mais a propriedade do que o acesso.

Hoje, uma tendência conhecida como Consumo Colaborativo alavanca a internet e as redes sociais para criar uma utilização mais eficiente dos ativos físicos. A seguir, mostramos alguns dos mercados verticais afetados pelo fenômeno da mudança da "propriedade" para o "acesso": escambo, compartilhamento de bicicletas, compartilhamento de barcos, transporte solidário, compartilhamento de automóveis, espaço de trabalho colaborativo, compartilhamento de residência, compartilhamento de local de trabalho, financiamento coletivo, compartilhamento de jardim, propriedade fracionada, aluguel peer-to-peer, sistema de produto-serviço, troca de sementes, compartilhamento de táxi, bancos de tempo, moeda virtual (Fonte: Wikipedia).

Note que, nos setores que podem ser totalmente habilitados para informação, a nova concorrência produziu uma queda impressionante nas receitas das empresas antigas. Os modelos de negócios para a música, jornais e edição de livros sofreram muito com essa transformação, e hoje se parecem muito pouco com o que eram há dez anos. Assim, os jornais que sobreviveram deslocaram grande parte de seus esforços de receita para suas páginas da *web*; os álbuns e CDs da indústria musical foram reduzidos ao mundo dos singles selecionáveis dos arquivos MP3; e muitos dos best-sellers de hoje obtêm grande parte de seus lucros com a venda de *e-books*.

Note que hoje existe toda uma categoria de indústria de mídia – assim chamada por causa da mídia física subjacente incluída na venda – que na verdade é composta de empresas de informação que já foram digitalizadas. Acreditamos que a indústria da televisão será a próxima a ser derrubada pela informação.

3. A disrupção é a nova norma

Em seu influente best-seller *O Dilema da Inovação*, Clayton Christensen aponta que a inovação disruptiva raramente vem do status quo. Isto é, as empresas de setores estabelecidos raramente são estruturadas ou preparadas para combater a disrupção, quando ela eventualmente surge. A indústria jornalística é um exemplo perfeito: ela se manteve estática por uma década enquanto o Craigslist desestabilizava sistematicamente o modelo de anúncios classificados.

Hoje em dia, o novo participante tem todas as vantagens. Sem ter sistemas legados com que se preocupar, mas tendo a capacidade de desfrutar de baixos custos indiretos e de se aproveitar da democratização da informação e, o mais importante, da tecnologia, o recém-chegado pode agir rapidamente e com um mínimo de despesas. Assim, os novos concorrentes estão bem-equipados para atacar quase qualquer mercado, incluindo o seu – junto com as margens de lucro da sua empresa.

De fato, o ritmo de mudança é tão rápido em toda parte que agora você deve *presumir* que sofrerá uma disrupção, muitas vezes de uma direção que você menos espera. Como diz Steve Forbes, "Você tem de abalar a si mesmo ou os outros o farão por você". Isso se aplica a todos os mercados, regiões e setores.

Um século atrás, a concorrência era determinada principalmente pela produção. Quarenta anos atrás, o marketing passou a dominar. E agora, na era da internet, com a produção e o marketing comoditizados e democratizados, tudo é uma questão de ideias e ideais.

O marketing está se tornando cada vez mais a inovação do produto – ou seja, um bom produto se vende sozinho. Como os jovens e as startups têm uma abundância de ideais e ideias, a vantagem competitiva – bem como a própria arena de competição – migra para seu jogo e pontos fortes. Essa é uma das principais razões pelas quais é mais provável que a disrupção venha de startups e não dos concorrentes existentes.

Esse padrão levará mais tempo para impactar as indústrias mais antigas, que fazem uso intensivo de capital, como as dos setores do petróleo e gás, da mineração e da construção civil. Mas não tenha dúvida: a disrupção está chegando. Considere que a energia solar, potencializada pela tecnologia da informação, vem dobrando sua relação preço / desempenho a cada três anos. Na verdade, daqui a quatro anos, estima-se que ela atingirá a paridade de rede nos EUA, o que deverá mudar a equação da energia para sempre.

Enquanto isso, outros setores tradicionais, incluindo o imobiliário e o automobilístico, já estão sucumbindo a esse novo *zeitgeist*. A indústria automobilística, em particular, foi abalada com o surgimento do Tesla, um modelo totalmente elétrico. Mas o Tesla é muito mais do que um carro de luxo de alto desempenho. Na verdade, no Vale do Silício, é comum descrevê-lo como um computador que anda – e anda muito bem. Quem poderia prever que, em apenas três anos, uma equipe do Vale do Silício composta (principalmente) por engenheiros criaria o carro mais seguro já construído? Para começar, eles não estavam arrastando os 120 anos da história do automóvel como uma âncora, do modo que a Chevrolet estava quando projetou o Volt, um híbrido *plug-in* baseado em um motor tradicional a gasolina para alimentar um gerador que carrega a bateria. O resultado é um veículo de grande autonomia, mas o motor do Volt é muito complexo e caro.

Nós observamos um conjunto consistente de etapas em torno da inovação disruptiva, que compreende:

- A área (ou a tecnologia) se torna habilitada pela informação;
- Os custos caem exponencialmente e o acesso é democratizado;
- Amadores se juntam para formar uma comunidade de código aberto;
- Novas combinações de tecnologias e convergências são introduzidas;
- Novos produtos e serviços são desenvolvidos, e eles são melhores e mais baratos do que seus similares;
- O status quo sofre uma ruptura – ou disrupção (e o setor todo fica habilitado pela informação).

Estamos presenciando essa evolução ocorrer em drones, sequenciamento de DNA, impressão 3D, sensores, robótica e, certamente, no Bitcoin. Em cada área, surgiu uma comunidade de código aberto interligada, que fornece um fluxo acelerado de inovações, exatamente de acordo com as etapas listadas acima.

"A disrupção é a nova norma", porque as tecnologias democratizadas e em aceleração, combinadas com o poder da comunidade, agora podem estender o Dilema do Inovador de Christensen para se tornar uma força imbatível.

4. Cuidado com o "especialista"

O velho ditado de que um especialista é "alguém que explica por que algo não pode ser feito" é mais verdadeiro do que nunca. A história tem mostrado que as melhores invenções ou soluções raramente vêm de especialistas; elas quase sempre vêm de alguém de fora, ou seja, de pessoas que não são especialistas da área, mas que trazem uma nova perspectiva.

Quando a Kaggle conduz um concurso, foi constatado que os primeiros a se apresentar são os especialistas de uma determinada área que dizem: "Conhecemos o setor, já fizemos isso antes e vamos encontrar a solução". E, como sempre, depois de duas semanas, os recém-chegados na área superam seus melhores resultados. Por exemplo, a Fundação Hewlett patrocinou um concurso em 2012 para desenvolver um algoritmo de classificação automatizada para redações escritas por estudantes. Das 155 equipes concorrentes, três foram premiadas com um total de US$ 100 mil em dinheiro. Um fato particularmente interessante é que nenhum dos vencedores tinha experiência prévia com processamento de linguagem natural (PLN). No entanto, eles derrotaram os especialistas, muitos deles com décadas de experiência em PLN.

Isso sempre causa um impacto no status quo atual. Raymond McCauley, catedrático de Biotecnologia e Bioinformática na Singularity University, notou que "Quando as pessoas querem um emprego em biotecnologia no Vale do Silício, elas escondem seus PhDs para evitar que sejam vistas como especialistas bitolados".

Então, se os especialistas são suspeitos, com quem podemos contar? Como já observamos, tudo é mensurável. E o mais novo profissional que faz essas medições é o cientista de dados. Andrew McAfee chama essa nova geração de especialistas em dados de "geeks". Ele também considera o HiPPO, ou "highest paid person's opinion" (literalmente, pessoa cuja opinião é a mais bem-paga), como o inimigo natural dos geeks porque os HiPPOs ainda baseiam suas opiniões geralmente na intuição ou no instinto. Nós não acreditamos que isso é uma competição que deva ser vencida completamente por uma das partes. Em vez disso, acreditamos que, quando se trata de ExOs, os dois grupos deverão coexistir, mas com uma condição: o papel dos HiPPOs (ou especialistas) vai mudar. Elas continuarão sendo as melhores pessoas para responder a perguntas e identificar os principais desafios, mas os geeks deverão minerar os dados para fornecer as soluções para esses desafios.

5. Morte ao plano quinquenal

Uma das características distintivas das grandes empresas é a presença de departamentos de estratégia corporativa que formulam e publicam planos quinquenais. São estratégias plurianuais que deveriam delinear a visão e os objetivos de longo prazo de uma empresa. Na verdade, a função principal de muitos departamentos de desenvolvimento corporativo é simplesmente preencher os detalhes dessa visão e fornecer pormenores sobre planejamento, compras, RH e operações.

Os planos quinquenais costumavam ser documentos internos secretos. Nos últimos anos, no entanto, depois de reconhecerem a necessidade de recorrer a fornecedores e clientes em suas cruzadas, está havendo uma tendência, mesmo entre empresas mais conservadoras – como a Amtrak, o Serviço Postal dos Estados Unidos e a Chrysler –, a divulgar seus planos quinquenais.

Muitas empresas estabelecidas ainda consideram a transparência como o ponto mais alto do pensamento moderno corporativo. Mas a verdade é que o próprio plano estratégico quinquenal é um instrumento obsoleto. Na verdade, ao invés de oferecer uma vantagem competitiva, ele é muitas vezes um empecilho para as operações, como já foi bem-documentado na obra seminal de Henry Mintzberg, *Ascensão e Queda do Planejamento Estratégico*.

Algumas décadas atrás, era possível (e importante) planejar em longuíssimo prazo. As empresas faziam investimentos estratégicos pensando em uma década ou mais no futuro, e o plano quinquenal servia como um documento único que descrevia os detalhes da implementação dessas apostas estratégicas de longo prazo. No entanto, em um mundo exponencial, o plano quinquenal não apenas é impraticável, como seriamente contraproducente – e o advento das ExOs assinala seu fim.

Tudo isso pode parecer contraditório. Afinal, como as empresas estão acelerando cada vez mais, elas não deveriam estar mais preocupadas com o futuro mais distante? Teoricamente, sim. Mas a realidade é que o futuro está mudando tão rapidamente que qualquer previsão provavelmente produzirá falsos cenários, de tal forma que os planos quinquenais atuais têm uma elevada probabilidade de oferecer o conselho errado. Considere o TED e o lançamento dos eventos TEDx. Imagine se Chris Anderson, no início de 2009, tivesse se levantado e dito "Ok, pessoal, vamos fazer esse negócio de TEDx. Quero milhares desses eventos em cinco anos". Ele teria perdido instantaneamente a adesão de sua equipe, pois esse número de eventos teria soado insano e impossível.

Agora, imagine se Anderson tivesse pedido a Lara Stein, a estrela-guia da marca TEDx, para realmente desenvolver um plano quinquenal para o TEDx. Um plano bem agressivo de Stein poderia ter o seguinte aspecto:

Número de eventos por trimestre

Ano	1º Trimestre	2º Trimestre	3º Trimestre	4º Trimestre	Total	Comentário
2009	2	8	20	40	70	Começar devagar para testar e aprender.
2010	60	30*	80	100	270	*Mais lento no verão.
2011	120	100	140	160	520	Melhoria constante.
2012	180	150	190	200	720	Começando a atingir a saturação.
2013	200	180	220	250	850	Algumas variações para causar um aumento.
					2.430	**Total de eventos TEDx em cinco anos**

Até isso parece loucura: quase 2.500 eventos em cinco anos? Impossível. No pensamento linear, essa meta é claramente um exagero, o que Jim Collins e Jerry Porras chamam de BHAG, Big Hairy Audacious Goal (meta audaciosa e "cabeluda"), em seu clássico de 1994, *Feitas para Durar: Práticas Bem Sucedidas de Empresas Visionárias*. (Como um comentário à parte, considere o PTM como uma BHAG com propósito.)

No entanto, como sabemos agora, mais de 12 mil eventos TEDx foram realizados no período de cinco anos, um número inicialmente inconcebível. Se Anderson e Stein tivessem apresentado uma meta de 2 mil eventos, eles provavelmente teriam provocado um motim entre a equipe ou teriam perdido totalmente a iniciativa. Em vez disso, eles simplesmente mergulharam no projeto e deixaram a comunidade definir o ritmo do TEDx. Na verdade, Anderson, Stein e a equipe não faziam ideia de que poderiam manter um ritmo tão intenso até o momento em que eles realmente conseguiram.

Em suma, um plano quinquenal é uma prática suicida para uma ExO. Se ele não colocar a empresa na direção errada, ele poderá apresentar uma falsa imagem de que está à frente, até mesmo na direção certa. A única solução é estabelecer uma grande visão (ou seja, um PTM), definir uma estrutura ExO, implementar um plano de um ano (no máximo) e assistir tudo isso expandir, enquanto executa as correções de curso em tempo real. Foi exatamente o que o TED fez, e isso é o que as empresas vencedoras do futuro também farão.

Mas não podemos falar sobre os planos operacionais e a tomada de decisão sem abordar o pesadelo das reuniões sobre estratégia de um departamento ou empresa. Em seu novo e fascinante livro *Moments of Impact: How to Design Strategic Conversations That Accelerate Change*, Chris Ertel e Lisa Kay Solomon delinearam os elementos de sucesso das reuniões sobre planejamento e estratégia e da tomada de decisão nas organizações para tratar de um problema generalizado: a maioria das reuniões sobre planejamento e estratégia é um fracasso. Ertel e Solomon resumiram uma sessão de planejamento de equipe ou de decisão estratégica em cinco fases distintas:

1. Definir seu propósito;
2. Envolver várias perspectivas;
3. Enquadrar as questões;
4. Definir o cenário;
5. Fazer disso uma experiência.

Moments of Impact é um importante guia para qualquer pessoa interessada em reduzir esse surto de reuniões improdutivas e sonolentas e otimizar o tempo que a gerência passa reunida.

Assim, em um futuro próximo, e certamente para as ExOs, os planos quinquenais serão substituídos pelos seguintes elementos:

- PTMs para orientação geral e envolvimento emocional;
- Dashboards para fornecer informações em tempo real sobre o progresso da empresa;
- Utilizar os elementos de "*Moments of Impact* " para uma tomada de decisão clara e produtiva;
- Um plano operacional de um ano (no máximo) que esteja ligado ao dashboard.

No mundo da ExO, o propósito supera a estratégia e a execução substitui o planejamento. A substituição dos planos quinquenais por esses elementos novos e em tempo real pode ser assustadora, mas também libertadora, e as recompensas para aqueles que estão dispostos a permanecer no mercado serão ao mesmo tempo decisivas e surpreendentes. Além disso, ser devorado vivo por um concorrente iniciante é tudo, menos relaxante.

Essa mudança naturalmente será bastante desafiadora para as grandes organizações, que dependem de longas projeções e acompanhamento para fins de planejamento e controle.

6. O menor vence o maior (ou o tamanho é documento, mas não como você está pensando)

Ronald Coase ganhou o Prêmio Nobel de Economia em 1991 por sua teoria de que as grandes empresas são melhores, porque elas agregam ativos sob o mesmo teto e, como resultado, desfrutam de menores custos de transação. Duas décadas mais tarde, o alcance possibilitado pela revolução da informação já anulou a necessidade de agregar ativos.

Por décadas, a escala e a dimensão foram características desejáveis em uma empresa. Continuando seu argumento, uma grande empresa pode fazer mais porque poderia alavancar economias de escala e negociar pela força. É por isso que, por muitas gerações, os cursos de administração e as empresas de consultoria se concentraram na gestão e na organização de empresas extremamente grandes. E Wall Street enriqueceu negociando ações de empresas gigantes, que muitas vezes se fundem para criar organizações ainda mais gigantescas.

Tudo isso está mudando. Em *Comece por Você*, Reid Hoffman mostra que os custos de transação não são mais uma vantagem e que cada indivíduo pode (e deve) gerenciar a si mesmo como um negócio. Por quê? Uma razão é a capacidade incomparável e sem precedentes que uma pequena equipe tem hoje de realizar grandes feitos – uma capacidade que aumenta ainda mais se as tecnologias exponenciais descritas no Capítulo 1 forem utilizadas. Tanto agora quanto nos próximos anos, a adaptabilidade e a agilidade superarão cada vez mais o tamanho e a escala. Um exemplo significativo é como a Netflix, com sua locação centralizada de DVDs e pequena área de cobertura, facilmente ultrapassou e, finalmente, destruiu a Blockbuster, apesar de suas 9 mil lojas e ativos geograficamente distribuídos. No mundo do software, a Salesforce.com, que opera 100% na nuvem, pode se adaptar às mudanças nas condições do mercado de forma muito mais rápida que sua concorrente, a SAP, já que esta requer instalações personalizadas no local.

Nós já falamos sobre a Airbnb, que, ao alavancar os ativos já existentes de seus usuários, está agora avaliada em mais do que toda a rede de hotéis da Hyatt no mundo. Enquanto a Hyatt possui 45 mil colaboradores espalhados em suas 549 propriedades, a Airbnb tem apenas 1.324, todos localizados em um único escritório. Da mesma forma, o Lending Club, Bitcoin, Clinkle e Kickstarter estão forçando uma reformulação radical no setor bancário e de capital de risco, respectivamente. (Não há pontos de venda envolvidos nessas novas startups de tecnologia da área de finanças.)

A Virgin Group de Richard Branson está estruturada para maximizar os benefícios de um formato compacto. Seu centro de pesquisa global abriga o departamento de P&D da empresa e uma unidade que gera novos negócios sob sua marca. O grupo de Branson agora consiste de mais de 400 empresas, todas operando de forma independente. Ao todo, elas valem US$ 24 bilhões.

Como Peter Diamandis observou várias vezes, uma das principais vantagens de uma pequena equipe é que ela pode assumir riscos muito maiores, comparada a uma equipe grande. Isso pode ser visto claramente nos gráficos ao lado – cortesia de Joi Ito, diretor do MIT Media Lab –, que mostram como as startups são caracterizadas pelo alto potencial de vantagens e poucas desvantagens, enquanto as grandes organizações são caracterizadas exatamente pelo inverso.

Na área da saúde, no momento, não temos uma solução para as novas cepas de superbactérias resistentes a antibióticos que surgem nos hospitais e que a Organização Mundial da Saúde considera uma ameaça existencial à medida que entramos na era pós-antibiótica. Também não conhecemos uma maneira de evitar o surgimento de alergias e doenças autoimunes, que afetam mais de um bilhão de pessoas em todo o mundo. A Quotient Pharmaceuticals, no entanto, pretende mudar isso, com base no trabalho pioneiro do Dr. William Pollack, que na década de 1960 desenvolveu a primeira solução de anticorpos bloqueadores humanos, que protegeu mais de 60 milhões de mães e seus bebês da temida doença de Rhesus. A vacina resolveu a incompatibilidade sanguínea entre a mãe e o feto, que foi responsável por dezenas de milhares de mortes infantis por ano, apenas nos EUA. Ao aproveitar a capacidade do próprio corpo de lutar, a empresa, sediada em Anaheim, já tem um produto funcional que bloqueia a maioria das superbactérias resistentes – e isso em apenas quatro anos após ter decidido aceitar o desafio. Um efeito colateral surpreendente é que seus produtos também podem curar a maioria das alergias;

os anticorpos bloqueadores da Quotient controlam o efeito cascata da resposta imunológica, que é responsável por alergias como a febre do feno e a asma. Por incrível que pareça, a equipe da Quotient consiste de apenas dez pessoas. As razões mais significativas para a capacidade dessa pequena equipe de cobrir tanto terreno na área de imunologia são o conhecimento multidisciplinar dos principais membros e o custo extremamente reduzido do desenvolvimento de produtos. A Quotient tem laboratórios de alta contenção e plantas piloto de fracionamento, que permitem separar anticorpos, desenvolver produtos e testá-los, internamente, em dias, em vez de anos. A empresa está poupando décadas de esforço e centenas de milhões em capital normalmente necessário na indústria farmacêutica/biológica.

Grandes empresas

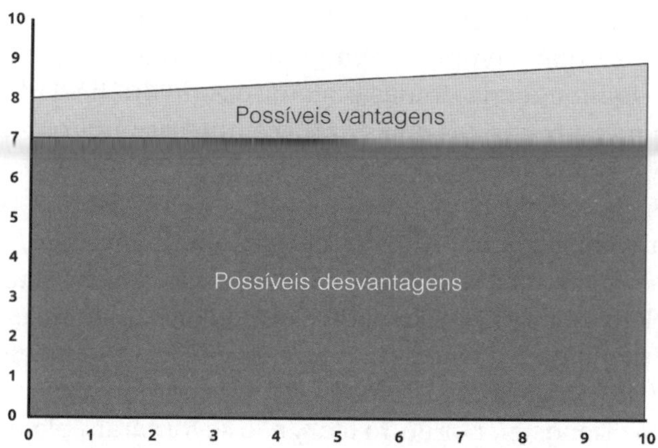

Investimentos de risco

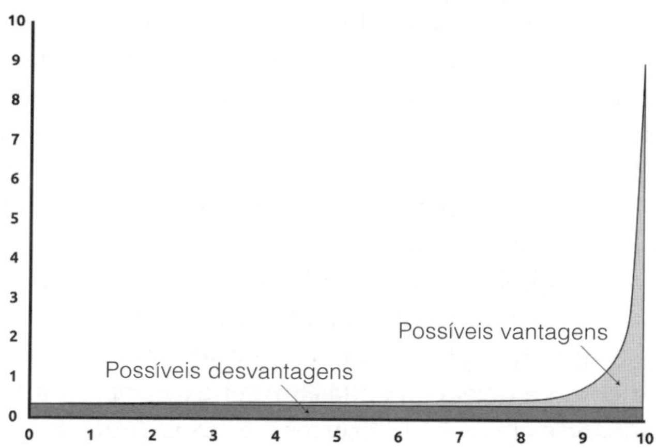

A questão fundamental que ouvimos regularmente é: O quanto uma ExO pode crescer? Nós achamos que a questão mais importante é: *O que acontece com uma ExO depois que ela cresce?*

Embora esse novo paradigma ainda esteja em seus primórdios, as indicações preliminares são de que, quando bem-sucedidas, as ExOs deverão se basear na alavancagem criada por suas externalidades e se tornarão *plataformas*.

Mas essa resposta gera seu próprio conjunto de perguntas, o mais pertinente no momento é: Como as ExOs podem aproveitar os benefícios dos elementos SCALE, como o crowdsourcing, a gestão comunitária, a gamificação, os concursos de incentivo, a ciência de dados, os ativos alavancados e o Staff sob Demanda para se *tornarem* plataformas?

Acreditamos que a resposta seja: elas deverão se conectar na infraestrutura e começar a permitir que outras ExOs emerjam e operem a partir dessas plataformas.

Talvez o exemplo mais antigo desse modelo de plataforma seja o Google. Sua excelente ferramenta de busca permitiu seu rápido crescimento e, uma vez que a empresa atingiu massa crítica, a plataforma do AdWords possibilitou a criação das plataformas de publicidade de auto-provisionamento, a partir das quais outras empresas puderam crescer. O Google, por sua vez, obteve sua participação por meio da tributação desse crescimento. O Facebook também se tornou uma plataforma bem-sucedida e contou com sua extraordinária penetração de mercado e conhecimento sobre seus usuários para gerar ExOs como a Zynga e seus recentes esforços na telefonia móvel. A Amazon é outra história de sucesso, assim como o ecossistema da App Store da Apple, que é provavelmente o exemplo mais claro de um produto de uma ExO que se tornou uma plataforma. O MySpace e o Friendster, por outro lado, não se tornaram plataformas.

Portanto, a resposta para a questão de como uma grande Organização Exponencial pode obter rendimentos gera mais uma pergunta ainda mais específica: Com que rapidez você pode converter um crescimento exponencial na massa crítica necessária para se tornar uma plataforma? Uma vez que isso acontece, não há um limite prático. É como um grande recife de corais.

Por exemplo, à medida que a Uber se expande, ela ajuda seus motoristas a comprar carros. A pré-compra de 2.500 carros do Google fornecerá uma enorme quantidade de dados que pode se transformar em novos serviços. A Uber hoje já é uma plataforma com uma massa crítica de motoristas, o que lhe permite mover-se horizontalmente e oferecer novos serviços: entrega de encomendas, presentes e compras, bem como serviços de limusine e até mesmo serviços médicos. Tudo isso alavanca o principal posicionamento de varejo e por demanda da Uber, resultando na satisfação quase instantânea com o uso de um smartphone, além de uma excelente experiência do cliente.

É importante ressaltar que a plataforma deve ser simbiótica e servir também os distribuidores. Estamos todos familiarizados com o sucesso dramático do Angry Birds da Rovio. O que é menos conhecido é que, para a Rovio, o Angry Birds foi seu 53º jogo – a empresa trabalha com isso desde o início de 1990. Mas, para criar um jogo 20 anos atrás, as empresas tinham de criar acordos bilaterais com 150 diferentes empresas de telefonia móvel, sendo que cada uma delas queria 75% das receitas. Todo o foco, tempo e energia eram gastos na negociação com as empresas de telecomunicações móveis. Uma vez que partiu para a plataforma da Apple, no entanto, a Rovio só teve de lidar com um único ponto de negociações, permitindo que se concentrasse em seus jogos – um cenário que realmente acreditamos ser a preferência da empresa.

Agora que o asteroide da informação digitalizada atingiu a Terra, a economia global se transformou para sempre. A era da dominação do mercado de forma tradicional e hierárquica por empresas-dinossauro está chegando ao fim. O mundo agora pertence aos mais inteligentes, às empresas menores e mais ágeis. Isso certamente já é uma realidade nos setores baseados na informação e, em breve, será a realidade também nas indústrias mais tradicionais.

7. Alugue, não possua

Um mecanismo importante que dá poder aos indivíduos e às pequenas equipes em todos os lugares é o acesso de baixo custo à tecnologia e às ferramentas.

O símbolo dessa nova realidade é a computação em nuvem, que oferece a capacidade de armazenar e gerenciar grandes quantidades de informação com processamento ilimitado, baseado no custo por utilização e não requer despesas iniciais ou investimentos de capital. Na prática, isso faz com que o armazenamento seja quase gratuito. A nuvem também coloca as pequenas empresas em pé de igualdade com – ou até mesmo dá uma vantagem sobre – as grandes empresas, que estão sobrecarregadas por caras operações internas de TI. Além disso, o número crescente de ferramentas de análise inovadoras do big data oferecerá a todas as empresas, grandes e pequenas, uma compreensão sem precedentes dos seus mercados e clientes.

Nós também estamos observando esse mesmo acesso a outras ferramentas. A TechShop, que apresentamos no Capítulo 3, torna equipamentos caros acessíveis a qualquer pessoa, o que anteriormente estava disponível apenas para agências governamentais e grandes laboratórios corporativos.

Um exemplo: Richard Hatfield, CEO e fundador da Lightning Motorcycles, queria bater um recorde de velocidade em motocicleta. Porém, a motocicleta de que ele precisava não estava no mercado e, então, ele mesmo a construiu na TechShop. Até o momento, de acordo com o CEO e cofundador da TechShop, Mark Hatch, cerca de US$ 6 bilhões em novos produtos foram criados nos laboratórios da TechShop.

Estima-se que existam centenas de "oficinas" (fablabs) operando em todo o mundo. Logo, cada cidade ou bairro terá uma, o que significa que qualquer indivíduo ou pequena equipe será capaz de alugar equipamentos e ter o mesmo poder de capital de uma grande corporação.

Uma transformação semelhante está ocorrendo com os equipamentos de biotecnologia. A BioCurious, outra invenção do Vale do Silício, é um laboratório aberto, no qual os entusiastas fazem cursos, usam centrífugas e tubos de ensaio, e sintetizam DNA. A Genspace oferece um recurso semelhante em Nova York.

Essa filosofia de "alugar, não possuir" estende ainda mais a atual mania do consumo colaborativo e da economia de compartilhamento. Existe uma necessidade cada vez menor de possuir uma fábrica, um laboratório ou mesmo uma ferramenta científica. Em vez disso, por que não alugar esses ativos, reduzindo o investimento inicial e deixando a propriedade e a manutenção das instalações de última geração para outra pessoa? E também, já que os mecanismos de controle oferecidos por software e pela internet permitem a gestão remota desses recursos, por que não construir você mesmo? Até mesmo a Apple essencialmente aluga os recursos da Foxconn para fabricar seus produtos. E a Alibaba, a gigante chinesa do comércio eletrônico, permite que você terceirize todo seu ciclo de produção.

Primeiro foi a computação, depois as ferramentas e a fabricação. Hoje, essa mesma filosofia de alugar, mas não possuir, está envolvendo até colaboradores. O colaborador temporário não é algo novo, é claro, mas o conceito agora inclui grupos de trabalhadores temporários. As organizações podem alugar equipes sob demanda da Gigwalk e de outras empresas, quando é preciso realizar uma grande quantidade de trabalho rapidamente, aliviando-as da terrível prática tradicional da contratação e demissão em massa. Nesse caso, não há distinção entre o pessoal "alugado" e o atributo da ExO, o Staff sob Demanda.

O conceito de alugar ao invés de possuir instalações, equipamentos, computação ou pessoas é um fator importante que contribui para a agilidade e a flexibilidade de uma ExO e, consequentemente, para seu sucesso. Isso também pode ser visto como o auge de uma tendência de longo prazo. Ao longo das décadas, os empresários gradualmente deixaram de ver seu negócio por meio das lentes de um balanço patrimonial para focar na demonstração do resultado – enfatizando a primazia do lucro sobre a propriedade. Esse movimento cresceu principalmente a partir da compreensão de que é melhor deixar a propriedade dos bens, mesmo sendo de missão crítica, por conta dos especialistas. Então, nesse sentido, o surgimento das ExOs é um aprofundamento da tendência para a especialização, que começou há dez mil anos: concentrar-se apenas nas áreas em que você está realmente superando a concorrência. Isto não só maximiza os lucros, mas em um mundo com difundidos sistemas digitais de reputação também coloca sua imagem no nível mais alto possível, como diz o autor Tyler Cowen no título do seu livro: *Average is Over.*

As companhias aéreas costumavam construir seus próprios motores, uma operação complexa e de alto risco. Então, a GE e a Rolls Royce, ambas especialistas na fabricação de motores, começaram a oferecer programas de leasing. Hoje, as companhias aéreas pagam pelos motores de acordo com o número de horas voadas. Em outras palavras, algo tão caro e complexo como um motor de avião tornou-se um ativo alugado e pago de acordo com o uso, em vez de um caro elemento interno de negócio.

A Rolls Royce aprimorou esse processo ainda mais. Com a instalação de centenas de sensores em cada um de seus motores, a empresa agora é capaz de coletar e analisar imensas quantidades de informações sobre os motores *enquanto estão em uso*. É claro que, durante esse processo, ela está se transformando em uma empresa big data – e, portanto, em uma ExO. Essa trajetória, desde a propriedade ao acesso e à análise de dados, também pode ser vista em vários outros mercados verticais, tais como os de automóveis e de imóveis.

8. A confiança vence o controle e o aberto vence o fechado

Como vimos no software da Valve, a autonomia pode ser um poderoso motivador na era da Organização Exponencial. A geração do milênio é naturalmente independente, digitalmente nativa e resistente ao controle *top-down* e às hierarquias. Para tirar o máximo proveito dessa nova força de trabalho e manter os melhores talentos, as empresas devem abraçar um ambiente aberto.

O Google fez exatamente isso. Como foi descrito no Capítulo 4, seu sistema de Objetivos e Resultados-chave (OKR) é totalmente transparente na empresa inteira. Qualquer colaborador do Google pode examinar os

OKRs de outros colegas e equipes para ver seus objetivos e o quanto eles foram bem-sucedidos no passado. Essa transparência exige uma boa dose de coragem cultural e organizacional, mas o Google descobriu que a abertura resultante vale qualquer desconforto.

Tony Hsieh criou e transformou a Zappos em uma empresa de bilhões de dólares com essa mesma filosofia. Tudo na Zappos é uma questão de atendimento ao cliente e transparência. Seu *Culture Book* de 500 páginas, disponível ao público e atualizado anualmente, define quem e o que é a empresa. De acordo com David Vik, o "coach empresarial" da Zappos, existem cinco preceitos fundamentais que determinam a cultura em toda a organização:

- **Visão:** O que você está fazendo?
- **Objetivo:** Por que você faz isso?
- **Modelo de negócio:** O que o incentiva enquanto você está fazendo isso?
- **Diferenciação:** O que o diferencia dos outros?
- **Valores:** O que é importante para você?

As estruturas de controle utilizadas pelas organizações tradicionais foram criadas porque os ciclos de feedback mais longos (e mais lentos) entre a administração e as equipes geralmente exigiam muita supervisão e intervenção. Durante os últimos anos, no entanto, uma nova onda de ferramentas de colaboração surgiu para permitir que uma organização monitore cada uma de suas equipes com pouca supervisão e máxima autonomia. As ExOs estão aprendendo a explorar esses recursos e proporcionar a autogestão – muitas vezes com resultados extraordinários –, por meio do monitoramento de dados em tempo real. Um excelente exemplo é a Teamly, que combina gerenciamento de projetos, OKRs e avaliações de desempenho com o poder de uma rede social interna.

Outra razão fundamental pela qual as ExOs estão implementando estruturas de confiança é que, em um mundo cada vez mais volátil, os processos previsíveis e os ambientes estáveis estão quase extintos. Tudo o que é previsível foi ou será automatizado por meio da inteligência artificial ou robôs, deixando o trabalhador humano livre para lidar com situações excepcionais. Como resultado, a própria natureza do trabalho está mudando e exige mais iniciativa e criatividade de cada membro da equipe. Ao mesmo tempo, os membros da equipe muitas vezes desejam que suas organizações tenham mais confiança neles. De acordo com uma pesquisa de 2010, conduzida pela The Conference Board, uma associação global de empresas e grupo de pesquisa, apenas 51% dos americanos disseram que estavam satisfeitos com seus patrões.

É importante entender que as estruturas abertas de confiança não podem ser implementadas de forma isolada ou simplesmente por decreto. Eles são uma consequência importante da implementação da Autonomia, Dashboards e/ou Experimentação.

Uma das razões do grande sucesso do Facebook é a confiança inerente que a empresa deposita em seus colaboradores. Na maioria das empresas de software (e, certamente, nas maiores), uma nova versão de software passa por inúmeras camadas de testes de unidade, testes de sistema e testes de integração, geralmente administrados por diferentes departamentos de garantia de qualidade. No Facebook, no entanto, as equipes de desenvolvimento desfrutam da confiança plena da gerência. Qualquer equipe pode lançar um novo código no site, sem supervisão. Em termos de estilo gerencial, isso parece absurdo, mas com as reputações individuais em jogo – e ninguém mais para detectar códigos malfeitos –, as equipes do Facebook acabam se esforçando muito mais para garantir que não haja erros. O resultado é que o Facebook tem sido capaz de lançar códigos de complexidade inimaginável mais rápido do que qualquer outra empresa na história do Vale do Silício. No processo, isso elevou drasticamente os padrões.

9. Tudo é mensurável e qualquer coisa é conhecível

Os primeiros acelerômetros (dispositivos usados para medir o movimento em três dimensões) tinham o tamanho de uma caixa de sapatos e pesavam cerca de dois quilos. O modelo atual tem apenas quatro milímetros de diâmetro e é encontrado em todos os smartphones no planeta.

Bem-vindo à revolução do sensor, uma das revoluções tecnológicas mais importantes e menos celebradas de hoje. Um automóvel da BMW tem mais de dois mil sensores que monitoram tudo, desde a pressão dos pneus e níveis de combustível até o desempenho da transmissão e paradas bruscas. Um motor de avião tem até três mil sensores que medem bilhões de pontos de dados por voo. E, como mencionamos no Capítulo 1, um carro do Google, com um LIDAR (radar de luz) que faz uma varredura do ambiente com 64 lasers, recolhe quase um gigabyte de dados por segundo.

Essa revolução também está afetando o corpo humano. Em 2007, os editores da revista *Wired*, Gary Wolf e Kevin Kelly, criaram o movimento Quantified Self (QS), que se concentra nas ferramentas de automonitoramento. A primeira conferência do Quantified Self foi realizada em maio de 2011, e hoje a comunidade QS tem mais de 32 membros em 38 países.

Muitos dispositivos surgiram desse movimento. Um deles é o Spire, um dispositivo QS que mede a respiração. Francesco Mosconi, um ex-aluno da Singularity University, é o Chief Data Officer do Spire. As ferramentas analíticas e de software que ele criou dão feedback em tempo real da respiração e de sua relação com o estresse e a concentração – do mesmo modo que o feedback do sensor no sistema de controle de tração de um BMW reduz a derrapagem das rodas.

Com mais de sete bilhões de telefones celulares em uso no mundo, muitos equipados com uma câmera de alta resolução, tudo pode ser gravado em tempo real, desde as primeiras palavras de um bebê até os eventos da Primavera Árabe. Querendo ou não, estamos mergulhando no mundo da transparência radical – e sendo empurrados do penhasco da privacidade por trilhões de sensores que gravam todos nossos movimentos. A Beyond Verbal, uma empresa israelense, pode analisar as variações tonais de uma gravação de dez segundos de sua voz para determinar o humor e a postura subjacente com 85% de certeza.

Acrescente também a essa lista o Google Glass, o óculos inteligente que grava, ou transmite imagens ou vídeo em tempo real em qualquer lugar, como as pessoas se movem ao longo de seu dia. Em seguida, adicione os drones, que custam menos de US$ 100 e podem voar em várias altitudes, com suas câmeras de cinco gigapixels capturando toda a paisagem abaixo. E, finalmente, considere as várias empresas de nanosatélite que estão lançando configurações de malha de centenas de satélites em órbita terrestre baixa e que fornecerão vídeo e imagens em tempo real em qualquer lugar do planeta. Dado o ritmo alucinante da inovação tecnológica, as possibilidades são ilimitadas.

Em um nível muito mais profundo, o corpo humano tem cerca de dez trilhões de células que funcionam como um ecossistema de complexidade inimaginável. No entanto, geralmente monitoramos nossa saúde utilizando apenas três métricas básicas: temperatura, pressão arterial e pulso. Agora, imagine se pudéssemos medir cada um desses dez trilhões de células – e não com apenas três métricas, mas com uma centena. O que aconteceria se nós pudéssemos monitorar os níveis de enzimas em nossa corrente sanguínea, rins e fígado e correlacionar esses níveis com outras métricas em tempo real? Quais os maiores metafatores, que nem sequer sabíamos que existiam, que surgirão a partir dessas montanhas de dados?

A espectroscopia a laser, por exemplo, está sendo utilizada para analisar alimentos e bebidas para identificar alérgenos, toxinas, vitaminas, minerais e calorias. As empresas que já exploram os recursos dessa tecnologia incluem a Apple, o SCiO da Consumer Physics, TellSpec, Vessyl e Airo Health. Em pouco tempo, a espectroscopia a laser será utilizada como um indicador de bem-estar e saúde e também para medir e monitorar tudo em nosso corpo, incluindo biomarcadores, doenças, vírus e bactérias. Por exemplo, Yonatan Adiri, fundador da OwnHealth, usa a nuvem para analisar fotografias de tiras reagentes de exame de urina a fim de diagnosticar muitas condições médicas[1].

Entretanto, conforme mencionado no Capítulo 3, o Qualcomm Tricorder X Prize concederá um prêmio de US$ 10 milhões para a primeira equipe que desenvolver um dispositivo médico portátil que não só seja capaz de diagnosticar e monitorar as doenças com rapidez e precisão, mas também supere dez médicos certificados. Trezentas equipes de todo o mundo, incluindo a Scanadu – uma empresa criada com o único propósito de ganhar o prêmio – estão competindo, e o prêmio provavelmente será concedido em um ano. (Pelo menos esse aspecto de Jornada nas Estrelas não levará 150 anos para se tornar realidade.)

As ExOs estão aproveitando essa tendência acelerada de uma das seguintes maneiras: por meio da criação de novos modelos de negócio em fluxos de dados existentes ou pela adição de novos fluxos de dados aos antigos paradigmas. Como um exemplo do primeiro, considere a PASSUR Aerospace. Já que a chegada antecipada ou tardia de um voo pode custar até US$ 70 por minuto, a empresa instalou inúmeras estações de monitoramento ADS-B (Vigilância Dependente Automática por Radiodifusão) nos EUA. Essas estações monitoram todos os aviões em voo e podem prever com precisão quando uma aeronave chegará ao portão de desembarque. Além de oferecer uma enorme redução de custos, o sistema também está sendo usado no sentido inverso, tanto pela FAA quanto pelas companhias aéreas, para determinar o momento exato em que uma aeronave deveria decolar.

Como esses e centenas de outros exemplos sugerem, estamos caminhando em direção a um mundo em que tudo será medido e qualquer coisa pode ser conhecível, tanto no mundo ao nosso redor quando dentro de nossos corpos. Somente as empresas que planejam de acordo com essa nova realidade terão uma chance de sucesso a longo prazo.

Agora que terminamos de descrever as características das ExOs e suas implicações, podemos examinar o modo como uma ExO se encaixa em outros conceitos. A tabela a seguir compara os Atributos da ExO com os

---

[1] <en.wikipedia.org/wiki/Urine_test_strip>.

Princípios da MIT Media Lab de Joi Ito e as heurísticas na teoria Anti-Frágil de Nassim Taleb.

JOI ITO (MIT MEDIALAB)	NASSIM TALEB (TEORIA ANTI-FRÁGIL)
PTM	
Puxar vence empurrar; bússolas vencem mapas.	Foco no longo prazo, não apenas nas finanças e no curto prazo.
Staff sob Demanda	
Resistência vence força.	Manter-se pequeno e flexível.
Comunidade e Multidão	
Sistemas (ecossistemas) vence objetos; Resistência vence força.	Integrar opções; manter-se pequeno e flexível.
Algoritmos	
---	Integrar estressores > simplificar e automatizar; heurística (envolvimento, ortogonal).
Ativos Alavancados	
Resistência vence força.	Reduzir dependência e TI; manter-se pequeno e flexível; investir em P&D; investir em dados e infraestrutura social.
Engajamento (IC, gamificar)	
Puxar vence empurrar.	Integrar opções; heurística: envolvimento.
Interfaces	
---	Simplificar e automatizar; superar vieses cognitivos.
Dashboards	
Aprendizagem vence finanças.	Simplificar e automatizar; ciclos curtos de feedback; recompensas somente após a conclusão do projeto.
Experimentação	
Prática vence teoria; Risco vence segurança; Aprendizagem vence educação.	Diversificar; Integrar hacking e estressores por si mesmo (falhar rapidamente e com frequência, caso da Netflix com a Chaos Monkey), especialmente nos bons momentos; construir em opções; priorizar o risco sobre a segurança (não arriscar insensibilidade); evitar foco excessivo na eficiência, controle e otimização.
Autonomia	
Emergência vence autoridade; Desobediência vence cumprimento.	Descentralização; não regulamentar excessivamente; desafiar a alta diretoria; compartimentalizar; associar-se às bordas (envolvimento).
Tecnologias Sociais	
Emergência (aprendizagem peer-to-peer) vence autoridade.	Integrar estressores.

10. Quão exponencial é sua organização?

Nos Capítulos 3 e 4, descrevemos as características singulares das ExOs. Neste capítulo, discutimos as implicações mais amplas das ExOs e o admirável mundo novo em que irão operar. Nós suspeitamos que as principais perguntas que muitos leitores estão fazendo agora incluem:

- Quão exponencial é minha organização?
- O quanto estamos preparados para competir nessa nova realidade?
- O que é preciso mudar para se tornar uma Organização Exponencial?

Não foi uma surpresa quando descobrimos que nem todas as ExOs possuem todas as características de uma ExO paradigmática. Na verdade, nossos estudos sugerem que para uma ExO atingir o valor mínimo de dez vezes e obter o título de ExO, muitas vezes é preciso apenas quatro (ou mais) dos onze atributos para ter sucesso. Esse é um número suficiente para dominar um novo mercado com serviços de informação ou para reduzir o denominador (custos) em um já existente.

Além disso, alguns dos atributos, apesar de apontar o caminho, podem não se aplicar (pelo menos atualmente) a certos setores. Sendo assim, se você estiver trabalhando no Serviço Secreto ou se sua empresa possui plataformas de petróleo no Mar do Norte, o atributo Staff sob Demanda pode não ser aplicável. (Dito isso, ele provavelmente é aplicável!)

A única maneira de saber em que ponto sua empresa se encontra na jornada para se tornar uma Organização Exponencial é a realização de uma auditoria de ExO. Para ajudá-lo a fazer isso, nós criamos um teste de diagnóstico (ver Anexo A). Você pode achar reconfortante – ou pode achar desconcertante. De qualquer forma, temos certeza que vai achar esclarecedor.

Principais lições:

- A informação acelera tudo;
- O custo marginal de oferta está caindo exponencialmente pela primeira vez na história. Tudo está sendo desestabilizado;
- Em um mundo disruptivo, quanto menor, melhor;
- Os "especialistas" dizem como algo não pode ser feito;
- Alugue, não possua ativos;
- Tudo está sendo transformado em informação – que é mensurável e conhecível;
- Um diagnóstico para ExO pode ajudá-lo a avaliar e analisar sua organização;
- A implementação de quatro ou mais atributos da ExO pode produzir um aumento de desempenho de dez vezes.

PARTE 2

Construindo uma Organização Exponencial

Depois de examinarmos os atributos e as implicações das ExOs, vamos nos concentrar agora nos aspectos práticos de sua implementação e no futuro provável dessas organizações. Desde o início, nós nos comprometemos a fazer deste livro não apenas um exercício intelectual para documentar esse novo fenômeno, mas também um guia prescritivo para implementar o modelo ExO em sua própria empresa.

Os próximos capítulos responderão às seguintes perguntas:

- Como você cria uma ExO, seja ela uma simples **startup** ou a partir de uma organização já existente?
- Como você aplica essas ideias a uma empresa de médio porte?
- Como você reajusta os princípios ExO em uma grande organização?
- Quais organizações estão implementando a filosofia da ExO?

No final da Parte 2, você deverá ser capaz de entender como a estrutura da ExO pode ser aplicada a uma organização de qualquer tamanho, seja ela uma *startup*, uma empresa de médio porte ou uma grande organização. Além disso, você aprenderá como se tornar um Executivo Exponencial e como identificar os problemas e questões que devem ser rastreados agora, para não se tornar uma surpresa alguns anos adiante.

CAPÍTULO 6

Criando uma ExO

Desde os primórdios da internet, temos visto mudanças fundamentais no modo como as empresas são criadas e como elas crescem. Em particular, a primeira cartilha para criar uma empresa de hipercrescimento surgiu durante o boom das empresas "ponto.com", entre 1998 e 2000. Essa narrativa ganhou um novo capítulo em 2005, com a ascensão das mídias sociais, e mais um capítulo em 2008, graças à ampla disponibilidade da computação em nuvem de baixo custo.

Hoje, estamos presenciando a inclusão de um texto ainda mais importante, com a ascensão da Organização Exponencial. Impulsionadas pelas tecnologias aceleradas, as ExOs permitem nos organizar em novas formas de explorar esse mundo habilitado para a informação.

A Local Motors é um bom exemplo de uma startup ExO. Fundada por Jeff Jones e Jay Rogers, em 2007, e sediada em Phoenix, Arizona, ela é uma plataforma global de cocriação que capacita sua comunidade a projetar, construir e vender veículos customizados. Enquanto servia como fuzileiro naval no Iraque em 2004, Rogers leu o livro de Amory Lovins, *Winning the Oil Endgame*, e se inspirou para criar um novo tipo de montadora de automóveis. Seu objetivo (e PTM) era levar carros provocantes ao mercado de forma eficiente.

Rogers visitou várias empresas de automóveis, incluindo a Ferrari, GM e Tesla, e estabeleceu três objetivos:

1. Criar a primeira comunidade de código aberto para projetar a carroceria do carro;
2. Construir um veículo;
3. Criar um canal de mercado.

Para atrair a comunidade, a Local Motors começou por entrar em contato com cursos de design e solicitar ideias aos alunos. Essa estratégia não funcionou, em grande parte, por causa de questões legais sobre propriedade e custos de licenciamento. Outro problema era que os alunos não tinham um senso de propósito e compromisso em relação à empresa, o que resultou em quase nenhuma contribuição para a plataforma (Experimentação). Sem se deixarem abalar, Jones e Rogers novamente tentaram atrair a comunidade, dessa vez por meio de crowdsourcing. Eles foram bem-sucedidos dessa vez e, em março de 2008, a Local Motors estreou como a primeira comunidade a utilizar o crowdsourcing para criar um carro. (A empresa possui atualmente 83 colaboradores e três microfábricas para produção.) Em seguida, a equipe da Local Motors voltou sua atenção para a evangelização, compartilhando sua paixão pelo produto em vários sites de designers, que atuaram como ímãs para atrair comunidades afins (Comunidade e multidão).

Em seguida, com a implementação do engajamento, a Local Motors realizou seu primeiro concurso de design de automóveis. Naquela época, a empresa tinha apenas quatro colaboradores, que eram responsáveis por gerenciar *mil* membros da comunidade (isso que é abundância). No final, o concurso atraiu uma centena de inscrições, dando início à formação da plataforma. Hoje, a comunidade da Local Motors consiste de 43.100 membros colaborando em seis mil designs e duas mil ideias distribuídos em 31 projetos. Os membros trabalham, em média, 200 a 400 horas por projeto.

A comunidade da Local Motors é composta por entusiastas, inovadores e profissionais. Eles são designers, engenheiros e fabricantes que participam de cada componente do design (interior, exterior, nome, logotipo etc.), que depois fica disponível em código aberto por meio de uma licença da Creative Commons. A plataforma pode ser considerada uma combinação da Quirky (desenvolvimento de produto) com a Kaggle (concursos de incentivo), mas para automóveis e outros veículos.

Uma vez que a comunidade inicial foi estabelecida, Rogers passou para seu objetivo seguinte: construir o primeiro automóvel via crowdsourcing. Em 2009, a Local Motors alcançou esse objetivo com a produção do Rally Fighter, um carro cujo design final foi o resultado de 35 mil designs enviados por 2.900 membros da comunidade de mais de cem países. Produzido em apenas um ano e meio, cerca de cinco vezes mais rápido do que os processos convencionais, o Rally Fighter teve um custo de desenvolvimento de apenas US$ 3 milhões. Os compradores não recebem um carro montado; em vez disso, eles compram um kit completo, com manuais, wikis e vídeos, por US$ 99.900. Eles também têm acesso aos especialistas da Local Motors em uma das três microfábricas situadas nos Estados Unidos (mais cem estão programadas para abrir em todo o mundo nos próximos dez anos). Atualmente, existem 23 Rally Fighters em operação em todo o mundo e seu criador, Sangho Kim, conseguiu um emprego na General Motors da Coreia do Sul, como resultado de seu trabalho.

A Local Motors também incentiva outras organizações a acessar sua comunidade. Em conjunto com a Shell Oil Company, a Local Motors criou um concurso em 2012 chamado Shell GameChanger DRIVEN (Design of Relevant and Innovative Vehicles for Energy Needs). Os participantes foram incumbidos de projetar um veículo que poderia ser produzido nos próximos cinco a dez anos em uma de cinco cidades (Amsterdã, Bangalore, Basra, Houston e São Paulo), utilizando energia e materiais de origem local. O projeto também exigiu que os competidores abordassem os desafios sociais específicos de cada região. Cada vencedor local recebeu US$ 2 mil, e o primeiro colocado (de um total de 214 participantes) recebeu um adicional de US$ 5 mil, bem como um modelo de um quarto de escala de seu *design* para ser mostrado em todo o mundo.

Juntamente com a BMW, a Local Motors lançou o Urban Driving Experience Challenge, em que os competidores foram desafiados a atender às necessidades prováveis de um motorista urbano de um BMW em 2025. Os dez melhores dos 414 participantes receberam um total de US$ 15 mil (engajamento). A comunidade da Local Motors contribuiu em outros desafios, como projetar o melhor veículo de entregas para a Domino's Pizza e inventar um calçado para motoristas para a Reebok. As próximas metas da Local Motors são criar o primeiro carro impresso em 3D do mundo e projetar um veículo altamente personalizável e com menos de 20 peças.

Ignição

Com a Local Motors apontando o caminho, finalmente chegou a hora de discutir como laçar uma Organização Exponencial. Temos uma ressalva, no entanto: este livro não tem a intenção de ser um manual exaustivo sobre startups – isso ainda não foi escrito. Em vez disso, vamos discutir os elementos relevantes para a construção de uma ExO alavancada pela informação e altamente expansível, tanto como uma startup em si ou a partir de uma empresa já existente.

Uma observação rápida, porém relevante: recomendamos fortemente a leitura do livro de Eric Ries, *A Startup Enxuta*, como acompanhamento deste capítulo, já que estaremos nos referindo a ele com frequência. Na verdade, a melhor definição que encontramos para uma startup vem de Ries: "*Uma startup é uma instituição humana projetada para oferecer um novo produto ou serviço em condições de extrema incerteza*". Um segundo livro que recomendamos é a recente publicação de Peter Thiel e Blake Masters, *De Zero a Um: O que Aprender Sobre Empreendorismo com o Vale do Silício*.

Esse é talvez o melhor momento na história dos negócios para criar uma nova empresa. A confluência das tecnologias inovadoras com a aceitação (e até mesmo a celebração) do empreendedorismo, diferentes opções de crowdsourcing, oportunidades de crowdfunding e mercados antigos é favorável à disrupção – tudo isso forma um cenário convincente (e inédito) para a criação de novas empresas. Além disso, as áreas de risco tradicionais jamais foram tão mitigadas. Continuando nossa analogia anterior do cometa/dinossauro: o cometa atingiu o planeta, os dinossauros estão cambaleando e as condições são perfeitas para o florescimento de uma nova categoria de organismos pequenos e ágeis. Uma nova Explosão Cambriana.

Ao avaliar uma startup para financiamento, os investidores normalmente categorizam três principais áreas de risco:

- **Risco tecnológico:** Será que vai funcionar?
- **Risco de mercado:** Será que as pessoas vão comprar o produto?
- **Risco de execução:** A equipe é capaz de agir e pivotar, conforme necessário?

O desafio enfrentado por toda startup reside em descobrir como eliminar o risco de cada uma dessas áreas e, durante esse processo, encontrar um modelo de negócio na área do problema escolhido. Nada é mais importante.

Vamos examinar cada uma dessas três áreas de risco.

Risco tecnológico

Em 1995, criar uma startup de software no Vale do Silício custava cerca de US$ 15 milhões. Grande parte desse dinheiro era utilizada para instalar servidores, comprar software e contratar o pessoal para configurar e gerenciar toda essa tecnologia e também para escrever novos códigos.

Em 2005, o custo havia caído para cerca de US$ 4 milhões. Os servidores ficaram mais baratos, e o software, geralmente de código aberto, era mais fácil de desenvolver e configurar. A maior parte dos custos diretos foi direcionada para marketing e vendas.

Hoje, com os recursos já consolidados, como a computação em nuvem e as mídias sociais, esse mesmo esforço custa menos de US$ 100 mil. O risco tecnológico, que já foi enorme (especialmente o software), foi reduzido ao longo dos últimos 20 anos em 150 vezes. Grande parte do que restou do risco diz respeito a meras questões de escalabilidade. Um exemplo: a ascensão dos *web services* padronizados permite que complexas funcionalidades de software sejam integradas em uma startup com o pressionar de um botão. Exemplos incluem o Prediction API do Google para a analítica de previsão (predictive analytics) e o AlchemyAPI para o software de aprendizado profundo para reconhecimento de padrões.

Para ilustrar a enorme extensão desse risco tecnológico reduzido, considere as startups de hardware. Uma nova onda de grandes empresas em Shenzhen, China (por exemplo, a Foxconn, Flextronics, PCH International), bem como de plataformas de hardware de código aberto, como Arduino, Raspberry Pi e impressoras 3D, permite que qualquer pessoa projete e faça protótipos e crie um produto de hardware rapidamente. Liam Casey, o CEO da PCH, de forma agressiva, transformou sua empresa em uma plataforma na qual qualquer um pode lançar uma startup de hardware, ou até mesmo criar o equivalente a uma App Store para as startups de hardware. Brady Forrest, diretor da Highway1, uma incubadora da PCH, resume: "Queremos que o hardware seja tão simples quanto o software". De fato, o hardware está progressivamente se dissolvendo em software.

De acordo com o empresário Chris Dixon, a mudança mais importante para os homens de negócios em relação à década passada é a razão do alcance do capital. Hoje, o alcance de uma startup é 100 vezes maior, enquanto o capital necessário é um décimo em relação a uma década atrás – um aumento de *mil vezes* em apenas dez anos. O resultado é que o risco de tecnologia simplesmente evaporou, especialmente para as empresas em grande parte habilitadas para informação ou baseadas na informação. (Nem é preciso dizer que, se você quiser construir um superpetroleiro, você ainda necessitará de algum capital.)

Risco de mercado

Para saber se alguém comprará ou não o produto, voltamos mais uma vez a Steve Blank, o autor da famosa frase: "Nenhum plano de negócios sobrevive ao primeiro contato com o cliente". Antigamente era preciso realizar a clássica pesquisa de mercado, criar totalmente o produto ou serviço, contratar uma cara equipe de vendas e depois gastar tempo e dinheiro para comercializar a ideia – antes mesmo de realmente saber a resposta para essa pergunta.

A internet e, posteriormente, o surgimento das mídias sociais abalaram esse paradigma. A partir da década de 2000, as startups já podiam testar o mercado como nunca, alavancando o teste A/B, as campanhas de AdWords do Google, mídias sociais e páginas de destino. Uma ideia poderia ser parcialmente validada antes mesmo de iniciar a engenharia de produto.

O epítome da validação de mercado, evidentemente, é o crowdfunding. Sites de arrecadação de fundos, como o Kickstarter e o Indiegogo permitem que os usuários realizem a pré-compra de um produto. Se um número suficiente de pessoas fizer a pré-compra, o site libera dinheiro para o desenvolvedor. Embora haja uma grande dose de entusiasmo em relação à democratização do processo de captação de recursos – o que é compreensível – nós acreditamos que a consequência mais interessante é que, pela primeira vez na história, os empresários podem validar a demanda do mercado *antes* de criar o produto.

Risco de execução

Das três principais áreas de risco, o risco de execução continua a ser o único problema real na criação de uma empresa. Como a empresa deve se organizar para maximizar o desempenho de seus fundadores e da equipe gerencial? Como ela deverá alavancar a tecnologia e a informação para criar uma vantagem e um modelo de negócio que sejam únicos e sustentáveis? Responder corretamente a essas perguntas é a chave para a criação de uma Organização Exponencial de sucesso. Por essa razão, precisamos examinar mais de perto cada um dos passos para a formação de uma equipe poderosa e eficaz.

Em 2013, Aileen Lee publicou na TechCrunch um amplo panorama sobre as startups de software nos EUA com um valor de mercado de mais de US$ 1 bilhão nos últimos dez anos, um grupo de empresas que ela chamou de Unicórnios. Como cada uma delas está se tornando progressivamente uma empresa de software, seus resultados são ainda mais relevantes para os mercados e setores verticais clássicos. Embora recomendemos a leitura do artigo[1] completo, as principais conclusões de Lee a respeito das ExOs são as seguintes:

[1] techcrunch.com/2013/11/02/welcome-to-the-unicorn-club/

- Leva mais de sete anos, em média, para ocorrer um "evento de liquidez";
- Vinte e poucos fundadores inexperientes não funcionam. Empresas com trinta e poucos cofundadores instruídos, que já se conheciam, tendem a ser mais bem-sucedidas;
- A ideia de um "grande lixo" para um produto diferente após a criação da startup é inadequada. A maioria dos Unicórnios mantém sua visão original (ou seja, seu PTM original).

Descobrimos que existe uma forte correlação entre as ExOs e os Unicórnios de Lee. De fato, em nosso diagnóstico, a maioria dos Unicórnios de Lee tem uma pontuação bem acima da pontuação limite de uma ExO. A idade relativamente baixa significa que esses Unicórnios estavam alavancando novos fluxos de informação, têm um baixo custo de oferta e abraçam a comunidade – e podem, assim, expandir. A maioria alcançou o nível atual ao seguir alguma combinação dos passos abaixo.

Passo 1: escolher um PTM (propósito transformador massivo)

Esse é o aspecto mais elementar e fundamental de uma startup. Com base nos "Por quês" de Simon Sinek, é fundamental que você esteja entusiasmado e totalmente apaixonado pelo problema que pretende abordar. Então, comece pela seguinte pergunta: *qual é o maior problema que eu gostaria de ver resolvido?* Identifique a concepção do problema e, em seguida, crie um PTM. Mesmo quando criança, Elon Musk, talvez o mais célebre empreendedor do mundo, tinha um desejo ardente de abordar a energia, o transporte e a viagem espacial em um nível global. Suas três empresas (SolarCity, Tesla e SpaceX) abordam cada um desses desafios. Cada uma possui um Propósito Transformador Massivo.

Lembre-se, porém, que um PMT *não* é uma decisão de negócios. Encontrar sua paixão é uma jornada pessoal. Como Travis Kalanick, CEO da Uber, disse na conferência LeWeb de 2013 em Paris, "Você precisa ser autoconsciente e procurar essa ideia de startup e de propósito que se ajuste perfeitamente a você – como pessoa, não como empresário". Howard Thurman, autor e filósofo americano, resume a mesma ideia da seguinte forma: "Não basta perguntar o que o mundo precisa. Pergunte qual é sua motivação. O que o mundo precisa é de pessoas que encontraram essa motivação".

Drew Houston, o fundador do Dropbox, concorda: "As pessoas mais bem-sucedidas são obcecadas em solucionar um problema importante, algo que lhes interessa. Elas me fazem lembrar um cão que persegue uma bola de tênis. Para aumentar suas próprias chances de felicidade e sucesso, você deve encontrar sua bola de tênis – algo que para você é irresistível".

Encontrar um PTM pode ser visto como uma maneira nova e talvez mais interessante de fazer a si mesmo as seguintes perguntas:

- O que realmente me interessa?
- O que eu nasci para fazer?

Mais duas perguntas que podem ajudar a acelerar o processo de descobrir sua paixão:

- O que eu faria se eu soubesse que jamais falharia?
- O que eu faria se hoje recebesse um bilhão de dólares?

No entanto, a questão não envolve só você como empreendedor. Você também deve considerar seus colaboradores. O cofundador da PayPal, Peter Thiel, levanta a seguinte questão como uma forma eficaz de testar se uma startup tem um PTM que vai atrair não só os amigos, mas também os colaboradores fora de sua rede pessoal que compartilham de sua motivação: "Por que o 20º colaborador aceitaria participar de sua startup sem receber privilégios (como) um título de cofundador ou (opções de) ações?".

Da mesma forma, você deve avaliar seu PTM de acordo com as letras do acrônimo. Ele tem um Propósito? Ele é Transformador? É Massivo? A motivação do lucro não é suficiente para criar uma ExO – ou, francamente, qualquer startup. Pelo contrário, é a paixão obsessiva para resolver um problema complexo que mantém um empreendedor na montanha russa do entusiasmo e desespero que é a história de cada startup. Chip Conley, um especialista na criação de empresas orientadas a um propósito, como a Airbnb, frequentemente se refere a Kahlil Gibran: "O trabalho é o amor que se torna visível. O objetivo não é viver para sempre; o objetivo é criar algo que viverá para sempre".

Passo 2: criar ou fazer parte de comunidades PTM relevantes

O poder colaborativo das comunidades é fundamental para qualquer ExO. Seja qual for sua paixão (digamos que seu sonho seja encontrar a cura para o câncer), existem comunidades repletas de pessoas motivadas e dedicadas à mesma cruzada.

A recente ascensão do movimento Quantified Self (QS), introduzido pela primeira vez no Capítulo 5, é um grande exemplo de uma comunidade com um PTM. Operando em 120 cidades e em 40 países, cerca de mil empresas e 40 mil membros participam atualmente no ecossistema QS. Qualquer pessoa interessada na criação de uma empresa de dispositivos médicos ou que esteja abordando uma questão importante como o câncer ou doença cardíaca pode participar de uma rica comunidade de pessoas interessadas na causa. Exemplos de algumas das muitas comunidades dedicadas à pesquisa de câncer ou doenças cardíacas incluem o TED MED, Health Foo, DIYbio, GET(Genes/Environment/Traits), WIRED Health, Sensored, Stream Health e Exponential Medicine.

Se você acha que seu problema não tem o apoio da comunidade, visite a **www.meetup.com**. A missão da Meetup é revitalizar as comunidades locais e ajudar as pessoas ao redor do mundo a se organizarem. A empresa acredita que as pessoas podem mudar o mundo ao se organizarem em grupos poderosos o suficiente para fazer uma diferença positiva. Fundada por Scott Heiferman em janeiro de 2002, a Meetup ajuda a reunir mais de 150 grupos com interesses comuns – compostos de cerca de dez milhões de membros – em 197 países ao redor do mundo. Diante desses números, a probabilidade é muito grande de que uma comunidade apaixonada, motivada e preocupada com seu problema já exista em seu próprio país.

No entanto, em qualquer startup voltada para a comunidade, existe uma tensão entre o bem da comunidade e o bem da empresa. Para Chris Anderson, a escolha é simples:

> *Depende fundamentalmente do que você é. Você é essencialmente uma comunidade ou você é essencialmente uma empresa? Você tem que fazer essa pergunta a si mesmo porque, mais cedo ou mais tarde, os dois entrarão em conflito. Nós (da DIY* Drones) *somos essencialmente uma comunidade. Todos os dias, nós tomamos decisões que trazem desvantagens à empresa para trazer vantagens à comunidade.*

Anderson disse que o conselho de optar pelo bem da comunidade veio de Matt Mullenweg, o CEO da WordPress, a plataforma de blogs mais usada no mundo. De acordo com Mullenweg: "Quando esse momento chegar, sempre aposte na comunidade, porque essa é a diferença entre o pensamento de longo prazo e pensamento de curto prazo".

Basicamente, se você cultivar uma boa comunidade, as oportunidades surgirão. Se sua comunidade não for boa, a força da inovação se dissolve e você não terá mais uma empresa.

Passo 3: compor uma equipe

Embora a equipe fundadora em qualquer startup seja importante, devido à rápida expansão de uma ExO com uma presença muito pequena em termos de recursos, a composição cuidadosa da sua equipa fundadora é especialmente crítica.

Em seu livro *Why Organizational Health Trumps Everything Else In Business*, Patrick Lencioni defende que a melhor maneira de determinar a saúde de uma organização é "observar a equipe de liderança durante uma reunião". A interação entre os membros da liderança é um barômetro preciso para medir a dinâmica da equipe, clareza, determinação e vieses cognitivos. Além disso, a chave para montar uma boa equipe de fundadores de uma ExO é que todos compartilhem da mesma paixão pelo PTM. Ben Horowitz, cofundador da Andreessen-Horowitz, um dos capitalistas de risco mais bem-sucedidos do mundo, destacou a importância da paixão em seu recente livro, *The Hard Thing About Hard Things: Building a Business When There Are No Easy Answers*: "Se os fundadores estiverem em uma startup pelas razões erradas (dinheiro, ego), isso muitas vezes se degenera em uma situação desagradável".

Da mesma forma, vale a pena revisitar um dos principais pontos do estudo dos Unicórnios de Aileen Lee: as empresas compostas por trinta e poucos cofundadores instruídos que já trabalharam ou estudaram juntos têm a mais alta probabilidade de sucesso. Sua pesquisa mostra que a idade média dos fundadores dos Unicórnios é de 34 anos, e o número médio de cofundadores é três. Além disso, os CEOs fundadores mais bem-sucedidos têm formação técnica.

Uma ressalva é que, para uma empresa voltada para a comunidade, a diversidade é um fator importante. Enquanto formava a comunidade para a DIY *Drones*, por exemplo, Chris Anderson conheceu o mexicano Jordi Munoz, que tinha apenas 19 anos de idade na época. Anderson descobriu que, juntamente com a paixão em comum por drones, as habilidades de Munoz eram fundamentalmente diferentes das suas, porém, complementares. Impressionado com suas habilidades, entusiasmo e capacidade de aprender, Anderson o convidou para ser um cofundador. Hoje, apesar de ainda jovem e sem o currículo "certo", Munoz está prosperando em seu papel como CEO de uma empresa multimilionária.

As seguintes funções são críticas para que um time de fundadores de uma ExO ofereça conhecimentos diversos, pensamento independente e habilidades complementares:

- Visionário/sonhador: O papel principal na história da empresa. O fundador com a visão mais forte para a empresa cria o PTM e conduz a organização de acordo com o PTM;

- Design de experiência do usuário: A função se concentra nas necessidades dos usuários e garante que cada contato com os usuários seja tão intuitivo, simples e claro quanto possível;
- Programação/engenharia: Papel responsável por reunir as várias tecnologias necessárias para criar o produto ou serviço;
- Finanças/Negócios: A função de negócio avalia a viabilidade e a rentabilidade da organização, é a pedra angular das interações com os investidores e gerencia a importante taxa de queima de capital (*burn rate*).

Em seu livro *DNA do Inovador: Dominando as Habilidades dos Inovadores de Ruptura*, o coautor, Clayton Christensen, aborda a questão do portfolio de habilidades de um modo um pouco diferente e identifica dois conjuntos distintos de habilidades:

- Habilidades de descoberta: a capacidade de gerar ideias – associar, questionar, observar, interagir e experimentar;
- Habilidades de execução: a capacidade de executar ideias para analisar, planejar, implementar, acompanhar e ser detalhista.

Essas são apenas duas das muitas maneiras de abordar a formação de um time de fundadores. Seja qual for a abordagem, os fundadores devem ser intrinsecamente motivados e ter iniciativa. Acima de tudo, em face às mudanças e ao rápido crescimento, eles devem ter completa confiança nas opiniões de cada um.

Considere o caso da PayPal. Peter Thiel disse a seus cofundadores (Elon Musk, Reid Hoffman, Lucas Nosek, Max Levchin e Chad Hurley) e aos colaboradores que todos deveriam trabalhar juntos como amigos em vez de trabalhar de modo mais formal como colaboradores. Pensando bem, talvez a amizade fosse o PTM da PayPal. Ela não apenas teve muito sucesso como uma empresa – que foi vendida à eBay por US$ 1,2 bilhão – mas as amizades que se formaram foram igualmente bem-sucedidas. A equipe original é agora conhecida como a "Máfia da PayPal", e seus membros têm ajudado uns aos outros em outras startups, incluindo Tesla, YouTube, SpaceX, LinkedIn, Yelp, Yammer e Palantir – empresas que hoje totalizam uma capitalização de mercado de mais de US$ 60 bilhões.

O ritmo de crescimento de uma ExO exige uma ênfase adicional em uma equipe principal totalmente sinérgica. Como diz Arianna Huffington: "Eu prefiro ter alguém muito menos brilhante e que seja honesto e trabalhe em equipe, do que alguém que é muito brilhante e tóxico para a organização".

Passo 4: ideia revolucionária

Nem precisamos dizer que o próximo passo é bem grande. É essencial alavancar a tecnologia ou a informação de maneira a *transformar* o status quo. E quando dizemos transformar, nós realmente queremos dizer isso. As ExOs não têm nada a ver com uma melhoria incremental em um mercado. Elas têm a ver com uma mudança radical. De acordo com Marc Andreessen, "A maioria dos empreendedores prefere fracassar de forma convencional a ter sucesso de forma não convencional".

Lembre-se, os três fatores-chave para o sucesso de uma ideia de ExO são:

- Em primeiro lugar, um desempenho mínimo de dez vezes em relação ao status quo;
- Em segundo lugar, alavancar a informação para cortar radicalmente o custo marginal de oferta (ou seja, o custo para expandir a oferta deve ser mínimo);
- Em terceiro lugar, a ideia deve passar no "teste da escova de dente" criado por Larry Page: Será que a ideia resolve um problema real do cliente ou é um caso de uso frequente? É algo tão útil que o usuário utilizaria várias vezes ao dia? Também é possível alavancar uma comunidade ou multidão para descobrir ideias inovadoras ou novos padrões de implementação. Elon Musk definiu um PTM para transformar o transporte com sua ideia de transporte de alta velocidade, o Hyperloop. Ao mesmo tempo, ele abriu a concepção e a implementação dessa ideia para quem quiser experimentá-la.

Pode parecer absurdo atrasar uma ideia revolucionária em várias etapas no processo. Afinal, reza a lenda que a maioria das startups começa com uma ideia explosiva que é então aplicada a um problema. Acreditamos, no entanto, que é melhor começar com uma paixão para resolver um determinado *problema*, em vez de começar com uma ideia ou uma tecnologia.

Há duas razões para isso. Em primeiro lugar, ao se concentrar no problema, você não fica amarrado a uma determinada ideia ou solução, e assim você não acaba tendo que adaptar a tecnologia a um problema que pode não ter um bom ajuste. O Vale do Silício está repleto de carcaças de empresas, com grandes tecnologias, em busca de um problema para resolver. Em segundo lugar, não há falta de ideias ou novas tecnologias. Afinal, *todo mundo* em um lugar como o Vale do Silício tem uma ideia para um novo negócio de tecnologia. Em vez disso, a chave do sucesso é uma execução implacável, daí a necessidade da paixão e do PTM. Para demonstrar isso, considere o número de vezes que os fundadores das seguintes empresas tentaram obter investidores antes de finalmente conseguirem:

Empresa	Número de tentativas com investidores
Skype	40
Cisco	76
Pandora	300
Google	350

E se Larry Page e Sergey Brin tivessem desistido após 340 tentativas? Hoje o mundo seria um lugar muito diferente. Outra questão intrigante: quais empresas e tecnologias mágicas não existem hoje porque os fundadores desistiram de convencer os investidores?

Já dissemos isso antes, mas é importante enfatizar que o sucesso do empreendimento raramente vem da ideia. Vem da atitude de jamais desistir e da execução implacável dos fundadores. Aqueles que *realmente* querem algo encontrarão opções. Aqueles que não estão tão certos disso encontrarão razões e desculpas. Foi o que aconteceu desde que Hewlett e Packard iniciaram seu negócio na famosa garagem em Palo Alto – e não se esqueça de que eles começaram com uma paixão e não com um produto. No final, só a paixão pura e desenfreada pode resolver um problema importante e superar os inúmeros obstáculos. Como diz o investidor Fred Wilson: "No início, as startups devem ser orientadas pela intuição e, à medida que crescem, orientadas por dados". O cofundador da PayPal, Peter Thiel, acrescenta a essa ideia uma questão profunda aos fundadores de startups: "Diga-me algo que você acredita ser verdade, mas tem dificuldade em convencer os outros". Por um lado, temos a convicção e a paixão e, por outro, as ideias revolucionárias radicais. Como Peter Diamandis gosta de dizer, "No dia anterior, um avanço revolucionário é apenas uma ideia maluca".

Para ilustrar esse ponto, em uma conversa recente com Elon Musk, Salim perguntou a ele sobre sua ideia do Hyperloop: "Elon, eu tenho uma formação em física e parece impossível acelerar um ser humano para mil quilômetros por hora e, em seguida, desacelerar para zero em tão pouco espaço de tempo. Você já pensou sobre isso?".

A resposta de Musk? "Sim, essa é uma boa questão".

Para um verdadeiro empreendedor, não existem impossibilidades, apenas barreiras a serem superadas. (E, no final, descobriram que há uma solução para esse problema físico – bem simples, na verdade – por meio da dinâmica de fluidos.)

Como mencionado anteriormente, o produto da DIY *Drones* de Chris Anderson, o ArduCopter, replica 98% da funcionalidade do Predator, um drone militar, com um milésimo do custo. Um drone por menos de US$ 1 mil. Isso também é algo transformador. O aparecimento súbito de drones nos cronogramas de planejamento de empresas tão diversas como a Amazon, QuiQui e UPS não é uma coincidência.

Esse pensamento radical também é inspirador. Na Singularity University, os alunos formam equipes em torno dos principais problemas, como saúde, educação, água potável e assim por diante. Eles são desafiados a criar um produto ou serviço que poderia impactar positivamente um bilhão de pessoas dentro de uma década (PTM). Uma equipe autointitulada de Matternet escolheu a pobreza como seu problema, depois de descobrir que 85% de todas as estradas da África costumam desaparecer durante a estação chuvosa.

Mas como aliviar a pobreza se você não consegue transportar facilmente pessoas ou itens? Essa pergunta levou a Matternet a se voltar para o "Transporte em Países em Desenvolvimento" como seu PTM. Quando Anderson descreveu sua ideia sobre a DIY *Drones* em uma palestra, a equipe teve uma epifania: da mesma forma que a África ignorou toda uma geração de telefonia de fio de cobre, passando diretamente para o wireless, por que não usar os drones para fazer a mesma coisa com o transporte e evitar totalmente construção de estradas?

A tendência mais interessante dos drones é que eles estão dobrando sua relação preço/desempenho a cada nove meses. Isso é duas vezes mais rápido que a Lei de Moore. Hoje, um drone pode levar uma encomenda de quatro quilos a uma distância de até 20 quilômetros. Em nove meses, a capacidade deverá dobrar para oito quilos em 20 quilômetros e, nove meses depois, as coisas vão ficar realmente interessantes quando atingir 16 quilos em 20 quilômetros. Ao alavancar essa capacidade de duplicação por meio da construção de drones para entregar alimentos e medicamentos em países em desenvolvimento, a Matternet está revolucionando o transporte tal como o conhecemos.

A Matternet, que completou uma série de testes no Haiti e agora está se lançando no Butão, é um grande exemplo de ExO, pois aproveita tecnologias de informação, tem um custo de oferta em queda exponencial e pode ou transformar o problema ou inspirar as startups que irão fazer isso. A recente declaração da Amazon de que pretende fazer entregas via drones adicionou uma legitimidade de blue chip a esse esforço.

Passo 5: criar um quadro de modelo de negócio

Uma vez que uma ideia central ou radical foi identificada, o próximo passo é a elaboração de como levá-la ao mercado. Nossa sugestão de ferramenta é o Quadro de Modelo de Negócio Canvas (BMC – Business Model Canvas), que foi criado por Alexander Osterwalder e popularizado pelo modelo da startup enxuta. Como mostramos abaixo, você inicia o processo com a diagramação dos vários componentes do modelo (propostas de valor, segmentos de clientes etc.). Um aviso: nessa fase, é importante que o BMC seja simples e com poucos detalhes. A experimentação o guiará ao melhor caminho e mostrará o próximo nível de fidelidade.

<table>
<tr><td rowspan="2">Principais parceiros</td><td>Principais atividades</td><td rowspan="2" colspan="2">Proposição de valor</td><td>Relacionamento com o cliente</td><td rowspan="2">Segmentos de cliente</td></tr>
<tr><td>Principais recursos</td><td>Canais</td></tr>
<tr><td colspan="3">Estrutura de custo</td><td colspan="3">Fontes de receita</td></tr>
</table>

Crédito: Alexander Osterwalder. Para mais informações sobre como criar propostas de valor eficazes, recomendamos a leitura do novo livro de Osterwalder, *Value Proposition Design: Como Construir Propostas de Valor Inovadoras* (HSM, 2014).

Passo 6: encontrar um modelo de negócio

Também é importante entender que, se seu objetivo é obter uma melhoria de dez vezes, há uma grande probabilidade de que sua empresa precise de um modelo de negócio completamente novo. Como Clayton Christensen ilustrou em seu livro *O Dilema do Inovador*, publicado em 1997, a disrupção é geralmente alcançada pela startup que oferece um produto mais barato usando tecnologias emergentes e satisfaz um nicho ou necessidade do cliente que ainda não foi explorado ou satisfeito. Christensen enfatizou que não é tanto uma questão de produtos disruptivos, mas de novos modelos de negócio que ameaçam as empresas estabelecidas.

Por exemplo, a Southwest Airlines tratou seus aviões como ônibus e criou um nicho inteiro para si. O Google criou o modelo de negócio do AdWords, que não existia antes do advento das páginas da web. Em um futuro próximo, as microtransações, possibilitadas pelas criptomoedas como o Bitcoin, criarão modelos de negócios financeiros inteiramente novos que nunca existiram antes.

Em seu livro de 2005, *Grátis: O Futuro dos Preços*, Chris Anderson reflete sobre o menor posicionamento de custo do disruptor, observando que praticamente todos os modelos de negócio – e certamente os que são baseados em informações – em breve serão oferecidos aos consumidores gratuitamente. O popular modelo *freemium* é apenas um desses casos: muitos sites oferecem um nível básico de serviço, sem custo, mas permitem que os usuários paguem uma taxa para obter mais espaço de armazenamento, estatísticas ou recursos adicionais. Modelos de negócio de assinatura, subsídios cruzados e publicidade são outras formas de estratificar as operações geradoras de lucro em cima do que é essencialmente informação básica gratuita.

Kevin Kelly desenvolveu ainda mais essa ideia em um artigo seminal intitulado "Better than Free", apresentado em seu blog, Technium, em 2008[1]. Nas redes digitais, *tudo* pode ser copiado, e por isso é "abundante". Então, como você pode adicionar ou extrair valor? O que é valioso para os clientes? Qual é a nova escassez? Quais são os novos geradores de valor? Kelly identificou oito maneiras de construir um modelo de negócio em que a informação subjacente é gratuita:

1. **Imediação**: a imediação é a razão pela qual as pessoas encomendam com antecedência no site da Amazon ou vão ao teatro na noite de estreia. Ser o primeiro a conhecer ou experimentar algo tem um valor intrínseco cultural, social e até mesmo comercial. Em suma: o tempo confere o privilégio.
2. **Personalização**: ter um produto ou serviço personalizado não só oferece um valor agregado em termos de qualidade de experiência e facilidade de uso ou funcionalidade, mas também cria uma "aderência", já que ambas as partes estão investidas no processo.
3. **Interpretação**: mesmo que o produto ou serviço seja gratuito, ainda existe um considerável valor agregado em qualquer serviço que pode ajudar a reduzir a curva de aprendizado para sua utilização – ou melhor utilização. Kelly costuma dizer: "Software: grátis; o manual: US$ 10 mil".
4. **Autenticidade**: o valor agregado vem da garantia de que o produto ou serviço é real e seguro – o que é, nas palavras de Kelly, "sem bugs, confiável e garantido".
5. **Acessibilidade**: a propriedade exige gerenciamento e manutenção. Em uma época em que possuímos centenas de aplicativos em várias

[1] <kk.org/thetechnium/2008/01/better-than-fre/>.

plataformas, qualquer serviço que nos ajuda a organizar e aumentar nossa capacidade de encontrar rapidamente o que precisamos tem um valor especial.

6. **Materialização**: a informação digital não possui um "corpo", até lhe darmos uma forma física – alta definição, 3D, uma tela de cinema, um smartphone. Nós pagamos mais, de bom grado, para ter um software gratuito entregue no formato físico preferido.
7. **Patronagem**: "Eu realmente acredito que o público QUER pagar aos criadores", escreveu Kelly. "Os fãs gostam de recompensar os artistas, músicos, autores e afins com um sinal de sua apreciação, pois isso permite que eles se conectem. Mas eles só pagarão se for muito fácil, o valor for razoável e tiverem certeza de que o dinheiro beneficiará diretamente os criadores." Ele acrescenta que outro benefício de um processo de pagamento simples é que ele capitaliza a impulsividade dos usuários. Exemplos incluem músicas do iTunes e do Spotify, bem como as assinaturas da Netflix. Os clientes preferem pagar cada um desses serviços, mesmo que o conteúdo possa ser adquirido por meio da pirataria.
8. **Encontrabilidade**: Um trabalho criativo não tem valor, a menos que seu público potencial possa encontrá-lo. Essa "encontrabilidade" só existe no nível agregador, já que os criadores individuais normalmente se perdem no meio do ruído. Assim, fazer parte de canais e plataformas digitais eficazes, como lojas de aplicativos, sites de mídia social ou mercados on-line, onde os potenciais usuários podem encontrá-lo, tem um valor considerável para os criadores (e, em última instância, para os usuários).

Acreditamos que a lista acima oferece um conjunto funcional de modelos de negócio para a era da informação. O gráfico abaixo mostra como as ExOs iniciantes estão alavancando um ou mais destes modelos:

	Autenticidade	Personalização	Interpretação	Materialização	Encontrabilidade	Acessibilidade	Patronagem	Imediação
Uber					P	P		
Airbnb					P	P		
Topcoder					P	P		
Github		P					P	P

	Autenticidade	Personalização	Interpretação	Materialização	Encontrabilidade	Acessibilidade	Patronagem	Imediação
Quirky	**P**			**P**			**P**	
Local Motors	**P**			**P**			**P**	
Xiaomi							**P**	**P**
Valve					**P**	**P**		
Zappos		**P**			**P**			
Amazon		**P**	**P**					
Google		**P**	**P**		**P**			
Waze		**P**			**P**			
Netflix		**P**				**P**		

Vamos voltar ao Quadro de Modelo de Negócio – e particularmente à parceria, que é uma das suas características.

Fred Wilson, da Union Square Ventures, salientou que muitas empresas estabelecidas em diferentes indústrias estão atualmente sofrendo uma disrupção – e não apenas por uma startup, mas por muitas startups diferentes, todas atacando um determinado serviço dentro de uma indústria. Ele vê uma grande disrupção nos modelos de negócio ocorrendo ou por meio de *unbundling* (desmembramento) ou de *rebundling* (recomposição).

Por exemplo, vamos examinar a indústria de serviços financeiros. Um banco clássico oferece muitos serviços, como infraestrutura de pagamento, fundos, carteiras móveis e sociais, soluções de *e-commerce* e *m-commerce*, empréstimos, investimentos, ações etc. É uma oferta consolidada ou agregada de diferentes serviços financeiros. Os bancos estão sofrendo agora uma disrupção por uma série de startups financeiras, incluindo Square, Clinkle, Stripe, Lending Club, Kickstarter, eToro e Estimize. Consideramos essa fragmentação de serviços financeiros individuais como uma forma de *unbundling*.

E se todas essas startups decidirem pela cooperação ou fusão dentro dos próximos cinco anos? E se elas concordarem em criar alianças por meio de APIs abertas? E se elas criarem uma parceria e uma recomposição dos serviços (*rebundling*)? Elas se tornariam um banco completamente novo com custos indiretos pelo menos dez vezes menores em relação aos seus antecessores, já que a nova entidade exigiria um número menor de imóveis e colaboradores.

Em suma, o Passo 6 trata da criação de novos modelos de negócio, que tendem cada vez mais para os modelos gratuitos e *freemium*. Esses novos modelos de negócio têm, potencialmente, oito novos agregadores de valor para gerar receitas, diferenciá-los da concorrência e permitir uma estratégia de longo prazo que se alinhe com as ExOs adjacentes em um determinado setor para causar uma disrupção total nas empresas estabelecidas, em vez de apenas um único bem ou serviço oferecido. É isso que chamamos de um poderoso cenário de disrupção dupla.

Passo 7: criar o MVP

O principal resultado do Quadro de Modelo de Negócio é o chamado *Minimum Viable Product* (produto viável mínimo) ou MVP. O MVP é um tipo de experimento aplicado para determinar o produto mais simples que possa permitir que a equipe vá ao mercado e conheça a reação dos usuários (bem como ajudar a encontrar investidores para a próxima rodada de desenvolvimento). Os ciclos de feedback podem então fazer a iteração do produto para otimizá-lo e conduzir o roteiro característico de seu desenvolvimento. Aprendizagem, teste de hipóteses e *pivoting* e iteração são fundamentais nessa etapa.

Observe a transformação: enquanto o Passo 1 trata do PTM, ou Propósito, a Etapa 7 trata da Experimentação. No entanto, essa não é toda a história na maioria das startups bem-sucedidas. Como Peter Thiel explica: "Nem todas as startups prosperam apenas por meio da experimentação e do propósito". O LinkedIn, o Palantir e o SpaceX foram bem-sucedidos basicamente devido a uma forte visão de futuro. Da mesma forma, a observação de Thiel é fundamentada pela pesquisa dos Unicórnios de Aileen Lee (que abordamos no início do capítulo).

Os primeiros sites do LinkedIn, Facebook, Twitter e Foursquare são exemplos de MVPs em ação. Seus primeiros sites eram desajeitados, deselegantes e de difícil navegação. No entanto, eles foram capazes de ratificar rapidamente as suposições centrais, compreenderam os principais requisitos dos usuários e implementaram rápidos ciclos de feedback para resolver os problemas.

Passo 8: validar o marketing e as vendas

Uma vez que o produto esteja sendo utilizado em seu(s) mercado(s) selecionado(s), um funil de aquisição de clientes deverá ser criado para ajudar a levar novos visitantes ao produto. Seu papel é qualificar os clientes potenciais e convertê-los em usuários e clientes pagantes.

Um bom ponto de partida para isso é o AARRR de Dave McClure, um acrônimo onomatopeico do modelo "Pirata" para métricas de startups. O modelo rastreia as seguintes camadas e métricas principais:

- **Aquisição**: Como os usuários podem localizá-lo? (*Métrica de crescimento.*)
- **Ativação**: Os usuários obtêm uma ótima experiência inicial? (*Métrica de valor.*)
- **Retenção**: Os usuários retornam? (*Métrica de valor.*)
- **Receita**: Como você ganha dinheiro? (*Métrica de valor.*)
- **Recomendação**: Os usuários recomendam aos outros? (*Métrica de crescimento.*)

O modelo AARRR não é fácil de esquecer, uma vez que você o utiliza (e McClure nem está usando um tapa-olho e acenando com uma espada de brinquedo).

Passo 9: implementar scale e ideas

Como já foi observado, tornar-se uma ExO não significa implementar todos os 11 atributos SCALE e IDEAS. Um grande PTM e três ou quatro atributos são suficientes para o sucesso. É claro que a chave é determinar quais os atributos relevantes. A seguir, apresentamos um guia para a implementação dos atributos ExO em uma startup:

- **PTM:** Formule um PTM para uma determinada concepção de problema, pelo qual todos os fundadores se sintam apaixonados.
- **Staff sob demanda:** Use prestadores de serviço e plataformas SoD sempre que possível; mantenha o mínimo de ETIs.
- **Comunidade e multidão:** Valide a ideia nas comunidades PTM.
    - Obtenha feedback do produto;
    - Encontre cofundadores, prestadores de serviço e especialistas;
    - Use crowdfunding e crowdsourcing para validar a demanda do mercado e como uma técnica de marketing.
- **Algoritmos:** Identifique os fluxos de dados que possam ser automatizados e ajude no desenvolvimento do produto. Implementar o aprendizado de máquina e o aprendizado profundo de código aberto e baseados em nuvem para aumentar a compreensão.
- **Ativos alavancados:** Não adquira ativos.
    - Use a computação em nuvem e a TechShop para desenvolvimento de produtos;

    - Use incubadoras como a Y Combinator e a TechStars para financiamento, aconselhamento, escritório e contribuição de pares. Use o Starbucks como escritório.
- **Engajamento:** Crie o design do produto com o engajamento em mente. Reúna todas as interações do usuário.
    - Gamifique sempre que possível;
    - Crie um sistema de reputação digital de usuários e fornecedores para conquistar a confiança e a comunidade;
    - Use prêmios de incentivo para engajar a multidão e chame a atenção.
- **Interfaces:** Crie processos personalizados para gerenciar SCALE; não automatize até que esteja pronto para produzir.
- **Dashboards:** Estabeleça OKRs e valor, descoberta fortuita, e dashboards de métricas de crescimento; não implemente métricas de valor até que o produto esteja finalizado (consulte o Passo 10).
- **Experimentação:** Estabeleça uma cultura de experimentação e iteração constante. Esteja disposto a falhar e experimentar, conforme necessário.
- **Autonomia:** Implemente uma versão "lite" da Holacracy. Comece com o General Company Circle como primeiro passo; depois passe para reuniões de governança.
    - Implemente o modelo técnico e organizacional da GitHub com transparência, permissão e abertura radical.
- **Tecnologias Sociais:** Implemente o gerenciamento de documentos compartilhados e baseados na nuvem.
    - Use colaboração e fluxos de atividade, tanto internamente quanto dentro de sua comunidade;
    - Elabore um plano para testar e implementar telepresença, mundos virtuais e sensoriamento emocional.

A tabela a seguir mostra nossa avaliação das principais ExOs e os atributos que elas mais alavancam, mostrando uma boa distribuição e o uso de ambos os elementos: SCALE e IDEAS.

Passo 10: definir a cultura

Talvez o passo mais crítico na criação de uma ExO envolva o estabelecimento de sua cultura. Considere novamente a PayPal e sua cultura de estreita amizade no lugar de relações de trabalho formais. A cultura – junto com o PTM e as Technologies Sociais – é a cola que mantém uma equipe unida durante os saltos quânticos de crescimento de uma ExO.

Nem é preciso dizer que, já que o próprio termo cultura tem se mostrado difícil de definir, esse é um passo particularmente desafiador.

	PTM	S	C	A	L	E	I	D	E	A	S
Github	P		P			P				P	P
Airbnb	P		P		P	P	P				
Quirky	P	P	P		P				P		
Uber	P		P		P	P	P				
Topcoder	P	P		P			P				
Waze	P		P			P	P				
Local Motors	P	P	P		P		P				
Supercell	P							P	P	P	P
Google Ventures	P			P			P	P	P		
Valve	P							P		P	P
BlaBlaCar	P		P		P	P	P				

De acordo com o célebre hoteleiro Chip Conley, "Cultura é o que acontece quando o chefe sai". Acreditamos que isso praticamente resume tudo, e só gostaríamos de acrescentar que a cultura é o maior ativo intangível de uma empresa. (Como muitos já observaram, inclusive Joi Ito, diretor do MIT Media Lab, "A cultura come a estratégia no café da manhã".) Desde o "HP Way" e o "Think" da IBM até as salas de jogos do Google e o warehouse do Twitter, é difícil exagerar o valor agregado da cultura. Muito poucas pessoas argumentariam que grande parte do sucesso da Zappos (e sua valorização de bilhões de dólares) não se deve à cultura da empresa.

Para estabelecer uma cultura corporativa devemos, inicialmente, aprender a monitorar, gerenciar e recompensar o desempenho de forma eficaz. E isso começa com a concepção do sistema OKR, descrito no Capítulo 4, e depois continua com o processo de adaptação da equipe à transparência, à responsabilidade, à execução e ao alto desempenho.

Passo 11: fazer as perguntas-chave periodicamente

Há oito questões-chave sobre as quais refletir – não só uma vez, mas repetidamente – à medida que você constrói sua startup. Responda cada uma das questões para receber nota de aprovação em relação a este capítulo:

1. Quem é seu cliente?
2. Que problema do cliente você está resolvendo?

3. Qual é sua solução, e isso melhora o status quo em pelo menos dez vezes?
4. Como você vai promover o produto ou serviço?
5. Como você está vendendo o produto ou serviço?
6. Como transformar os clientes em defensores, utilizando efeitos virais e Net Promoter Scores para reduzir o custo marginal de demanda?
7. Como você vai expandir o segmento de clientes?
8. Como você vai reduzir o custo marginal de oferta para zero?

Como foi mencionado anteriormente, a última questão é a mais crítica para uma ExO. Para ser realmente disruptivo ao status quo e alcançar a escalabilidade de dez vezes, que é a marca registrada das ExOs, uma combinação de SCALE e IDEAS deve reduzir o custo de oferta de forma exponencial.

Uma palavra final sobre o *timing*: para qualquer startup ser bem-sucedida, ela deve combinar as habilidades necessárias, o trabalho duro e um ótimo *timing* de mercado (especialmente quando se trata de tecnologia).

Como Ray Kurzweil diz: "*Uma invenção precisa fazer sentido no mundo em que ela for concluída, e não no mundo em que ela foi iniciada*". Essa é uma questão profunda e que muitas vezes passa despercebida pelos fundadores. Trata-se de compreender a trajetória evolutiva da tecnologia. Ou seja, quais funcionalidades e capacidades se tornarão viáveis em dois ou três anos, de acordo com a Lei de Moore? Quando você desenvolve um produto, tendo em mente um futuro próximo, e não o presente, suas chances de sucesso aumentam muito mais.

O futurista Paul Saffo disse que as invenções (tecnológicas) mais transformadoras fracassam nos primeiros lançamentos e, geralmente, levam 15 anos para ser plenamente concretizadas. Por quê? Por vários motivos: cedo demais, momento inoportuno, modelos de negócio não comprovados, questões de integração – tudo isso resulta em uma experiência do cliente medíocre em um mercado ainda mais medíocre. Michiel Muller acrescenta: "É preciso uma melhoria de nove vezes para que as pessoas troquem os produtos tradicionais pelos novos produtos de startups". Há um certo valor limite, e é por isso que nós estabelecemos um requisito mínimo de dez vezes para as Organizações Exponenciais iniciantes.

Passo 12: construir e manter uma plataforma

O grande especialista em plataformas Sangeet Paul Choudary identificou os quatro passos necessários para construir uma plataforma de sucesso (em oposição a um produto de sucesso):

1. Identificar um *problema* ou caso de uso para o consumidor;
2. Identificar uma *unidade básica de valor* ou o objeto social em qualquer interação entre produtor e consumidor. Isso pode ser qualquer coisa: fotografias, piadas, conselhos, análises, informação sobre dividir quartos, ferramentas e transporte de passageiros são exemplos de coisas que levaram a plataformas de sucesso. Lembre-se de que muitas pessoas serão tanto produtores como consumidores, e utilize isso como uma vantagem;
3. Criar uma maneira de *facilitar* essa interação. Depois disso, ver se é possível construir um pequeno protótipo do qual você mesmo pode cuidar. Se ele funcionar nesse nível, vale a pena levá-lo para o próximo nível e produzir;
4. Determinar uma maneira de construir uma *rede* em torno de sua interação. Encontre uma maneira de transformar o usuário de sua plataforma em um embaixador. Antes que você perceba, você já estará decolando.

Para implementar as plataformas, as ExOs devem seguir quatro passos em termos de dados e APIs:

- **Coletar:** O processo algorítmico começa com o aproveitamento de dados, que são coletados por meio de sensores, pessoas ou importados de conjuntos de dados públicos;
- **Organizar:** O próximo passo é organizar os dados. Isto é conhecido como ETL (sigla em inglês de extração, transformação e carga);
- **Aplicar:** Uma vez que os dados estão acessíveis, os algoritmos como o aprendizado de máquina ou o aprendizado profundo extraem ideias, identificam tendências e ajustam novos algoritmos. Isso é realizado por meio de ferramentas como o Hadoop e Pivotal, ou mesmo algoritmos de aprendizado profundo (de código aberto), como o DeepMind ou Skymind;
- **Expor:** O último passo é expor os dados sob a forma de uma plataforma aberta. Os dados abertos e APIs podem ser usados de tal forma que a comunidade de uma ExO desenvolva serviços valiosos, novas funcionalidades e inovações sobrepostas na plataforma, por meio da combinação dos dados publicados com seus próprios dados. Exemplos de empresas que expuseram com sucesso seus dados dessa maneira são Ford Company, Uber, IBM Watson, Twitter e Facebook.

É importante enfatizar que o mundo que está surgindo é muito diferente do mundo que conhecemos. O poder está se tornando mais fácil de obter, porém, mais difícil de manter. Graças aos grandes efeitos de redes virais e sociais que permitem a rápida expansão das startups, agora está mais fácil do que nunca criar novas empresas e causar a disrupção em setores produtivos. Mas quando se tratam de redes sociais, o inverso também é verdadeiro. O Facebook, por exemplo, é uma empresa estabelecida e seus efeitos de rede e captura fazem com que ela seja difícil de superar – ressaltando a grande vantagem da plataforma sobre o produto ou serviço.

Em seu livro, *How to Keep Your Strategy Moving as Fast as Your Business*, Rita Gunther McGrath mostra que só podemos obter o que ela chama de Vantagens Competitivas Transitórias por meio de plataformas e propósito, comunidade e cultura.

Decolagem

Quando tudo se encaixa – quando um grande PTM é concebido e os atributos corretos são implementados – os resultados podem ser impressionantes. A francesa BlaBlaCar é um bom exemplo.

Fundada em 2004 por Frédéric Mazzella, Nicolas Brusson e Francis Nappez, a BlaBlaCar (anteriormente conhecida como covoiturage.fr) é um mercado peer-to-peer que faz a ponte entre motoristas com assentos vazios e passageiros que procuram transporte. O serviço está ativo em 12 países e possui mais de oito milhões de membros. Um milhão de pessoas atualmente usa o serviço todo mês (número que deve aumentar) – mais do que o total de passageiros que utiliza a Eurostar, empresa ferroviária líder na Europa, que transporta 833 mil clientes por mês. A BlaBlaCar usa o mesmo modelo de negócio que a Airbnb – os motoristas são pagos por corrida – e a BlaBlaCar recebe 10%. Enquanto a Uber atualmente enfrenta muitas questões legais, como o seguro de responsabilidade civil e comercial, a BlaBlaCar não tem os mesmos problemas, já que o modelo que ela segue é comparável a pedir aos amigos para pagar o combustível quando pegam uma carona. Essencialmente, a BlaBlaCar oferece caronas para distâncias mais longas – intermunicipais, por exemplo. É um grande negócio, uma vez que é muito mais barato compartilhar uma viagem do que pegar um trem ou avião. Uma viagem de 300 quilômetros, por exemplo, custa apenas US$ 25. Em sua plataforma, a BlaBlaCar – que ganhou o segundo lugar na categoria Melhor Startup Internacional no Crunchies Awards de 2013, e foi superada apenas pela Waze – utiliza algoritmos para fazer a ponte entre motoristas e caronistas (Algoritmos). (É claro que 2013 foi um ano de tráfego ruim).

A BlaBlaCar alcançou o sucesso com a criação de toda uma nova rede de transportes (o PTM é People-Powered Transport, algo como "transporte movido a pessoas") composta de uma comunidade confiável de condutores e passageiros. O resultado é um modo de transporte mais social e eficiente, permitindo que os motoristas economizem cerca de US$ 345 milhões por ano. O negócio também impede a liberação de 700 mil toneladas de dióxido de carbono na atmosfera por ano, oferecendo um claro benefício social e ecológico.

Assim como Tony Hsieh da Zappos, Mazzella quer que a BlaBlaCar seja considerada uma das melhores empresas para se trabalhar. Para manter o moral elevado, ele criou o programa BlaBlaSwap, que oferece a todos os colaboradores (a empresa tem atualmente uma equipe de 115 pessoas) a oportunidade de trabalhar em qualquer um dos escritórios internacionais da empresa durante uma semana por ano. Além disso, a empresa reúne todos os colaboradores para sessões semanais chamadas de "BlaBlaTalk" – os colaboradores no exterior participam por videoconferência –, que oferecem às pessoas a oportunidade de compartilhar suas realizações nas últimas seis semanas e seus planos para as próximas seis semanas (Tecnologias Sociais).

A empresa também utiliza uma abordagem enxuta em termos de desenvolvimento de softwares, permitindo que pequenos grupos desenvolvam o software por meio da iteração. Também é importante notar que a BlaBlaCar "morreu" (trocadilho intencional) várias vezes em sua jornada ao longo dos últimos dez anos, passando de B2B para C2C e pivotando em três diferentes modelos de negócios (Experimentação e Autonomia).

Para engajar a comunidade, a BlaBlaCar conta com um sistema próprio de reputação digital chamado de D.R.E.A.M.S. (*Declared, Rated, Engaged, Activity-Based, Moderated and Social*) (Engagement), que é descrito abaixo:

- ***Declared* (declarado):** perfil on-line confiável, proporcionando mais informações sobre os usuários;
- ***Ratings* (avaliação):** serviços colaborativos solicitam aos usuários que avaliem uns aos outros depois de terem se conhecido "na vida real", permitindo que as pessoas formem uma boa reputação on-line;
- ***Engagement* (engajamento):** para os membros se sentirem completamente confortáveis para realizar transações entre si, eles devem acreditar que as outras partes honrarão os compromissos financeiros;
- ***Activity-based* (baseado em atividades):** oferecer informações contextualmente relevantes e em tempo real, tanto ao comprador quanto ao fornecedor, assegurando que a operação continue sem problemas, desde o interesse inicial até o pagamento;

- ***Moderation* (moderação):** todas as informações de pagamento transferidas por usuários de um serviço de compartilhamento devem ser verificadas por uma entidade externa.
- ***Social* (social):** permitir que os usuários conectem sua identidade on-line sua identidade real, seja socialmente, via Facebook, ou profissionalmente, via LinkedIn.

E, finalmente, para aumentar seu alcance em toda a Europa, a BlaBlaCar adquire concorrentes locais antes que cresçam demais. Claramente, a empresa está fazendo tudo certo; em julho de 2014, levantou um valor espantoso de US$ 100 milhões em fundos de ações.

Lições para as empresas ExOs (EExOs)

Muito do que nós abordamos neste capítulo aplica-se a startups puras, bem como às startups que se desenvolvem de empresas já existentes. No entanto, há algumas considerações especiais para as Empresas ExOs (EExOs). De acordo com Salim, o maior perigo ao criar uma Empresa ExO é o ataque do "sistema imunológico" da empresa-mãe.

- Busque apenas os novos mercados (para evitar a resposta do sistema imunológico). Se você quiser transformar uma fonte de dinheiro existente ou ultrapassar uma unidade de negócios atual, você precisa de uma unidade independente, com uma pequena equipe isolada e totalmente autônoma;
- Estabeleça um apoio direto – e um vínculo formal direto – do CEO. Não se contente com qualquer outra linha de comunicação abaixo do CEO. Isso se aplica ainda mais ao CFO;
- Expanda ao invés de retrair. Se você se der bem, expanda e crie uma nova empresa; não tente forçar o negócio emergente de volta à nave-mãe. A nova empresa não vai se encaixar perfeitamente em lugar algum, além de resultar em disputas internas de poder, especialmente se você estiver canibalizando uma fonte de receita existente. A única exceção que descobrimos é quando as EExOs individuais fazem parte de uma plataforma maior, como os produtos da Apple, que começam na borda e são trazidas para o centro;
- Convide os agentes de mudança mais disruptivos da sua organização existente para trabalhar em sua EExO. O especialista em gestão Gary Hamel disse que os jovens, os dissidentes e aqueles que trabalham nas periferias geográficas e mentais de sua organização são os

pensadores mais interessantes, livres e abertos. Procure os rebeldes. A boa notícia é que não será difícil encontrar;

- Construa sua ExO de forma completamente independente dos sistemas e das políticas existentes. Isso inclui uma separação física real. Procure não utilizar instalações ou infraestruturas existentes, a menos que ofereçam uma enorme vantagem estratégica. Assim como uma nova startup, é fundamental que uma nova ExO opere em novas instalações, contando com a discrição e a confidencialidade.

Como Steve Jobs disse: "Gerenciamos a Apple como uma startup. Nós sempre permitimos que as ideias vençam as discussões e não as hierarquias. Caso contrário, os melhores colaboradores vão sair. A colaboração, a disciplina e a confiança são fundamentais".

Para os interessados em uma abordagem mais completa para iniciar uma ExO, o segundo livro de Peter Diamandis e Steven Kotler, *BOLD* (Simon & Schuster, fevereiro de 2015), foi escrito para o empreendedor interessado em criar, a partir de uma ideia, uma empresa de bilhões de dólares em tempo recorde.

CAPÍTULO 7

ExOs e empresas de médio porte

No capítulo anterior, discutimos como iniciar uma Organização Exponencial. Porém, o modelo ExO não é exclusivo do empreendedorismo e das startups. Na verdade, é possível acelerar uma empresa de médio porte tradicional para um crescimento exponencial.

Neste capítulo, vamos examinar as empresas de médio porte e mostrar como elas podem tirar proveito da filosofia ExO. Ao contrário das startups (em que você pode construir todas as operações internas a partir do zero em torno do crescimento exponencial), a solução para as empresas estabelecidas é inevitavelmente personalizada: você deve começar com o que já existe e construir a partir daí. Em outras palavras, não há um modelo universal para "virar exponencial".

Por esse motivo, vamos examinar os estudos de caso de cinco empresas muito diferentes que se tornaram Organizações Exponenciais, ilustrando como transformar uma organização estabelecida, cujo crescimento atingiu um patamar em um ambiente de negócios estável, em uma ExO e alcançar o aumento de desempenho de dez vezes prometido pelo modelo.

Exemplo 1: TED

Em 1984, Richard Saul Wurman criou a Conferência TED (Technology, Entertainment, Design). Ao organizar as palestras com extremo cuidado e criar o famoso formato de 18 minutos, o TED prosperou e se tornou uma peregrinação anual para muitas das pessoas mais influentes do mundo. Passados 18 anos da sua criação, o TED atingiu a meia-idade. Era rentável e respeitado, hospedava cerca de mil pessoas todo ano em Monterey, Califórnia, mas havia estabilizado em termos de crescimento anual (embora deliberadamente). Em suma, o TED havia atingido um equilíbrio confortável.

Então, em 2001, Chris Anderson, que criou o Business 2.0 e o IGN, por meio de sua entidade, a Imagine Media Group, adquiriu o TED. Anderson previa elevar o TED a um nível mais alto, ampliando suas operações para uma escala global e sua base de participantes de especialistas influentes para massas instruídas.

Para isso, ele fez duas alterações radicais. Em primeiro lugar, ele disponibilizou as palestras do TED, tanto as novas quanto as antigas, gratuitamente pela internet. Depois, conforme observado no Capítulo 5, trabalhando com Lara Stein, ele criou um conjunto de ferramentas para que qualquer membro do TED pudesse criar um evento TEDx em sua própria localidade. Os resultados foram surpreendentes. Hoje, mais de 36 mil palestras TED e TEDx estão disponíveis na web e já foram vistas quase duas bilhões de vezes. Durante sua trajetória, o TED passou de um encontro anual de amadores a um dos fóruns de troca de ideias mais populares e influentes do mundo.

Vamos examinar esse programa por uma perspectiva ExO. Desde o início, conforme elucidado por Wurman, o TED tinha um PTM atraente e escalável: "Ideas Worth Spreading" (ideias que merecem ser espalhadas). Quando Anderson transformou o TED em um conteúdo on-line gratuito, ele criou o engajamento e rapidamente formou a massa crítica necessária para transformar a Multidão em Comunidade. As TED Talks também alavancaram a natureza exponencial dos serviços em nuvem (Ativos Alavancados). Ao mesmo tempo, o formato da franquia TEDx, apoiado pelo conjunto de ferramentas, criou um conjunto escalável de processos otimizados que permitiram que essa Comunidade recém-formada construísse uma organização fora dos limites tradicionais e formais de suas linhas hierárquicas. Ao mesmo tempo, o TED tinha agora a liberdade de crescer muito mais rápido do que Anderson e sua equipe jamais poderiam ter conseguido se seu crescimento dependesse unicamente da sua gestão.

Isso mostra que é possível transformar uma organização tradicional de médio porte em uma ExO por meio da aplicação cuidadosa dos atributos ExO.

Para o TED, os resultados foram fenomenais. Em apenas poucos anos, Anderson transformou um programa local em uma marca global de mídia. Apesar do seu rápido crescimento, no entanto, o TED nunca comprometeu a excelência do conteúdo ou a qualidade da experiência dos participantes que justamente o tornaram tão notável.

Vejamos como os atributos ExO foram implementados:

- **PTM:** "Ideas Worth Spreading";
- **Comunidade e multidão:** Alavancar a comunidade TED para os eventos TEDx. As palestras TED transformaram milhões de membros casuais em comunidade;
- **Algoritmos:** Usados para determinar quais palestras TED seriam promovidas no site principal;
- **Interfaces:** Regras fixas para criar um evento TEDx;
- **Dashboards:** Estatísticas ao vivo dos eventos TEDx no mundo;
- **Experimentação:** Diferentes formatos testados e avaliados (por exemplo, dentro de empresas).

Exemplo 2: Github

Desde que Linus Torvalds criou o Linux em 1991 e estabeleceu pela primeira vez o paradigma "open source", uma vasta comunidade global passou a criar novos softwares para milhões de aplicações. Uma dessas iniciativas, o website SourceForge (www.sourceforge.net), tem mais de 430 mil projetos de código aberto, alguns dos quais alcançaram um sucesso incrível.

Além do próprio Linux, talvez o projeto de código aberto mais conhecido seja o Apache Web Server, um software gratuito criado em 1996 por uma equipe liderada pelo guru do código aberto, Brian Behlendorf, que concorreu com – e, posteriormente, humilhou – a poderosa Microsoft. Hoje, o Apache roda a maioria dos websites em todo o mundo, um fato ainda pouco conhecido. Em uma pesquisa esclarecedora conduzida em 1998, a IBM perguntou aos CIOs de 100 blue chips se eles usavam software de código aberto em suas empresas, e 95% responderam que não. No entanto, quando os entrevistadores fizeram a mesma pergunta aos administradores de sistemas dessas empresas, 95% responderam que sim. Um resultado que levou a IBM a fazer uma grande mudança estratégica em direção ao código aberto. Celebrado ou não, ou sequer reconhecido, o software de código aberto atualmente roda a internet (e, portanto, o mundo).

Depois do extraordinário sucesso inicial, o movimento de código aberto se acomodou em um ambiente estável e estratificado durante a última década e sua comunidade produziu muito pouco em termos de inovação. Tudo mudou em 2008, no entanto, quando Chris Wanstrath, PJ

Hyett e Tom Preston-Werner (todos egressos do programa de incubadora de empreendedores, Y Combinator, de Paul Graham) fundaram uma empresa chamada GitHub.

O GitHub, uma plataforma e ferramenta de colaboração e gerenciamento de código-fonte, transformou totalmente o ambiente de código aberto. É uma rede social para programadores em que as pessoas e suas colaborações, e não apenas o código em si, são fundamentais. Quando um desenvolvedor submete um código a um projeto GitHub, o código é revisado e comentado por outros desenvolvedores, que também avaliam o desenvolvedor. O ambiente de programação do GitHub tem um sistema de mensagens instantâneas embutido, juntamente com um sistema distribuído de controle de versão (em vez de um repositório central de código). Na prática, isso significa que não é necessário um servidor; você tem tudo de que precisa no local e já pode começar a programar sem ter de pedir permissão. E isso pode ser feito em qualquer lugar, até mesmo off-line.

O GitHub conseguiu transformar a comunidade de código aberto por meio da implementação de praticamente todos os princípios ExO. Os itens a seguir mostram como a empresa implementou o PTM, bem como SCALE e IDEAS:

- **PTM:** "Social Coding" (programação social);
- **Staff sob demanda:** O GitHub alavanca toda a comunidade de código aberto para o trabalho interno;
- **Comunidade e multidão:** Graças às aulas de programação e a um ambiente colaborativo, os novos desenvolvedores (Multidão) rapidamente se transformam em usuários (Comunidade). Além disso, o GitHub criou um novo escritório para que todas as partes interessadas pudessem contribuir ou aprender. Há um espaço para eventos abertos disponível às comunidades off-line para que possam se reunir e organizar programas. O GitHub explicitamente não usa a tática de "captura"; procura respeitar seus usuários e ser a melhor plataforma do mercado;
- **Algoritmos:** No sistema do GitHub, o feedback é codificado em algoritmos que são utilizados para aprimorar o controle de versão e fluxo de trabalho;
- **Ativos alavancados:** O GitHub não possui projetos hospedados em sua plataforma, já que ela roda na nuvem. A empresa faz uso de alguns softwares de vários projetos para aprimorar sua própria plataforma – e, dessa forma, recruta usuários para melhorar seu ambiente de trabalho.

- **Engajamento:** A dinâmica dos jogos é amplamente utilizada, com tabelas de classificação em um sistema de reputação. Isso mantém os usuários engajados, sem forçar sua participação. Feedbacks sobre um novo código são realizados quase em tempo real;
- **Interfaces:** A empresa personalizou uma série de funções para apoiar seus desenvolvedores, incluindo mensagens instantâneas, sistemas de avaliação e de reputação, e aulas de programação. Tudo isso está embutido na plataforma. O ponto forte do produto é seu mecanismo de controle e gerenciamento de fluxo de trabalho altamente automatizados, que integram os resultados de diferentes atributos organizacionais externos (tais como concursos de incentivo de software e programas de gamificação), bem como da multidão e da comunidade;
- **Dashboards:** O GitHub monitora métricas de valor da plataforma. Essa informação está disponível internamente por meio de um painel de controle sofisticado e intuitivo;
- **Experimentação:** Devido à sua cultura descentralizada, ágil, transparente e auto-organizável, existe uma interação contínua e aberta de novas ideias em todos os departamentos da organização. Para evitar o caos, o GitHub desenvolveu plataformas internas abertas e fáceis de usar e uma comunicação eficaz. Devido à liberdade para participar de qualquer projeto, os colaboradores precisam de acesso rápido a materiais de treinamento e documentação em qualquer parte da organização; caso contrário, a mudança de projetos cria muito atrito e os recém-chegados têm dificuldades para se orientar. Dessa forma, os novos membros da equipe são capazes de ser produtivos desde o início de um projeto;
- **Autonomia:** Autoridade e tomada de decisão são completamente descentralizadas. As equipes se auto-organizam, e os membros de um determinado projeto tomam decisões-chave sobre as iniciativas de sua equipe. Assim, todos na empresa são incentivados a contribuir e atuar como conselheiros nas decisões que estão sendo tomadas em outras partes da organização. Como resultado, o processo de recrutamento é concentrado principalmente em pessoas com iniciativa, paixão, propósito e potencial. Dentro da empresa, isso é chamado de "alocação aberta", que basicamente se traduz em: sempre trabalhar em projetos que são pessoalmente motivadores ou gratificantes.
- **Tecnologias sociais:** Com todos os colaboradores em todos os departamentos utilizando o GitHub internamente, as teorias sociais e tecnologias estão profundamente enraizadas na plataforma e na cultura do GitHub. Com efeito, pode-se dizer que todos os aspectos do produto possuem uma característica social. Assim, o escritório da empresa é a

sala de *chat*; o e-mail é usado apenas para o envio de lembretes e alertas sobre as mudanças na plataforma. Essa "cultura de conversação" aumenta o moral e a produtividade da equipe. A alta administração também tem um motivo para reforçar essa cultura: a comunicação clara é uma prioridade nesse modelo organizacional interligado e experimental. Os membros da equipe contam com conversas pessoais, telefonemas ou pontos de encontro para discussões estratégicas e usam o GitHub, chat ou e-mail para um trabalho mais operacional.

Como o GitHub criou essa cultura corporativa revolucionária e exponencial?

Em seis anos, a empresa reuniu uma comunidade de mais de seis milhões de desenvolvedores trabalhando em colaboração com mais de 15 milhões de projetos de software de código aberto. Ainda mais importante é que hoje, no Vale do Silício, as perspectivas de contratação e até mesmo os salários dos desenvolvedores de software são em grande parte determinados por suas classificações individuais no GitHub. E devido ao poder e influência desse sistema de classificação, os desenvolvedores estão constantemente adicionando códigos a projetos do GitHub para melhorar suas avaliações pessoais. Esse benefício secundário agrega ainda mais valor para a comunidade e para a empresa.

Em suma, o GitHub não é apenas um grande exemplo de uma Organização Exponencial, mas seu produto também é uma referência poderosa para o modelo organizacional ExO: colaborativo, aberto, transparente, voltado para a comunidade e repleto de pessoas bem-preparadas e dispostas a participar de projetos. Ele também oferece melhorias de dez vezes em todas as funções, empregos e departamentos. Resumindo: o GitHub é uma organização emergente movida pela paixão e pelo propósito.

E embora o GitHub seja atualmente otimizado para desenvolvedores, plataformas semelhantes eventualmente deverão surgir para advogados, médicos, publicitários e outros profissionais. A plataforma já foi estendida com sucesso para o desenvolvimento de softwares corporativos em um modelo de negócio pago, e logo será utilizada por governos, organizações sem fins lucrativos e instituições educacionais. O GitHub cobra dos usuários uma assinatura mensal que varia de US$ 7 a US$ 200 para armazenar código-fonte de programação.

A Andreesen Horowitz, uma das principais empresas de capital de risco do mundo, recentemente investiu US$ 100 milhões no GitHub. Foi a maior rodada de investimento da empresa até o momento. Para entender sua lógica, considere a utilização do GitHub pelos governos ao redor do mundo (e, por favor, repare na curva exponencial).

Repositórios governamentais no Github

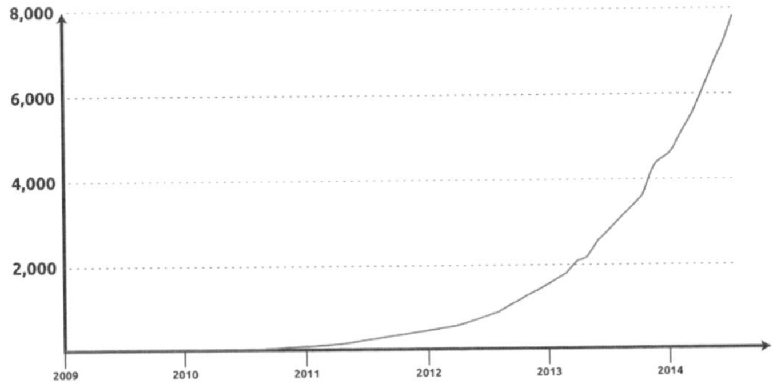

Crédito: GitHub

Exemplo 3: Coyote Logistics

Nós não queremos dar a impressão de que os princípios ExO só funcionam em empresas de internet ou empresas de jogos. O exemplo da Coyote Logistics mostra que esses princípios também podem ser aplicados às indústrias mais tradicionais que estão fora dos setores de redes sociais e lugares como o Vale do Silício – nesse caso, o mundo mais concreto do transporte e da logística.

Jeff Silver, ex-executivo da American Backhaulers, fundou a Coyote Logistics, juntamente com Marianne Prata, em 2006. A empresa entrou no ramo do transporte e distribuição de bens e, ao alavancar características ExO, conseguiu revolucionar uma indústria tradicional e bem-estabelecida. Atualmente com 1.300 colaboradores e atendendo seis mil clientes, incluindo grandes empresas globais como a Heineken, a Coyote utiliza uma rede de 40 mil motoristas contratados em todo o país.

A Coyote aplicou com sucesso os princípios da ExO da seguinte forma:

- **PTM:** "Oferecer a Melhor Experiência de Logística de Todos os Tempos";
- **Staff sob demanda/ativos alavancados:** Os 40 mil motoristas, que operam sob contrato, proporcionam à Coyote um alcance extraordinário, sem o fardo de ter de gerenciar uma enorme equipe;
- **Comunidade e multidão:** A Coyote transformou seus 40 mil motoristas contratados em uma comunidade que interage com a equipe principal via mídias sociais e aplicativos móveis;
- **Algoritmos:** A principal inovação da Coyote em termos de ExO é o uso de algoritmos complexos de propriedade exclusiva para eliminar

o problema de caminhões vazios – conhecidos como *deadheads* – que são uma das maiores dores de cabeça do setor de logística. Com mais de 40 mil caminhões em trânsito em qualquer momento nos EUA, é essencial que a Coyote conecte os caminhões vazios com as cargas; e seus algoritmos proporcionam à empresa uma vantagem competitiva sobre outras transportadoras. As estimativas sugerem que, só em 2012, a Coyote Logistics eliminou quase 9 milhões de quilômetros percorridos sem carga, impediu o lançamento indesejável de nove mil toneladas de CO_2 e contribuiu para o retorno de US$ 9 milhões aos seus clientes;

- **Interfaces:** A Coyote criou inúmeros processos personalizados para administrar seus fornecedores, clientes e a frota. Conforme mostrado acima, esses algoritmos fornecem informações exclusivas sobre a correspondência entre caminhões e as cargas – o "tempero secreto" da Coyote. Em termos de recrutamento, a empresa prefere contratar jovens recém-formados que demonstrem paixão, atitude e personalidade, e que sejam completamente novos no setor de logística. De acordo com a Coyote, isso resulta em uma força de trabalho livre dos velhos padrões e preconceitos da indústria e aberta a novas ideias e métodos. Para agilizar esse processo, a Coyote está adotando uma solução de gerenciamento de seleção orientada por dados, criada pela Hireology e, em 2012, contratou 400 de dez mil candidatos utilizando a plataforma da Hireology. Os novos colaboradores recebem um treinamento extensivo e são informados sobre as possibilidades de aprendizagem. Em suma, eles são a vanguarda do futuro da empresa;
- **Dashboards:** Os dados de todos os caminhões, bem como de um aplicativo móvel de uso exclusivo da empresa, são monitorados em tempo real e estão disponíveis tanto à gerência quanto aos próprios motoristas para ajudar as partes interessadas a cumprir a missão da empresa e atingir as metas de desempenho;
- **Tecnologias sociais:** Internamente, a empresa faz pleno uso da mídia social. Os colaboradores são encorajados a se comunicar por meio de mídias sociais, como o Facebook, Twitter, YouTube e LinkedIn, e apoiar a comunidade e as organizações de caridade por meio dessas ferramentas. Externamente, a Coyote criou seu próprio aplicativo móvel, o CoyoteGO, que simplifica todas as interações entre os motoristas, expedidores e colaboradores, permitindo que a Coyote esteja em contato o tempo todo com sua frota, não importa onde os caminhões estejam localizados.

Em 2012, a Coyote Logistics obteve US$ 786 milhões em receitas e, em 2010, foi nomeada a empresa de logística de mais rápido crescimento pela Inc. 500. Ela também foi classificada como a nº 1 e a nº 4 pela Crain's Fast Fifty, e atualmente ocupa a 26ª posição na lista das empresas mais promissoras da Forbes América.

O PTM que a Coyote adotou garante que continuará a ser altamente orientada ao cliente. E ela continua alavancando as tecnologias emergentes para garantir que a experiência do cliente seja a mais simples e eficiente possível.

A maioria dos colaboradores trabalha em um espaço único de 9 mil metros quadrados, que nada parece com a sede de uma transportadora tradicional. O clima é de uma nova startup de tecnologia – ágil, criativa e transbordando energia. A única diferença é que a Coyote não está no negócio de fornecimento de jogos on-line; em vez disso, fornece bens físicos reais, via caminhão, para lojas e escritórios em todo o país. A atitude da Coyote é refletida nas quatro características da marca que a empresa promove com confiança: genuína, tenaz, tribal e inteligente. É essa atitude – arrogante, comunal e competente – que ajuda a explicar por que a Coyote Logistics conquistou uma posição na lista do Chicago Tribune entre as melhores empresas para se trabalhar por quatro anos consecutivos.

Exemplo 4: Studio Roosegaarde

Fundado por Daan Roosegaarde, que se autodenomina um "hippie com um plano de negócios", o Studio Roosegaarde foi criado na Holanda em 2007 com o objetivo declarado de construir sonhos. Na verdade, Roosegaarde refere-se à sua empresa como uma fábrica de sonhos (isso é que é um PTM!). Seu estúdio é uma mistura especial de arte, design e poesia, bem como uma variedade de tecnologias interativas e exponenciais.

O Studio Roosegaarde cria exibições de arte contextuais utilizando tecnologias centradas na informação, tais como sensores, nanotecnologia e, mais recentemente, a biotecnologia (biologia sintética). Um exemplo é uma estrada inteligente que responde automaticamente às mudanças climáticas. Outro é um projeto de redução da poluição atmosférica em Pequim, que usa fumaça capturada para criar anéis de carbono, que servem como dispositivos vestíveis. Se tudo isso parece um pouco mais que absurdo, então deve ser... até o momento em que se tornar realidade.

O sucesso inicial do estúdio deve-se principalmente ao seu propósito, à natureza física e visceral de seus projetos e à natureza ousada e original de suas ideias – que Roosegaarde chama de MAYA – *Most Advanced Yet Acceptable* (o mais avançado, porém aceitável). Durante um período de cinco anos, o estúdio se estabilizou. As receitas em 2007 foram de € 50 mil (cerca de US$ 60 mil) e, nos seis anos seguintes, o estúdio manteve esse mesmo nível.

Todo o trabalho do estúdio era realizado internamente por colaboradores de tempo integral – tudo, desde a geração de ideias e protótipos, até os pilotos e produção. Os processos tornaram-se institucionalizados e bons hábitos foram cristalizados.

Em 2012, o Roosegaarde percebeu que o estúdio havia perdido seu exuberante espírito artístico e necessitava de uma recalibragem. Com determinação, ele transformou a empresa, implementando várias características de uma ExO:

- **PTM:** "Abrir o mundo com techno-poesia para humanizar e embelezar o mundo";
- **Staff sob demanda:** Forte dependência no SoD para incentivar a criatividade.

Os estagiários são fundamentais para o SoD: atributos desejados incluem paixão e iniciativa. A Empresa foi construída de baixo para cima (*bottom-up*) e é baseada em seus colaboradores.

- **Comunidade e multidão:** Formas inteligentes e originais de atrair ideias e vendedores para implementar futuros projetos artísticos. Primeiro, a empresa lança uma ideia simples em uma revista ou jornal low profile por meio de uma entrevista. Em seguida, vêm as ideias lançadas por mecanismos de multidão, depois um lançamento pela TV, e, finalmente, um lançamento por vendedores que enviam e-mails sobre como construir projetos artísticos. A arte, no geral – e o trabalho do estúdio, em particular – tem o poder de atração e permite a partilha de intenções que se manifestam de forma rápida (economia de intenção). Necessita de poucos recursos e colaboradores; grande parte da pesquisa de conceito e de vendedor é realizada via crowdsourcing e filtrada pela paixão e pelo compromisso;
- **Algoritmos:** As primeiras exibições empregam a lógica fuzzy. O trabalho posterior é personalizado, com base em sensores e algoritmos. Não se utiliza o aprendizado profundo ou de máquina;
- **Ativos alavancados:** Laboratórios em diferentes universidades (University of Zurich, University of Cambridge, Eindhoven University of Technology and Wageningen University). Fábricas de Shenzhen para prototipagem e fabricação/produção;
- **Engajamento:** O Studio Roosegaarde ouve atentamente a comunidade e a multidão – não formalmente, em mercados on-line, mas por e-mails e ligações que o conectam diretamente a novas ideias e experiências;

- **Interfaces:** Três pessoas processam manualmente todas as ligações e e-mails para selecionar as melhores oportunidades de imprensa, pessoas, ideias e vendedores;
- **Dashboards:** Monitoramento em tempo real do fluxo de caixa. A Empresa tem em vista uma reserva para queima de capital de 18 meses. O número de ideias em cada conversa interna é controlado e medido, juntamente com os temas emergentes por conversa;
- **Experimentação:** "Boliche vs. tênis de mesa". O Studio Roosegaarde acredita fortemente na iteração e em ciclos curtos de feedback, especialmente com os clientes e usuários finais. O boliche é semelhante ao desenvolvimento lento e sequencial. A prototipagem (tênis de mesa) é fundamental;
- **Autonomia:** Não há descrições de cargos. As pessoas podem gastar pelo menos 30% do tempo de trabalho em seus próprios projetos. É difícil descentralizar a arte devido à dependência em relação ao seu fundador visionário. Em vias de implementação do modelo da Holacracy (OKRs, Lean, abertos, transparentes);
- **Tecnologias sociais:** Fluxos de atividades via software Viadesk e amplo uso de wikis. Impressoras 3D conectadas e videoconferências avançadas da Cisco na Holanda e na China estimulam a criatividade e o relacionamento da equipe. Google Trends e Social Media Monitoring (ferramenta de startup enxuta) personalizam as exibições ou exposições de arte pelo país (por cultura ou memes); tal personalização é chamada de Copy Morph.

Em 2012, o Studio Roosegaarde ganhou um importante concurso de incentivo no TEDx de Binnenhof. Esse foi um ponto de inflexão; o Studio posteriormente ganhou inúmeros prêmios nacionais, europeus e mundiais em 2013 e 2014, incluindo o título de empresas mais inovadoras do mundo pela *Forbes*. Hoje, o foco principal do estúdio é a ideação e produção com uma equipe central muito menor, mais Staff sob demanda e muito mais crowdsourcing.

As receitas em 2014 alcançarão € 3 milhões – um aumento de seis vezes em relação a 2007. Para um estúdio de arte, com produtos físicos que são menos escaláveis e focados em uma autenticidade experiencial, essa é uma conquista impressionante.

Retroajustando uma ExO

Esses quatro exemplos demonstram que é possível incorporar os princípios da ExO em organizações preexistentes – para então, literalmente, explodir em desempenho. Para o leitor que ainda tem dúvidas sobre essa abordagem, vamos examinar agora a obra de Robert Goldberg.

Depois de passar uma década construindo a divisão de internet da NBC e, em seguida, gerenciando uma incubadora pioneira, a Idealab, Goldberg colocou suas habilidades a serviço de outros, tornando-se um capitalista de risco e consultor de diversas startups e outros fundos. Em 2009, ele se juntou à Zynga como seu primeiro executivo de negócios e dirigiu a operação de fusões e aquisições da empresa de jogos. Como observamos no Capítulo 4, durante um período de dois anos e meio, a Zynga passou de 30 colaboradores para três mil, tornando-se uma das empresas de crescimento mais rápido da história. Esse crescimento foi o resultado de 40 aquisições em pouco mais de dez trimestres. Surpreendentemente, 95% dessas aquisições foram bem-sucedidas – uma taxa quase inédita.

Como Goldberg fez isso?

O principal mecanismo utilizado pela Zynga para gerenciar o crescimento, sem diluir sua cultura, foi a aplicação formal dos objetivos e resultados-chave (OKRs) para monitorar as equipes e manter todas as pessoas sincronizadas. Com sua chegada, Goldberg levou a questão um pouco mais longe, aplicando esses processos às novas aquisições da Zynga... mas com um porém.

A maioria das aquisições fracassa porque a empresa-mãe retarda intencionalmente a operação recém-adquirida, a fim de melhor compreendê-la, adaptar suas operações internas à nova ordem, obter sinergias de integração e inculcar a cultura da empresa aos novos colaboradores. É um impulso compreensível, mas que quase sempre confunde e frustra a nova equipe, resultando no que Goldberg chama de "incompatibilidade por impedância". Ou seja, a equipe recém-chegada tem a sensação de estar presa na linha de partida – sentindo-se esquecida, ignorada ou punida. Uma situação que muitas vezes resulta na saída de pessoas-chave da empresa.

Goldberg virou esse modelo de cabeça para baixo. Ele não só se recusou a colocar os freios nessas novas aquisições, mas também implementou, com o consentimento da empresa, OKRs exponenciais. Esse ritmo novo e alucinante manteve as novas equipes comprometidas e animadas de tal forma que elas até mesmo começaram a conduzir a Zynga rumo a resultados mais exponenciais.

Depois que a Zynga abriu seu capital, Goldberg retornou às suas raízes na área de investimento. Ele criou um novo fundo, a GTG Capital Partners, para aplicar sua ideia revolucionária em outras empresas e setores. A GTG Capital Partners procura empresas de médio porte e em estágio inicial que sofreram uma paralisação em seu crescimento e aplica os seguintes atributos ExO:

- **PTM:** A empresa transforma sua declaração de missão e assume visões mais grandiosas;
- **Comunidade & Multidão:** Comunidade fortemente engajada;
- **Engajamento:** Marketing on-line e marketing de referência são amplamente utilizados para aumentar o envolvimento do cliente;
- **Algoritmos:** Técnicas de ciência de dados implementadas para extrair novas ideias sobre clientes e produtos;
- **Experimentação:** Produto redesenhado com uma abordagem enxuta (*lean*) e se caracteriza pela iteração constante;
- **Dashboards:** Métricas de valor e de crescimento em tempo real implementadas para monitorar o progresso externo; OKRs transparentes utilizados amplamente na equipe gerencial;
- **Tecnologias sociais:** Mecanismos sociais implementados internamente e externamente.

Goldberg e a GTG Capital Partners trabalham com empresas de médio porte e startups potenciais durante um trimestre fiscal, implementando algumas das técnicas ExO listadas acima. Se elas forem capazes de dobrar a taxa de crescimento da empresa nesse prazo (não é uma tarefa fácil), então um investimento é feito e uma meta de crescimento de dez vezes é definida. Nos últimos dois anos, a GTG Capital Partners levantou um fundo de US$ 100 milhões, sistematizou sua abordagem e, até o momento, aplicou seu processo em 40 empresas – um número surpreendente.

Exemplo 5: GoPro

Em 2001, Nick Woodman, um surfista apaixonado, começou a amarrar câmeras em seus pulsos para capturar imagens enquanto surfava. Depois de fracassar nos primeiros experimentos, Woodman percebeu que tinha que construir um gabinete à prova d'água. Em 2004, ele estava construindo suas próprias câmeras, e, finalmente, capturou a completa experiência do cliente. Apesar de parte do sucesso ter sido graças à QVC, a rede comercial de televisão, as vendas logo paralisaram, e houve um certo pânico devido ao sucesso da câmera concorrente, a Flip Video. A virada ocorreu em 2006, quando os amigos de Woodman o convenceram a passar para a tecnologia digital, resultando na produção de sua primeira câmera de vídeo digital. Em 2008, a GoPro introduziu uma lente grande angular, mas a alegria não durou muito; o anúncio de Steve Jobs de que o iPhone teria vídeo causou um segundo ataque de pânico. As vendas foram paralisadas mais uma vez e o crescimento foi interrompido. Depois de sete anos difíceis, a GoPro havia se estagnado; a empresa parecia não estar indo a lugar algum. Enquanto isso, a Cisco comprou a Pure Digital, fabricante da câmera Flip, por quase US$ 600 milhões.

Woodman não se rendeu. Convencido de que ainda estava no mercado, ele continuou iterando e inovando. Sua oportunidade finalmente chegou no final de 2009, quando ele introduziu o vídeo de alta definição (HD) no GoPro HD Hero. Enquanto isso, o custo da câmera havia caído exponencialmente até o ponto em que se tornou acessível ao público geral. Quando a BestBuy começou a vender as câmeras GoPro em 2010, as vendas triplicaram.

A GoPro agora tem mais de 700 colaboradores (tinha apenas oito em 2010) e está avaliada em US$ 3 bilhões. Em 2013, a GoPro vendeu 3,84 milhões de câmeras e arrecadou US$ 985,73 milhões (um aumento de 87,4% em relação a 2012). A GoPro ocupa atualmente a 39ª colocação na lista das 50 empresas mais inovadoras do mundo da *Fast Company*, e a corporação abriu seu capital em julho de 2014, o auge de uma história incrível.

Mas quais atributos ExO a GoPro utilizou em 2010 e 2011 para crescer exponencialmente depois de ter se estabilizado em um patamar?

- **PTM:** "Ajudar as pessoas a capturar e compartilhar suas experiências mais significativas";
- **Comunidade e multidão:** Usuários de todo o mundo compartilham imagens no site da GoPro e na página do Facebook, que conta atualmente com 7,5 milhões de *likes*. As pessoas assistem aos vídeos e são inspiradas a criar seu próprio vídeo. Além disso, a GoPro tornou-se uma plataforma aberta com APIs abertas. Os desenvolvedores externos podem criar funcionalidades adicionais para os dispositivos GoPro;
- **Algoritmos:** Amplo uso de lógica fuzzy embutida na câmera;
- **Ativos alavancados:** A GoPro utiliza principalmente fabricantes e fornecedores na China para produzir seus equipamentos, especialmente a Foxconn, que investiu US$ 200 milhões na GoPro em dezembro de 2012. O CEO da Foxconn, Terry Gou, é um consultor da GoPro;
- **Engajamento:** A GoPro realizou um concurso chamado "How will you GoPro?". Os participantes utilizam texto e imagens para compartilhar as aventuras de seus sonhos. Entre milhares de participantes, o vencedor ganhou uma viagem no valor de US$ 30 mil com todas as despesas pagas. Uma equipe de filmagem da GoPro acompanhou o vencedor e ajudou a criar sua aventura em uma motocicleta. A empresa também tem um concurso de incentivo diário em que presenteia com um produto da empresa.

- **Experimentação:** Foca na qualidade da câmera (HD), onde utilizá-la (casos de uso), gerenciamento de direitos e pontos de distribuição (Best Buy);
- **Tecnologias sociais:** Uso intensivo de YouTube, Facebook e o histórico salto espacial de Felix Baumgartner, que recebeu oito milhões de visualizações.

Embora a GoPro tenha se saído muito bem nos últimos quatro anos, ainda enfrenta grandes desafios – principalmente o lento declínio da Best Buy e de outros megavarejistas, que são os canais de distribuição mais importantes da empresa. Mas é difícil encontrar um exemplo melhor de empresa achatada que alavancou os atributos ExO para se transformar. A GoPro facilmente se qualifica como uma ExO, tendo aumentado suas vendas em mais de 50 vezes durante um período de cinco anos.

Então as empresas estabelecidas podem adotar processos ExO e produzir resultados dez vezes melhores? A resposta, como vimos neste capítulo, é um retumbante sim. Mas isso é sempre um desafio, e não existe um caminho bem-delineado para chegar lá. Em se tratando de empresas estabelecidas, cada solução ExO é uma criação personalizada.

A experiência tem mostrado que a transformação de uma empresa já existente em uma Organização Exponencial requer duas coisas. A primeira é uma cultura de empresa que pode se adaptar rapidamente a mudanças rápidas e muitas vezes radicais. O sucesso da Coyote Logistics pode ser atribuído a sua equipe relativamente pequena e focada e à natureza fluida de seus clientes. Robert Goldberg foi bem-sucedido na Zynga porque estava trabalhando com colaboradores e operações trazidos a bordo como resultado de aquisições, o que significava que os trabalhadores não conheciam seu novo colaborador, e, portanto, não tinham precedentes aos quais se referir. E o GitHub era quase inteiramente virtual desde o início, e por isso podia facilmente mudar os requisitos de participação. Nem é preciso dizer que impor o modelo ExO a uma empresa mais tradicional – com uma cultura solidificada ou uma hierarquia rígida – é muito mais difícil.

Mesmo assim é possível. Estamos convencidos de que qualquer ambiente estabilizado ou empresa de médio porte pode alavancar os princípios ExO e se transformar para alcançar um crescimento exponencial.

Isso nos leva ao segundo requisito para transformar uma empresa estabelecida em uma exponencial: um líder visionário que tem o apoio total do conselho e da diretoria executiva. Acelerar uma empresa para uma velocidade estonteante, capacitar os colaboradores e clientes e implantar uma infraestrutura técnica sofisticada e ambiciosa exige um líder que não só pensa grande e age decisivamente, mas que também tem o apoio das pessoas mais influentes da empresa – pessoas que não desistirão de tudo quando a situação ficar assustadora ou diante do primeiro obstáculo. O sucesso de Goldberg na Zynga não veio apenas de seu próprio talento e confiança em sua equipe, mas também da destemida liderança da empresa. Para as empresas estabelecidas que pretendam ser exponenciais, o caráter e a coragem do conselho de administração e da diretoria, muitas vezes, revelam-se mais decisivos que sua competência.

Talvez o melhor exemplo dessa liderança seja Elon Musk. Com o apoio de um conselho forte e de investidores visionários, como Steve Jurvetson, a tenacidade e a garra de Musk o fizeram passar por testes extremos. A Tesla, agora com dez anos, viu seu crescimento estagnar em 2011 e 2012 e estava à beira da falência com 500 colaboradores demitidos. Após uma injeção de recursos do fundo DFJ de Jurvetson, a empresa lançou o Tesla S, considerado o Carro do Ano em 2013 pela revista Motor Trend, e o carro mais seguro já construído. Não contentev, Musk abriu o código de todas as patentes da empresa e está lançando uma nova fábrica de baterias (uma EExO) que irá equipar outras marcas. Do ponto de vista da ExO, talvez o exemplo mais interessante de melhoria de dez vezes é a alavancagem proporcionada por um motor elétrico. A transmissão do Tesla S possui apenas 17 partes móveis – compare com as centenas de partes móveis no sistema de transmissão de um carro convencional. Utilizando um PTM, abrindo a propriedade intelectual para a comunidade e tirando proveito das tecnologias aceleradas, a Tesla se revitalizou a partir de uma empresa de médio porte estagnada. Seu valor de mercado no último ano passou de US$ 4 bilhões para mais de US$ 30 bilhões.

A palavra final sobre a gestão do crescimento acelerado vem novamente de Chip Conley, que criou a Joie de Vivre, uma cadeia de hotéis especializados, e agora faz parte da gerência executiva da Airbnb. Conley descobriu que quanto mais nos baseamos na informação, maior a necessidade de contar com rituais e significados para estabilizar as empresas e manter as equipes motivadas. Assim, à medida que as ExOs assumem números cada vez maiores de colaboradores, as tarefas e as funções individuais precisam ainda mais do poço gravitacional de um PTM para fornecer o propósito. Embora isso pareça aumentar o fardo das grandes empresas que tentam se tornar ExOs, o fato de que as empresas estabelecidas são melhores nesses rituais, histórias e lendas – a "cola" que mantém a organização unida – é uma vantagem, especialmente quando estão acelerando exponencialmente.

Nos próximos capítulos, vamos assumir a tarefa mais difícil de todas e examinar o que as grandes organizações precisam fazer para retroajustar o "pensando ExO em seu mundo".

CAPÍTULO 8

ExOs para grandes organizações

Ramez Naam passou 13 anos na gigante do software, a Microsoft, liderando o desenvolvimento inicial de novos produtos, incluindo o Outlook, Internet Explorer e Bing. Nesse papel, Naam estava estrategicamente posicionado para observar não apenas a Microsoft, mas muitos de seus clientes e concorrentes – e não apenas em suas fases de rápido crescimento, mas também como empresas maduras.

Em 2008, Naam teve uma epifania. O século 20 presenciou a derrota de estruturas *top-down*, como o comunismo e as economias controladas pelo governo, por estruturas de *bottom-up*, incluindo a democracia e o capitalismo. E, no entanto, ele percebeu que, apesar dessa lição histórica, a estrutura da maioria das empresas se manteve completamente hierárquica e *top-down*.

Naam também observou que, como resultado desse foco *top-down*, o fluxo da informação em grandes corporações inevitavelmente seguia um lento movimento circular. A informação era gerada na alta administração e lentamente descia para os níveis hierárquicos inferiores. No fim, os colaboradores da linha de frente usavam essa informação potencialmente obsoleta para executar um conjunto fixo de tarefas. Eles, então, reuniam os resultados e os devolviam ao fluxo, passando as tarefas para cima por meio das camadas gerenciais até que esses resultados finalmente chegassem mais uma vez à sala da diretoria. Lá, novas decisões eram tomadas, e, novamente, um novo conjunto de comandos era enviado para a organização.

Além do ritmo obviamente glacial desse processo, Naam também observou que isso, na verdade, aumentou a distância entre a informação e a tomada de decisões, resultando nas seguintes falhas estruturais:

- As informações se moviam lentamente e as ideias levavam muito tempo para ser implementadas;
- A realidade, como na brincadeira do telefone sem fio, tornava-se distorcida em cada ponto de transferência;
- O padrão do fluxo da informação inevitavelmente passava ao largo de uma tremenda quantidade de experiências e capacidade intelectual;
- O processo muitas vezes fazia com que as organizações se comportassem de maneira antissocial, eventualmente forçando os colaboradores a fazerem coisas contra seu melhor julgamento.

Podemos generalizar os muitos problemas enfrentados pelas grandes organizações nos três seguintes pontos:

- A maior parte do foco e da atenção é interna, não externa;
- A ênfase tende a ser em tecnologias com competências existentes; tecnologias convergentes tendem a ser ignorados e o pensamento inovador é punido;
- Dependência da inovação de dentro e não de fora.

Naam não foi o único pesquisador que se surpreendeu com o que encontrou em muitas corporações modernas. Jason Yotopoulos, que passou vários anos na SAP como vice-presidente executivo de pesquisa global, entrevistou altos executivos em cerca de 30 empresas multinacionais e, finalmente, acabou concordando com as palavras do teórico organizacional John Seely Brown: "As empresas podem promover a ideia da criação de novos negócios, (mas) no final elas estão todas no negócio de reduzir o risco e planejar a expansão, o que é, naturalmente, a antítese do empreendedorismo e de novos empreendimentos".

Nesse sentido, Yotopoulos também descobriu que as novas equipes de negócios dessas empresas eram quase sempre compostas pelo pessoal interno da empresa, o que quase garantia uma abordagem conservadora e os mesmos tipos de resultados.

As observações de Yotopoulos e de Naam ressaltam nossa tese geral de que as grandes estruturas organizacionais tradicionais simplesmente não se encaixam no paradigma atual (e certamente futuro) das organizações. Isso não deveria ser tão surpreendente: ideias novas e disruptivas nunca se encaixam no organograma tradicional, e as empresas maduras, acima de tudo, são basicamente organogramas.

Salim chegou à mesma conclusão em 2007 liderando a Brickhouse, a incubadora interna do Yahoo, especificamente durante o período em que o Yahoo estava considerando a aquisição do Twitter. Ele logo percebeu que o problema era que, embora a jovem empresa de redes sociais pudesse fazer parte de qualquer uma das cinco unidades de negócios diferentes do Yahoo, no final, ela não se encaixaria bem em lugar algum. Por quê? Porque o produto e a cultura do Twitter são muito diferentes de uma empresa mais tradicional. Além disso, foi difícil descobrir exatamente em que negócio o Twitter está – o que continua sendo verdadeiro hoje. No final, a decisão de não prosseguir com a aquisição foi mais afetada por considerações organizacionais do que estratégicas.

Considere novamente o caso da Iridium do Capítulo 1. Sua mensagem deveria servir como um alerta para todas as grandes empresas estabelecidas. Como os dinossauros, elas foram atingidas por um cometa de informação e estão correndo um maior risco de extinção. Isso é ainda mais relevante para as organizações insulares, independentemente do setor, que dependem muito da mão de obra ou são baseadas em ativos. Todas estão sujeitas à ameaça extrema da disrupção. Como Peter Diamandis diz: "Se você estiver contando exclusivamente com a inovação de dentro da sua empresa, você está morto".

À medida que entramos no que Dave Blakely da IDEO chama de "mundo programável", o que uma grande organização estabelecida pode fazer? A resposta: *transformar*.

No entanto, transformar não é fácil. Uma grande empresa é como um superpetroleiro: leva muito tempo para mudar de direção. Mesmo assim é possível. Há muitos exemplos de grandes empresas se transformando em novos mercados com o passar do tempo. Por exemplo, a Nokia fabricava pneus, a Samsung era uma empresa comercial e a Intel começou com chips de memória. A GE, uma empresa com uma longa e singular história, se reinventou várias vezes.

Algumas empresas, no entanto, são capazes de se transformar rapidamente. A Apple e a IBM são dois exemplos raros de grandes empresas que conseguiram realizar uma transformação extrema e a executaram com muita rapidez. E, em ambos os casos, a inspiração surgiu do desespero; as duas empresas estavam a poucos meses de ficarem sem dinheiro. Ao mesmo tempo, elas também desfrutavam de uma liderança carismática e ousada que foi capaz de utilizar circunstâncias terríveis como um impulso para mudar o rumo da empresa.

Como o economista Paul Romer disse: "Uma boa crise é algo terrível para se desperdiçar". Mas desperdiçar é exatamente o que a maioria das empresas faz, e a grande maioria das mudanças de última hora não acaba bem. Como dissemos na Introdução, a média de vida de uma empresa da S&P 500 caiu de 67 anos, há um século, para apenas 15 anos hoje, e 40% das empresas da Fortune 500 não existirão daqui a uma década.

Claramente, para qualquer empresa estabelecida, não importa o tamanho ou o setor, não existe benefício algum em esperar que o desastre esteja batendo à porta para iniciar os riscos transformadores. No entanto, muitos estudos revelaram que a grande maioria dos projetos de transformação corporativa fracassa. Há muitas razões para essas falhas: complexidade, projetos com longos prazos, falta de apoio da diretoria, orçamentos estourados e assim por diante. No entanto, a principal razão estrutural é o pensamento de curto prazo impulsionado pelo preço das ações e a pressão sobre os lucros trimestrais. Quando um CEO – ou a alta administração – é confrontado com uma tentativa arriscada – uma transformação de longo prazo versus apenas manter o barco estável até que suas opções de ações se tornem exercíveis –, a escolha sempre é a estratégia de não fazer nada. Como resultado, a principal estratégia atualmente utilizada por muitas grandes organizações para diminuir essa tendência é a conquista regulatória. Se você agir a favor de uma legislação favorável, você pode se proteger contra disrupções externas. Em 1998, no que os críticos chamam de "Lei de Proteção de Mickey Mouse", o Congresso dos Estados Unidos votou em estender a proteção de direitos autorais por um período adicional de 20 anos – um duro golpe para a criatividade, e certamente contrário ao benefício do público em geral. Da mesma forma, as empresas de cabo e de telefonia têm perseguido agressivamente medidas legais para proteger seus monopólios regionais, chegando até a processar cidades que propuseram o acesso gratuito à internet em um esforço para estimular o desenvolvimento econômico.

Na verdade, a apartidária United Republic descobriu que o retorno sobre o investimento para o lobby é impressionante: 5.900% para os subsídios de petróleo, 22.000% para incentivos fiscais a multinacionais e uma porcentagem surpreendente de 77.500% para manter os preços altos dos medicamentos. Com essas taxas, na verdade, é fiscalmente irresponsável não fazer lobby.

No entanto, acreditamos que, na era das ExOs, tais táticas são insustentáveis, particularmente no domínio do consumidor. Por quê?

Devido à quantidade de tempo que levam. O ritmo de adoção por meio da internet supera de longe o processo de regulamentação. Por exemplo, no momento em que as agências de táxis e hotéis de todo o país acordaram para as ameaças representadas por Uber e Airbnb, respectivamente, o público já tinha abraçado os serviços, de tal modo que fazer lobby contra elas seria muito mais difícil; era um caso de nadar contra a maré. O mesmo também é verdadeiro para outros setores – simplesmente observe a tensão entre as concessionárias de automóveis de Nova Jersey e o modelo de vendas diretas da Tesla. (Há uma ironia encantadora em ouvir as concessionárias de automóveis proclamarem em voz alta que priorizam a proteção ao consumidor.)

Junto com as manobras procrastinatórias, há também uma segunda razão, igualmente imperativa, de não esperar até o último minuto para iniciar uma reviravolta: *a cura poderia simplesmente matá-lo*. Estamos totalmente convencidos de que uma grande empresa não é capaz de implementar os processos de SCALE e IDEAS e transformar-se em uma ExO da noite para o dia. É uma transformação radical demais e que, provavelmente, esmagará a atividade principal de uma empresa, antes que ela tenha tempo de encontrar uma nova. E mesmo se a empresa conseguir instituir um novo negócio, a tensão interna causada por essa mudança radical será extrema.

Ao mesmo tempo, as empresas estabelecidas precisam se transformar ou vão se tornar obsoletas rapidamente. Apesar das dificuldades bem-conhecidas em promover a inovação em organizações de grande porte, sem mencionar o número infindável de consultores de inovação à espera nos bastidores para dar conselhos, muitas vezes ruins e conflitantes, uma grande empresa não pode ficar parada sem fazer nada. A imprensa escrita tentou fazer isso e... veja o resultado.

Nesse novo mundo de alto metabolismo, onde as tecnologias aceleradas estão impactando um número cada vez maior de setores, as grandes organizações precisam de estratégias para se alinhar mais estreitamente ao pensamento ExO. Identificamos quatro dessas estratégias para grandes empresas que podem ser implantadas em um mundo de negócios acelerado, enquanto mantêm suas principais atividades operacionais intactas:

1. Transformar a liderança;
2. Criar parceria, investir ou adquirir ExOs;
3. Disrupção (X);
4. Implementar a ExO Lite internamente.

Vamos examinar agora cada um desses esforços.

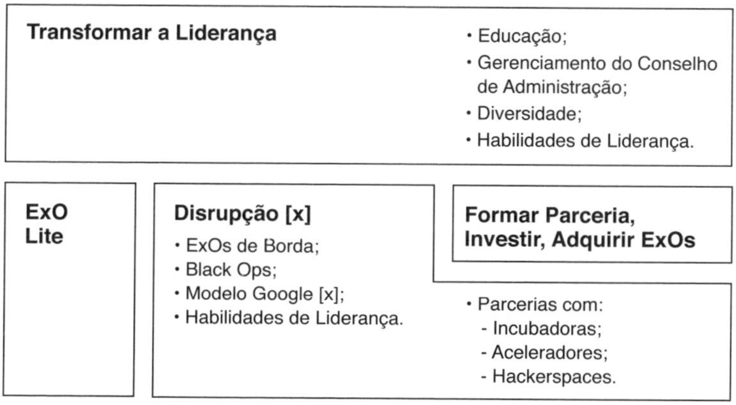

1. Transformar a liderança

Existem quatro maneiras de transformar as camadas de liderança de uma grande empresa:

Educação

Como observamos no Capítulo 1, o metabolismo da economia está acelerando, impulsionado por uma nova geração de tecnologias exponenciais recém-democratizadas. Se você está dirigindo uma grande empresa hoje em dia e não conhece as tecnologias – sem mencionar como elas podem afetar sua empresa – você simplesmente não está fazendo seu trabalho. Em uma grande organização, é fundamental que a liderança sênior preencha essa lacuna para evitar que se torne a próxima Kodak, Blackberry ou Nokia.

Em resposta a essa necessidade, a Singularity University, em parceria com a X Prize e a Deloitte, montou uma oficina de quatro dias chamada de Programa de Parceiros de Inovação (Innovation Partners Program – IPP). A cada seis meses, 80 executivos de nível C da Fortune 500 recebem dois dias de briefings sobre as tecnologias aceleradas, seguido por dois dias de seminários que apresentam ferramentas organizacionais de ExO, incluindo estudos de caso, entrevistas e sessões práticas sobre prêmios de incentivo.

Antes de participar do programa, 75% dos executivos disseram que tinham pouco ou nenhum conhecimento das tecnologias envolvidas. Depois do programa, 100% disseram que já haviam sido formuladas ações imediatas em relação a essas tecnologias. De modo ainda mais dramático,

80% dos executivos concordaram que esses avanços causariam um impacto marcante em seus negócios dentro de dois anos, e os 20% restantes estavam confiantes de que o impacto seria sentido no prazo de cinco anos.

> Recomendação: utilize fontes externas para atualizar sua diretoria executiva e o conselho de administração sobre as tecnologias aceleradas.

Gerenciamento do conselho de administração

Os requisitos de instrução para a liderança sênior se aplicam ainda mais aos membros do conselho, pois eles são muito menos propensos a estar tecnologicamente atualizados. Como o conselho pode guiar um CEO se ele não tem conhecimento das mudanças potencialmente disruptivas que a empresa enfrenta?

Não é de se surpreender que os CEOs inteligentes já estejam criando sessões voltadas para ajudar os membros do conselho a enfrentar as novas realidades de um mundo exponencial. De fato, um astuto CEO europeu faz questão de enviar os membros do conselho mais tradicionais e retrógrados a programas de treinamento como os realizados na SU. Seu raciocínio é o de que, como os membros do conselho são os que retardam o progresso, é extremamente importante abalar suas convicções e ideologias ultrapassadas.

A boa notícia é que nem todos os membros do conselho mantêm uma visão de mundo tão estreita; muitos, na verdade, são muito iluminados. Yuri van Geest descobriu que os 40 membros mais influentes das grandes empresas holandesas estavam mais conscientes das disrupções aceleradas do que seus CEOs. Ele acredita que esses membros do conselho têm uma perspectiva pan-organizacional mais ampla. Enquanto os CEOs precisam se concentrar no negócio, os membros do conselho estavam livres para ver o horizonte e considerar a situação como um todo.

A maior percepção dos membros do conselho, especialmente após um treinamento, ajuda-os a apoiar mais plenamente os CEOs, à medida que eles reequipam suas organizações para se adaptar a um mundo em aceleração. Se um CEO não estiver totalmente capacitado pelo conselho ou não receber seu apoio, ele não será capaz de tomar as medidas necessárias para introduzir a mudança, e a inércia resultante colocará toda a organização em risco.

A questão fundamental é que todos no topo da hierarquia devem trabalhar juntos e em pleno acordo sobre as ameaças enfrentadas pela empresa para poder alcançar uma visão compartilhada e realizar uma transformação bem-sucedida da organização.

Um complemento ao treinamento do conselho de administração é um melhor gerenciamento. Como Jaime Grego-Mayor, da Advisory Board Architects notou, 95% dos conselhos não são gerenciados em termos de procedimentos, apesar do enorme valor que os membros do conselho bem-conectados possam agregar. Se as ExOs estão usando OKRs para medir e acompanhar o desempenho das equipes e da alta administração, então certamente os membros do conselho, que sem dúvida têm o maior impacto potencial sobre a empresa, também devem ser monitorados e gerenciados.

> Recomendações: eduque os membros do conselho para que sejam capazes de apoiar o plano do CEO para a mudança radical. Além disso, acompanhe o conselho de administração utilizando OKRs.

Implementar a diversidade

O terceiro nível de transformação envolve a composição real da liderança sênior.

Já foi demonstrado várias vezes que a diversidade em termos de sexo, experiência e idade proporciona melhores resultados. Infelizmente, a maioria das grandes organizações possui camadas uniformes de executivos de nível C e membros do conselho, sendo que muitos deles estudaram nas mesmas escolas de administração. Outros são de uma geração mais antiga e não entendem as novas tecnologias – incluindo, às vezes, o e-mail.

A maioria dos vencedores do Prêmio Nobel desenvolveu seu trabalho antes dos 30 anos. A média de idade dos engenheiros da NASA no programa Apollo era de 27 anos. Muitos dos fundadores da era das empresas "ponto com" estavam em seus vinte e poucos anos. No entanto, a maioria das empresas se apega à crença de que, quanto mais sênior for o executivo, melhor será sua compreensão do mercado. Em um mundo de rápidas mudanças, essa suposição não é mais válida.

Uma das recomendações que Salim oferece aos CEOs de grandes empresas é encontrar os jovens de 25 anos mais inteligentes em suas organizações e fazê-los acompanhar as posições de liderança para ajudar a fechar lacunas geracionais e tecnológicas, acelerar sua curva de aprendizagem em gerenciamento e fornecer o mentoreamento reverso (*reverse mentorship*). Precisamos desesperadamente de líderes jovens e com urgência. No novo mundo da tecnologia, onde as organizações estão lidando com dinâmicas de mercado nunca antes vistas, a experiência, na forma como definimos, pode conter o avanço de uma empresa. Sebastian

Thrun, diretor executivo da Udacity e uma força motriz por trás do Google Car, disse recentemente: "Quando estou contratando colaboradores, a imaginação é muito mais importante do que a experiência".

Howard Schultz, CEO da Starbucks, demonstrou sua compreensão sobre esse conceito, nomeando Clara Shih para seu conselho de administração. Com apenas 31 anos de idade, Shih proporciona tanto uma perspectiva jovem quanto uma profunda experiência em mídia social, qualidades ideais para uma Starbucks que luta para melhor engajar sua base de clientes. Ela é um grande exemplo do novo fenômeno de "mentoreamento reverso". Outra dimensão da diversidade é o sexo. Em 2012, o Instituto de Pesquisa Credit Suisse concluiu um estudo de seis anos sobre empresas com mais de US$ 10 bilhões de capitalização de mercado[1]. Uma de suas descobertas foi que o valor das empresas com conselhos de administração exclusivamente masculinos apresentou um desempenho inferior ao dos conselhos mistos por uma diferença surpreendente de 26%. Vivek Wadhwa, um jornalista notável e coautor do livro *Innovating Women: The Changing Face of Technology*, vem defendendo destemidamente essa ideia há vários anos, destacando e apresentando empresas com baixos índices de diversidade.

> Recomendações: derrube os bastiões do pensamento tradicional e substitua-os por indivíduos e equipes que ofereçam diversidade em termos de experiência e perspectiva. Lembre que um dos aspectos mais importantes da diversidade requer a colocação de jovens em posições de poder e influência. Além disso, inclua mais mulheres em seu conselho de administração.

Habilidades e liderança

Enquanto trabalhava na SAP, Jason Yotopoulos observou que grandes empresas muitas vezes não conseguem reconhecer a existência de diferentes tipos de colaboradores, e que cada tipo é perfeitamente adaptado para diferentes funções dentro da empresa. Eles incluem:

- **Otimizadores:** administram grandes empresas em escala e extraem a eficiência para maximizar os lucros;
- **Escaladores:** pegam um modelo comprovado e o propagam;

[1] www.bloomberg.com/news/2012-07-31/women-as-directors-beat-men-only-boards-in-company-stock-return.html

- **Evangelistas:** são defensores de novas ideias e conduzem projetos desde a fase de concepção até a comercialização inicial.

As empresas frequentemente cometem o erro de transferir seus melhores colaboradores de uma área para outra, esperando que eles mantenham o bom desempenho. Por exemplo, um gerente pode pedir que um Otimizador se torne um Evangelista, um papel em que o colaborador pode ser completamente inadequado, seja por questão de temperamento ou de habilidades. O gerente, então, se pergunta por que um excelente colaborador fracassou de forma tão espetacular. O que é realmente necessário, no entanto, é mobilizar esses Evangelistas iconoclastas a partir de dentro, os que conhecem os ativos e as capacidades únicas da empresa (que constituem uma grande vantagem ao entrar em novos mercados), e pedir-lhes para moldar uma nova ExO na fronteira da empresa.

Essa tomada de decisão arbitrária de colocar pessoas em posições em que não são adequadas quase nunca funciona. E no mundo das ExOs isso pode ser particularmente catastrófico, pois uma liderança de sucesso em um mundo ExO tem um aspecto profundamente diferente da liderança de sucesso em empresas fundadas antes de, digamos, 2008. Rob Prego, CEO e fundador associado da Singularity University, analisou detalhadamente as qualidades de liderança e determinou seis traços característicos de líderes ExO:

1. **Visionário defensor do cliente:** Em um período de rápida transição, as organizações e seus produtos podem facilmente perder a conexão original que tinham com seus clientes. Ter o líder da organização como detentor final desse conhecimento e prioridade assegura que a organização seja representada de forma consistente. Steve Jobs é um bom exemplo de visionário defensor do cliente, que teve acesso a novas tecnologias e recursos extraordinários e se manteve pessoalmente envolvido nas decisões sobre todos os aspectos da experiência do cliente. Ao ver suas necessidades e desejos atendidos nos níveis mais altos, os clientes ficam muito mais dispostos a persistir em meio ao caos e à experimentação muitas vezes relacionados ao crescimento exponencial;
2. **Experimentalista voltado aos dados:** Criar ordem a partir do caos acelerado requer uma abordagem orientada ao processo que seja, em última análise, ágil e escalável. A abordagem da startup enxuta pode ser aplicada em qualquer escala para rapidamente iterar e formar o conhecimento institucional. Existem muitas ferramentas sociais e outros veículos para manter conexões incríveis com nossos clientes e com a comunidade. Quando engajados corretamente, os clientes tendem a ser mais flexíveis com o processo e podem até se entusiasmar

e querer fazer parte dele. No entanto, sem uma abordagem centrada nos dados, o que implica um feedback rápido e progressão apropriada de um produto ou serviço, os clientes ficarão frustrados e poderão, finalmente, se desengajar;

3. **Otimista realista:** Ao expandir rapidamente, o esforço para compreender e quantificar a realidade de uma situação ou oportunidade é fundamental para a navegação. O Exame da realidade, no entanto, sempre exige alguma interpretação. Os líderes que sabem articular um resultado positivo em qualquer contexto, mesmo em cenários desvantajosos, serão capazes de ajudar a manter a objetividade em suas equipes. O rápido crescimento e a mudança podem até ser interessantes para alguns, mas a maioria das pessoas geralmente considera a transformação perturbadora e difícil de se adaptar. Um líder excessivamente pessimista pode exacerbar reações instintivas, levando a uma tomada de decisão medíocre;
4. **Adaptabilidade extrema:** Quando o negócio se expande e suas atividades se transformam, a gestão deve fazer o mesmo. Para que os líderes possam supervisionar longos períodos de crescimento acelerado, eles precisam mudar seu foco e adaptar suas habilidades de forma adequada. É raro encontrar um líder que consegue se transformar exponencialmente juntamente com a tecnologia e a organização e, assim, com a disrupção de modelos de negócio, vem a oportunidade/necessidade de adaptar/mudar a liderança. O aprendizado constante é fundamental para se manter na curva exponencial;
5. **Abertura radical:** Existe uma oportunidade extraordinária que envolve os especialistas de fora da organização. Infelizmente, junto com esta oportunidade, vem o desafio de ter que interagir com uma comunidade ampla e diversificada. Basicamente, o engajamento da multidão chama muita atenção e atrai críticas e comentários. Enquanto muitos líderes e organizações ignoram a maioria das críticas e sugestões, a criação de um canal aberto para a multidão e os mecanismos para separar o sinal do ruído podem fornecer novas perspectivas e soluções, permitindo o acesso a novas camadas de inovação;
6. **Hiperconfiante:** Para poder viver na curva exponencial e não ser pego pela mentalidade linear da burocracia organizacional, você deve estar disposto a ser demitido ou até mesmo demitir a si mesmo. Batalhas devem ser travadas e aspectos contraditórios superados; e isso exige extrema abnegação e autoconfiança de um líder. Dois dos traços de personalidade mais importantes para um líder exponencial são a coragem e a perseverança para aprender, adaptar-se e, finalmente, desestabilizar seu próprio negócio.

Recomendações: mantenha a diversidade em mente ao nomear comitês consultivos e governança. Submeta regularmente sua liderança sênior a um programa de transformação pessoal. Examine seus próprios conjuntos de habilidades de liderança. Remova qualquer um que coloque sua própria carreira acima do sucesso da empresa.

2. Criar parcerias, investir ou adquirir ExOs

De 1990 a 2005, ocorreram pelo menos cinco grandes disrupções no setor de varejo ou CPG. Três deles – sistemas de EPOS com transações de ponto-de-venda, as etiquetas RFID para o gerenciamento de cadeia de suprimentos e cartões de fidelidade – produziram uma quantidade significativa de novos dados que mudou fundamentalmente a indústria.

Marcus Shingles, diretor da Deloitte Consulting, e sua equipe de pesquisa passou a maior parte de 2012 ajudando a Grocery Manufacturer's Association (GMA) a analisar a indústria de CPG em busca de potenciais inovações disruptivas do big data de mesma magnitude. Para sua surpresa, ele e sua equipe identificaram centenas de startups com soluções específicas para um setor, das quais 80 alavancaram tecnologias emergentes. Dessas 80 empresas, 30 já estavam mostrando sinais de ter um impacto disruptivo semelhante às três grandes disrupções descritas acima.

Em outras palavras, enquanto apenas algumas mudanças importantes na virada do século deixaram a indústria de CPG de cabeça para baixo durante um período de 15 anos, hoje existe um número *de seis a dez vezes* maior de disrupções potenciais à espera nos bastidores, sendo que todas surgiram nos últimos anos. Para entender a importância dessa mudança radical para o mundo dos negócios – quaisquer negócios – é importante ter em mente que o setor de CPG tem, geralmente, menos experiência com a inovação comparado aos líderes tecnológicos mais recentes e está muito distante do mundo "descolado" e superveloz do Vale do Silício. Hoje em dia, está claro que não são apenas as empresas de ponta que precisam estar atentas.

Shigles deu um passo adiante e analisou o modo como as maiores empresas tradicionais de CPG viam essas 30 startups mais disruptivas. Ele descobriu que algumas grandes empresas – o 1% que sempre está à frente do resto do setor e está continuamente inovando – não só monitorava as startups, como também criou parcerias com muitas delas. Por outro lado, as empresas de CPG menos progressistas não tinham sequer ouvido falar das ameaças competitivas, muito menos as consideravam.

Naturalmente, essas empresas se surpreenderam quando a GE se associou com a Quirky em maio de 2013, uma parceria que permitiu aos inventores da Quirky o acesso ao imenso portfólio de patentes da GE. (Na verdade, a GE conduziu a rodada de investimentos da Quirky de US$ 80 milhões em novembro de 2013.)

É esse tipo de pensamento que separa os líderes de setores dos seguidores. Shigles e sua equipe da Deloitte Innovation agora estão conversando com vários grupos setoriais sobre movimentos semelhantes em suas áreas.

Como dissemos no Capítulo 5, a disrupção é a nova norma. Em todos os setores, a democratização das tecnologias aceleradas está permitindo o ataque e a disrupção de mercados tradicionais por centenas de startups: Bitcoin, Uber, Twitch, Tesla, Hired, Clinkle, Modern Meadow, Beyond Verbal, Vayable, GitHub, WhatsApp, Oculus Rift, Hampton Creek, Airbnb, Matternet, Snapchat, Jaunt VR, Homejoy, Waze, Quirky, Tongal, BuzzFeed – a lista de "disruptores" é praticamente interminável. E embora muitos iniciantes naturalmente não terão sucesso, seu grande número significa que muitos sobreviverão o suficiente para criar uma revolução.

As grandes empresas devem identificar e rastrear as ExOs disruptivas com o objetivo de observar, criar parcerias, investir e/ou adquiri-las. E isso deve ser feito o mais cedo possível para diminuir o limite de investimento necessário e antecipar-se à concorrência. O momento perfeito para se envolver com uma ExO é quando a startup está realmente progredindo e emergindo como um líder de mercado. Um exemplo clássico de timing ocorreu em 2005, quando o Google comprou o YouTube por US$ 1,6 bilhões. O YouTube já havia ultrapassado o Google Video e outros concorrentes e estava abocanhando participação de mercado. O Google adquiriu o YouTube pouco antes que a empresa decolasse, e foi, portanto, capaz de utilizar suas próprias forças para ajudar a acelerar essa expansão uma vez ameaçadora.

Assim como o caso da GE e de Quirky descrito acima, a Allstate Insurance é outro exemplo de empresa tradicional em uma indústria madura, progressista o suficiente para perceber que algo estava para acontecer. Alguns anos atrás, depois de identificar e rastrear as startups no setor da Allstate, o CEO Tom Wilson concluiu que a maior ameaça vinha de novas seguradoras on-line como a Geico e a Esurance, o que poderia ameaçar seriamente a rede nacional de agentes e escritórios da Allstate. Em vez de recorrer à estratégia de "esperar pelo melhor" adotada pela maioria dos CEOs, Wilson agressivamente adquiriu a Esurance em 2011. De forma igualmente importante, ao invés de tentar integrar a nova aquisição em seus negócios existentes, a Allstate foi inteligente – e corajosa – o suficiente para mantê-la como uma entidade independente e a empresa agora está aprendendo com a startup.

A verdadeira questão não é adquirir uma ExO, mas quando criar uma parceria com uma ExO, quando investir e quando adquiri-la. Yotopoulos, que criou o grupo de Estratégia de Aquisição na SAP, descreve a necessidade de selecionar cuidadosamente entre as várias ferramentas disponíveis – construir, comprar, associar-se e investir – para trabalhar com as oportunidades de mercado disruptivas. Cada oportunidade tem um formato diferente e, por essa razão, uma ferramenta não serve para todas. É necessária uma abordagem mais holística.

A empresa deve considerar **a criação de uma ExO interna** quando:

1. Uma oportunidade está a uma ou duas adjacências da atividade principal – talvez um modelo de negócio, comprador, usuário ou estratégia de marketing diferente;
2. Pouca urgência – ainda há tempo até o ponto de inflexão do mercado;
3. A empresa é capaz de contratar o talento necessário. Essa abordagem normalmente maximiza o controle e minimiza os custos para os mercados que devem ser "apropriados", devido à sua natureza estratégica.

A **aquisição** geralmente é o caminho mais apropriado quando é estrategicamente imperativo que o mercado seja "apropriado", mas você enfrenta os seguintes obstáculos:

1. É difícil contratar o talento certo;
2. O ponto de inflexão do mercado é iminente;
3. A oportunidade está muito distante (três ou mais adjacências) do modelo vigente da corporação. Nesse caso, você deve gerenciar criteriosamente a integração pós-fusão para garantir que os processos da corporação não sobrecarreguem a empresa adquirida e destruam o valor.

Quando não houver uma necessidade estratégica imediata de apropriação, uma empresa pode formar uma **parceria** com uma ExO externa – como um namoro antes do casamento – e aprender mais sobre o mercado e o novo modelo, bem como avaliar a compatibilidade e a sinergia.

O **investimento** em uma ExO externa pode ser a melhor jogada nos casos em que faz sentido sondar o terreno – observar e aprender sobre uma oportunidade emergente considerando uma futura parceria ou aquisição.

> Recomendação: implemente um programa para identificar, criar parceria, investir ou adquirir as ExOs em seu setor. Dê força a esse programa.

3. Disrupção (X)

Uma terceira estratégia é voltada às grandes organizações para poder alavancar suas próprias tecnologias disruptivas. Como a história tem mostrado, isso é muito mais difícil do que parece, uma vez que as estruturas organizacionais das empresas estabelecidas existem para *suprimir* influências disruptivas.

Mas isso pode ser feito. Basta considerar a primeira calculadora científica da HP, o iPhone da Apple e o FuelBand da Nike. A chave é a diretoria abraçar a ideia de mudança radical – no sentido de novos mercados – e, em seguida, recompensar essa aceitação em toda a organização. Nós chamamos isso de Disrupção (X), um processo que envolve três passos importantes.

Inspirar as ExOs periféricas

Criar ExOs nas periferias da sua organização não é uma tarefa fácil, como Sebastian Thrun do Google deixa claro: "Quando você está em uma empresa onde seu principal produto é a ferramenta de busca e, toda vez que você está fazendo um experimento, existe o risco de perder, talvez, alguns milhões ou cem milhões de pessoas, então a experimentação é realmente difícil. Começar em áreas onde a empresa ainda não entrou é muito mais fácil".

Quando a SAP comprou a TopTier em 2001, em vez de tentar integrar o fundador Shai Agassi à organização, onde ele ficaria perdido, a empresa o colocou na borda da organização e o deixou livre. Autorizado a permanecer em seu papel favorito de pensador independente, Agassi se concentrou na comunidade de desenvolvedores SAP, logo percebendo seu potencial inexplorado. Em dois anos, ele havia criado uma rede composta de dois milhões de desenvolvedores, um grande ativo para a empresa até hoje.

Em toda organização, há sempre pessoas transformadoras como Agassi: indivíduos com iniciativa, altamente criativos e que não se ajustam perfeitamente em uma "caixa". Se forem presos a essa "caixa", eles poderão semear um caos considerável. Esses transformadores têm visão e ideias brilhantes e, muitas vezes, são fervorosamente leais à empresa – mas ficam frustrados com a limitação. Eventualmente, depois de terem sido retidos por intermináveis camadas gerenciais e processos burocráticos, eles desistem e deixam a empresa ou são demitidos. Os principais exemplos desse fenômeno são os ex-colaboradores do Google: Ev Williams, Biz Stone, Dennis Crowley, Ben Silbermann e Kevin Systrom. Todos eles fundaram startups (Twitter, FourSquare, Pinterest e Instagram, respectivamente) após deixarem o Google. O Google, sem dúvida, é uma empresa de enorme sucesso, mas imagine o que seria hoje se esses indivíduos extraordinários tivessem ficado. (E o Google tem um histórico melhor do que a maioria das empresas.)

É fundamental que as grandes empresas localizem os agentes de mudança, antes que suas frustrações aumentem demais, e os reposicionem nas bordas da organização, com carta branca para construir ExOs. Isso não só vai alavancar os pontos fortes dos transformadores, mas também manterá a estabilidade no seio da organização. Além disso, se o processo for bem executado e o resultado for positivo, as ExOs de vanguarda podem servir como rebocadores para o superpetroleiro corporativo, orientando-o em águas novas e lucrativas. Finalmente, quando bem-sucedidas, essas rápidas empresas periféricas deverão criar um novo núcleo e, finalmente, substituir o negócio original. Alguns varejistas conseguiram criar EExOs periféricas. Empresas como a Macy's, Burberry, Target e Walmart criaram sites de comércio eletrônico de maneira externa e independente de suas organizações principais e só iniciaram a integração quando a EExO havia atingido massa crítica. Na verdade, nós recomendamos que, uma vez que o sucesso é alcançado, as empresas físicas originais devam se reportar à EExO, já que claramente esse é o futuro. Da mesma forma, muitas marcas de moda de luxo mudaram para a Yoox, a gigante italiana de comércio eletrônico, para atingir o mercado rapidamente.

John Hagel, copresidente do Center for the Edge (um nome bem-apropriado), e sua equipe desenvolveram uma abordagem promissora para a mudança organizacional em larga escala, que ele chama de "Scaling Edges"[1]. A metodologia por trás da Scaling Edges é fundamentada nas seguintes diretrizes básicas:

- Obter vantagem na forma de uma oportunidade de negócio emergente que tem o potencial para crescer rapidamente e tornar-se um novo núcleo para o negócio;
- Alinhar um agente de mudanças (ou uma equipe de agentes de mudanças) que entende e abraça essa oportunidade;
- Posicionar o agente de mudanças ou equipe fora da organização principal;
- Usar a abordagem enxuta e experimentar com novas iniciativas para acelerar o aprendizado;
- Privar a equipe, fornecendo o mínimo em termos de ajuda, dinheiro ou outros recursos;

[1] <www.deloitte.com/view/en_US/us/Insights/centers/centers-center-for-edge/scaling-edges/index.htm>.

- Incentivar a equipe a buscar influência, conectando-se com outras empresas e participando de um ecossistema que pode ajudar a acelerar o crescimento;
- Direcionar a ExO externamente. A empresa nascente deve criar um novo mercado ou área de produto e NÃO canibalizar a linha de produtos principal, pelo menos em seus estágios iniciais.

A justificativa para os últimos três pontos é não despertar o que Salim chama de resposta imune, por assim dizer, da organização principal. Se a empresa-mãe perceber que muitos recursos estão sendo canalizados para a nova iniciativa, ela provocará uma reação (os famosos "anticorpos corporativos") e o corpo irá atacar e tentar matar a startup.

Outro passo que gostaríamos de acrescentar à lista de Hagel é a **alavancagem de dados**. A maioria das grandes organizações tem ideias e valores extraordinários trancados em seus armazenamentos de dados, e a alavancagem dessas ideias (o que Hagel chama de Edge) oferece alguns objetivos fáceis de alcançar e que as ExOs periféricas podem explorar. Wassili Bertoen, diretor do Center for the Edge Europe, observa que, em seus 17 anos lidando com a inovação empresarial, ele observou que a maioria das grandes empresas tem um enorme potencial inexplorado – na verdade, elas estão implorando por uma vazão estruturada para tudo isso.

Ao construir a Brickhouse, a incubadora do Yahoo, em 2007, Salim formou uma equipe de desenvolvedores, alguns do próprio Yahoo, outros de fora. Ela foi, por um breve período, uma das melhores equipes de desenvolvimento do mundo (certamente todos no Yahoo queriam trabalhar lá). Mas o Yahoo queria que a Brickhouse criasse novos produtos e serviços *para* a organização principal, em vez de criar novos mercados para a empresa. Naturalmente, após algumas semanas do lançamento da Brickhouse, todos os vestígios de sua autonomia haviam se dissolvido, e os sentimentos de inveja e ressentimento em relação à recém-chegada varreu a empresa. ("Por que eles recebem os melhores colaboradores?" "Eles estão competindo com meu produto?"). Até o final de seu mandato, Salim estava gastando 80% do seu tempo rechaçando a empresa em um esforço para proteger suas equipes na Brickhouse. Claramente, uma situação sem saída para todas as partes.

Por fim, em 2008, no rastro de uma tentativa de aquisição pela Microsoft, o Yahoo matou a Brickhouse apesar de ter, contra todas as chances, lançado vários produtos que realmente inovaram a internet para o consumidor. E, embora o sistema imunológico do Yahoo tivesse ganhado essa batalha, a empresa acabou perdendo a guerra. (Mas, desde então,

Salim passou um tempo com a nova diretoria e está animado com os objetivos da CEO Marissa Mayer e da CMO Kathy Savitt.)

Yotopoulos se saiu melhor na SAP, já que os novos negócios criados na Global Business Incubator da empresa foram totalmente protegidos durante os mandatos de três CEOs. Outro fator que contribui para seu sucesso foi que as novas empresas também tiveram uma boa pitada de atributos ExO, incluindo:

- Total autonomia de decisão com processos e procedimentos distintos;
- Equipes de startup pequenas, ágeis, independentes e multifuncionais, responsáveis pela criação de novos negócios a partir da ideia até sua comercialização;
- A capacidade de iterar vários tipos de inovação (modelo de negócio, estratégia de marketing etc.), além da inovação tradicional de nível de produto;
- Testes iterativos de protótipos com clientes no mercado, objetivando a aprendizagem acelerada.

Ivan Ollivier, diretor do Future Lab da Nissan, de forma semelhante, estabeleceu sua unidade no Vale do Silício, longe da sede, onde ele está explorando um futuro de mobilidade de 20 anos para a Nissan. Segundo ele, a separação é fundamental para a independência de ideias e criatividade.

> Recomendação: coloque três agentes de mudança comprovados nas bordas da organização e solte-os como ExOs para causar a disrupção em outros mercados. Aprenda como eles interagem com a nave-mãe e, em seguida, adicione mais.

Contratar uma equipe de *Black Ops*

A definição tradicional de uma equipe de Black Ops é uma operação secreta, disruptiva, clandestina e não imputável à organização que lançou a equipe. Outra estratégia, que se baseia na criação de ExOs periféricas e parcerias com ExOs, é a formação de uma equipe projetada especificamente causar uma disrupção *em si mesma*. A ideia é contratar uma equipe jovem de nativos digitais com iniciativa e dar-lhe a tarefa de montar uma startup, cujo único objetivo é *atacar* a nave-mãe. Parte da tarefa é que a equipe deve interagir com a comunidade externa para identificar oportunidades invisíveis para a empresa.

A empresa de vanguarda em design, a IDEO, experimentou essa abordagem alguns anos atrás. Considerando que os processos e técnicas de design da empresa eram amplamente compreendidos pelo mercado, a alta diretoria percebeu que a empresa estava perigosamente vulnerável à disrupção. Pensando de forma proativa, a diretoria convidou Tom Hulme, um de seus diretores, a formar uma equipe e assumir o desafio de causar uma disrupção na própria IDEO. O resultado foi a OpenIDEO, uma fascinante versão open source da empresa que criou uma capacidade totalmente nova e que, no final, complementou a oferta principal da IDEO.

Na verdade, esse passo requer uma dose considerável de coragem e bom senso. Mas não é isso que define a liderança? E você, como uma grande empresa, pode se dar ao luxo de não fazer isso? Hoje, se você não estiver causando sua própria disrupção, alguém estará; seu destino é ser ou o "disruptor", ou o "disruptado". Não há meio termo.

Na verdade, temos tanta confiança nessa estratégia que, além de uma equipe de disrupção externa, sugerimos a formação de outra equipe interna – digamos, uma equipe vermelha e uma azul, uma vez que o exercício não é diferente das simulações de guerra que testam a força e a prontidão. Dessa forma, duas perspectivas são trazidas à mesa e as apostas são cobertas.

A Cisco Systems, por exemplo, sempre trabalhou em um ambiente de padrões imprevisíveis, em que o mercado pode, de repente, passar de um modelo de tecnologia para outro. Como uma estratégia de hedge, a Cisco financia novos negócios internos focados em seu padrão atual favorito. Ao mesmo tempo, a Sequoia Capital, seu veículo original de capital de risco, financia uma equipe externa – muitas vezes, composta por ex-colaboradores da Cisco – que se dedica a perseguir o padrão concorrente. (A empresa alternativa tem um preço de compra pré-acordado com a Cisco, caso o mercado incline na direção oposta.) Desta forma, a Cisco cobre suas bases e mantém sua agilidade em um mercado incerto. E na Netflix, um sistema chamado Chaos Monkey, de forma deliberada e aleatória, causa uma disrupção na infraestrutura de aplicativos de serviço para garantir que os desenvolvedores cubram todos os possíveis tipos de erro.

> Recomendação: contrate equipes de Black Ops, tanto internas quanto externas, para estabelecer startups com um objetivo conjunto de derrotar um ao outro e causar uma disrupção na nave-mãe.

Copiar Google (X)

Em um evento da Singularity University, há três anos, Larry Page disse a Salim que tinha ouvido coisas boas sobre a Brickhouse e perguntou se o Google deveria criar algo semelhante. A recomendação de Salim foi não; ele acreditava que isso só provocaria a mesma resposta do sistema imunológico que ele havia experimentado no Yahoo.

A resposta de Page foi uma pergunta enigmática: "Como seria uma Brickhouse para átomos?".

Agora sabemos o que ele quis dizer. Ao lançar o Google (X) Lab, o Google aprimorou de forma inimaginável a abordagem clássica de skunkworks para o desenvolvimento de novos produtos. O Google (X) oferece duas novas extensões fascinantes para a abordagem tradicional. Em primeiro lugar, o objetivo são ideias de qualidade estelar (por exemplo, a extensão da longevidade, veículos autônomos, Google Glass, lentes de contato inteligentes, Projeto Loon etc.). Em segundo lugar, ao contrário dos laboratórios corporativos tradicionais, que se concentram nos mercados existentes, o Google (X) combina tecnologias inovadoras com as principais capacidades de informação do Google para criar mercados inteiramente novos.

Recomendamos fortemente que todas as grandes empresas tentem algo semelhante com a criação de um laboratório, um playground para tecnologias inovadoras. Em seguida, elas deverão conduzir experimentos contínuos com novos produtos e serviços, com o objetivo de criar mercados inteiramente novos para a empresa. Igualmente importante é proteger o laboratório (especialmente durante períodos de marasmo) dos "anticorpos" da organização, já que o argumento inevitável é que o laboratório – o corpo estranho – tem um ROI insuficiente. E, por último, mas não menos importante, *preste atenção* às descobertas do laboratório. Grandes ideias sempre surgem do cruzamento de áreas díspares.

As competências principais de uma grande organização, combinadas com novos avanços tecnológicos, criam uma força poderosa que pode gerar um novo futuro para muitas empresas de grande porte mais antigas. Provavelmente, o padrão-ouro nesse aspecto é a 3M, que por muitos anos proporcionou extrema autonomia aos seus pesquisadores e, como resultado, criou inúmeros produtos inovadores em novos mercados – o onipresente Post-it é um excelente exemplo.

A melhor parte é que, graças à drástica redução dos custos de muitas tecnologias aceleradas, a criação de um laboratório avançado não é tão cara. Conforme descrito na tabela do Capítulo 1 sobre os custos decrescentes da tecnologia, há dez anos, custava US$ 100 mil para montar um laboratório de síntese de DNA; hoje o preço caiu para cerca de US$ 5 mil. E enquanto um robô industrial teria custado US$ 1 milhão uma década atrás, o mais recente modelo do mesmo robô (o Baxter da Rethink Robotics) está disponível agora por US$ 22 mil. No mundo dos sensores MEMS, o preço dos acelerômetros, microfones, giroscópios, câmeras e magnetômetros caiu 80% ou mais em relação a cinco anos atrás, de acordo com a McKinsey. E há sete anos, o preço de uma impressora 3D era de US$ 40 mil; hoje, ela custa apenas US$ 100. Em suma, a Lei de Moore é o melhor amigo do laboratório moderno.

> Recomendação: comece com um laboratório interno de tecnologias aceleradas, alavancando as competências essenciais e objetivando inovações estelares a um preço acessível.

Formar parceria com aceleradores, incubadoras e hackerspaces

A última década presenciou uma explosão de novas incubadoras de empresas e aceleradoras, que vão desde a Y Combinator (que criou as startups disruptivas de internet de consumo Dropbox e Uber) à TechShop (baseada em associação). Analisando as grandes empresas do ponto de vista ExO, vamos considerar quatro exemplos:

Techshop

Já examinamos o modelo fascinante da TechShop no Capítulo 3. Vamos explorar agora o impacto da cadeia de forma mais detalhada, com foco no modo como a TechShop está ajudando as grandes organizações, incluindo a Ford e a Lowe's, duas empresas para as quais ela construiu instalações individuais.

O CEO da TechShop, Mark Hatch, oferece aos CTOs da Fortune 500 uma proposta convincente: "Dê-me 1% da P&D e 1% da sua equipe e, em troca, eu lhes retorno dez vezes mais". É uma meta ambiciosa, mas o histórico de Hatch confirma a retórica. Os fundadores da Solum, Inc., especializada na detecção de nitrogênio para a agricultura por meio de GPS, utilizaram as instalações da TechShop desde o conceito Inicial até quatro gerações de desenvolvimento de produto, levantando US$ 1 milhão em apenas 14 semanas. A TechShop presenciou vários outros clientes empresariais alcançarem US$ 1 milhão em vendas em apenas três meses após o lançamento. Para colocar esse período de tempo em perspectiva, considere que algumas organizações de grande porte levam *três meses* só para aprovar *uma etapa* de um processo de stage-gate (técnica de gestão de projetos).

Singularity University Labs

Um fluxo constante de executivos passa pela Singularity University em busca do seu Santo Graal: *qualquer* mecanismo para gerenciar a inovação disruptiva. Em resposta, a SU criou um laboratório para permitir que as equipes de inovação corporativa residam em tempo integral no campus de inovação da universidade e assim possam colaborar e fazer parceria com o portfólio de startups e o corpo docente da entidade. Cada startup da SU tem como objetivo alavancar tecnologias aceleradas para impactar positivamente um bilhão de pessoas. O corpo docente da faculdade inclui os melhores especialistas, profissionais e pesquisadores do mundo em oito tecnologias aceleradas. As organizações que já fazem parte do programa incluem a Coca-Cola, UNICEF, Lowe's e Hershey's.

Um comentário recente de um dos participantes captura a essência do programa: "O acesso a especialistas de renome internacional em tecnologias e organizações exponenciais garante que estejamos pensando além do relatório de ganhos do próximo trimestre – muito além. A maioria dos membros da Corporate Innovation Exchange está aqui para conduzir a disrupção em nossas próprias empresas – antes que dois garotos em uma garagem façam isso por nós".

mach49

Yotopoulos, que também criou a Global Business Incubator da SAP, capitalizou essa experiência única, combinando-a com seu histórico de uma década como capitalista de risco do Vale do Silício. Ele e Linda Yates, uma experiente CEO e membro do conselho público com mais de 20 anos de experiência na condução de estratégia e inovação na Global 1000, estão implementando vários princípios ExO para ajudar as empresas globais a criar novas empresas "adjacentes" geradas a partir da própria organização. Eles pretendem oferecer instalações, redes sociais no Vale do Silício e uma equipe experiente de executivos familiarizados com o mundo empresarial e também com o mundo das startups para iniciar novos negócios corporativos – e fazer isso alavancando os recursos que a própria sociedade não possui (e talvez não tenha como possuir).

Yotopoulos e Yates começam por alavancar a multidão da empresa em um concurso de incentivo para revelar quais empreendedores internos propõem as oportunidades de negócio mais atraentes. As equipes vencedoras ganham viagens com todas as despesas pagas para a mach49 no Vale do Silício. Lá, elas se unem a equipes não competitivas de outros setores. Todos os grupos são imersos no empreendedorismo e design thinking no estilo da startup enxuta. O objetivo é validar as oportunidades de negócios por meio de protótipos e testes de mercado.

Depois de trabalhar junto à equipe e à rede social da mach49, essas pequenas equipes multidisciplinares de empreendedores corporativos saem com oportunidades definidas e validadas e um claro plano de execução. Eles podem então ficar no Vale do Silício para acelerar, retornar para dentro (ou fora) da nave-mãe, ou servir como navegadores para abrir o caminho para maiores aquisições ou parcerias. Embora ainda esteja no início, achamos que o modelo tem um potencial extraordinário.

H-Farm (Treviso, Itália)

Maurizio Rossi, um empresário experiente, criou a H-Farm em 2005 com o veterano da internet, Ricardo Donadon. O objetivo era criar um atelier para "artesãos digitais" em uma instalação no campo, fora de Veneza. Lá, nos 42 edifícios que pontilham uma antiga fazenda, Rossi e Donadon conduzem cursos de formação, hackathons e concursos de design. O programa cresceu e agora abriga 450 empresários e desenvolvedores, e a dupla espera dobrar esse número em dois anos. A maioria de suas equipes é composta de empresários, mas cerca de um terço é formado por aceleradoras corporativas que se associam como membros por um ano.

A H-Farm também conduz hackathons mensais para grandes empresas e os vencedores se hospedam no local para desenvolver suas ideias. Um projeto criativo da H-Farm vem da Porsche, que convida os clientes para a fazenda em sessões de venda nas quais os proprietários de carros da Porsche podem investigar e até mesmo investir em startups. Podemos dizer que essa seja a última palavra em bônus de compra do cliente.

As operações da incubadora listadas acima são apenas alguns exemplos do que está provando ser uma tendência geral. Incubadoras ExO semelhantes estão surgindo em todo o mundo: Communitech e OneEleven, em Ontário; SociaLab, com vários escritórios na América do Sul; Start-Up Chile, em Santiago; e Thinkubator, com sede em Copenhague. O Google, principalmente, anda muito ocupado, fazendo parcerias com a Startup Weekend e Women 2.0, nos EUA; iHub, no Quênia; e Le Camping, na França.

A Everis, uma consultoria multinacional com sede em Madri, fez uma parceria com dois empresários espanhóis, Luis Gonzalez Blanch e Pablo De Manuel Triantafilo, para criar um software de mentoreamento que combina os executivos em grandes empresas com as startups em suas incubadoras internas. A Everis, que pretende oferecer o serviço para centenas de clientes em toda a Espanha, espera levar a consultoria à nova economia de talento aberto, inovação acelerada, conhecimento conectado, big data, moeda inteligente e empreendedorismo difundido. Em cada área, um roteiro provável e um banco de dados já foram criados. Em termos de empreendedorismo, por exemplo, a empresa criou o maior banco de dados de startups de TIC B2B no mundo. Ela tem uma lista de 63 mil organizações de apoio ao empreendedor, está atualmente pesquisando as APIs de mais de 600 websites e já analisou mais de meio milhão de startups e PMEs.

Cada parceria mostrada acima é mais uma prova de nossa convicção de que grandes organizações podem criar parcerias de sucesso com as incubadoras locais. A Business Integration Partners (BIP), uma empresa de consultoria global com sede na Itália, tem até um serviço chamado "Corporate Accelerator in a Box". A BIP ajudou vários clientes blue chip a criar sua própria operação com recrutamento, conexões com capital de risco e parcerias universitárias. Esse serviço inclui gerenciamento de processo e software para ajudar a realizar concursos de incentivo e gerenciar projetos de código aberto.

A Telefonica, a gigante espanhola de telefonia móvel, levou a questão um passo à frente. Ao invés de apenas fazer parcerias com ExOs ou criar uma incubadora interna, ela gerou uma série de incubadoras globais sob a marca Wayra e está patrocinando agressivamente o ecossistema de startups nos países em que atua.

Nós inicialmente desconfiamos da Wayra quando percebemos que mais de 80% de suas startups foram considerados "bem-sucedidas". Esse número elevado indicou uma falta de pensamento inovador – ou seja, a empresa devia ter metas muito baixas. Quando se trata de startups, preferimos ver uma taxa de fracasso de 80%, com 20% apresentando mudanças radicais. No entanto, quando observamos os países em que a Wayra liderou a criação de comunidades de empreendedorismo – em muitos casos, mercados emergentes onde anteriormente não existia mercado –, a expressão "aprenda a andar antes de correr" veio à mente. Ao criar comunidades com várias (embora pequenas) histórias de sucesso, uma plataforma é estabelecida para o futuro pensamento inovador. Afinal, o próprio Vale do Silício levou várias décadas para se desenvolver. A abordagem da Telefonica demonstra um papel de liderança de alto nível em uma indústria que prevê uma queda fenomenal de 85% nas receitas em 2020. A Wayra já gerou quase 400 startups (dentre 25 mil inscrições) durante os últimos três anos.

> Recomendação: encontre uma incubadora ou uma aceleradora que melhor se ajuste à sua organização. Faça uma parceria com ela ou, se a escala for insuficiente para suas

necessidades, financiá-la. Se não existir uma incubadora ou aceleradora, crie uma!

4. ExO lite (o ciclo delicado)

Mesmo quando as grandes empresas precisam manter seu status quo e, portanto, não podem ser transformadas em ExOs, isso não significa que elas não possam assumir alguns dos atributos de uma ExO, que podem ser implementados para acelerar as operações da empresa.

Apresentamos a seguir os atributos IDEAS e SCALE que acreditamos que *toda* organização de grande porte deveria colocar em prática:

Migrar para um PTM

O slogan da Red Bull, "Te dá asas", está muito longe de ser uma declaração de missão tradicional. Nossa recomendação, no entanto, é seguir seu exemplo: grandes empresas precisam se afastar das declarações de missão tradicionais e previsíveis ostentadas pela maioria das empresas da Fortune 500. Em vez disso, elas devem migrar em direção a um Propósito Transformador Massivo.

Como mencionamos anteriormente, prevemos que as marcas irão se fundir com os PTMs aspiracionais, que servirão como um guia para fornecer valor real à sociedade – em outras palavras, para o tripé da sustentabilidade. A fim de inspirar suas equipes, atrair novos talentos e criar poços gravitacionais para suas comunidades, as grandes empresas deveriam fazer o mesmo e formular PTMs únicas. Isso não apenas deverá estabelecer a imagem adequada – baseada na realidade – para as partes interessadas da empresa, especialmente entre os trabalhadores mais jovens da organização, mas também servirá como um princípio orientador quando decisões importantes precisam ser tomadas.

A Allstate, por exemplo, poderia ter formulado uma declaração de missão perfeitamente utilitária dentro do espírito de "Fornecer produtos e serviços que protejam o futuro financeiro de nossos clientes com uma rede de distribuição superior de agentes e afiliados". Perfeitamente utilitária e perfeitamente horrível. Ainda bem que eles optaram pela declaração muito mais inspiradora (e, portanto, universalmente conhecida) "Você está em boas mãos com a Allstate".

A seguir, apresentamos quatro grandes marcas e como elas estão lançando iniciativas que deverão empurrá-las no sentido de um PTM:

- **Vodafone:** Criou uma parceria com a Malala Fund para levar a alfabetização a milhões de mulheres em países em desenvolvimento.

A Vodafone pretende usar a tecnologia móvel para tirar 5,3 milhões de mulheres do analfabetismo até 2020.

- **Coca-Cola:** A Coca-Cola fez uma parceria com o empreendedor e inventor Dean Kamen para alavancar o Slingshot, seu dispositivo de purificação de água. Uma unidade pode fornecer água potável suficiente para 300 pessoas diariamente. Em 2015, a Coca-Cola planeja levar 100 milhões de litros de água a 45 mil pessoas em 20 países.
- **Cisco:** De 2008 a 2012, a Cisco Israel investiu US$ 15 milhões para estabelecer um ecossistema empreendedor saudável no território palestino da Cisjordânia. Graças a essa iniciativa, as empresas palestinas de TIC relataram um aumento de 64% no trabalho de clientes internacionais.
- **Unilever:** A Unilever lançou um Plano de Vida Sustentável em novembro de 2010 para destacar suas metas de sustentabilidade para 2020. Os objetivos incluem ajudar um bilhão de pessoas a tomar medidas para melhorar sua saúde e bem-estar, favorecer as condições de vida de milhões de pessoas em todo o mundo e reduzir o impacto ambiental da empresa em 50%.

Comunidade e multidão

A maioria das grandes organizações está tão ocupada com a gestão interna que acaba não alavancando suas comunidades e muito menos a multidão, que é muito maior. A maioria melhorou um pouco nos últimos anos – de forma quase espontânea, graças à mídia social – mas, mesmo agora, a presença on-line de uma empresa é geralmente limitada a uma página de Facebook administrada sem entusiasmo pelo departamento de marketing.

Como as empresas poderão partir de uma participação prosaica no mundo da Web 2.0 e criar um negócio *realmente social*? Como elas poderão colaborar com a economia de partilha ou com as startups peer-to-peer para impulsionar a inovação internamente? Como elas poderão formar uma comunidade vibrante em torno de seus produtos que lhe permitirá utilizar fóruns P2P para reduzir os custos de suporte?

A Zappos gasta uma grande quantidade de tempo e dinheiro gerenciando sua comunidade e é um excelente exemplo de empresa que lançou um negócio verdadeiramente social. No instante em que você se declara um fã da empresa na mídia social, a Zappos cria ofertas especiais para você por meio de sua seção exclusiva para os fãs. É uma relação que se torna rapidamente uma via de mão dupla – a Zappos chama de relacionamento "Like-Like" – que é projetada para que os clientes criem um laço ainda mais forte com a empresa e seus serviços.

De modo semelhante, a empresa de software Intuit criou a "Intuit Comunity", um lugar onde os usuários postam perguntas e todas são assiduamente respondidas pelos representantes da empresa. Cerca de meio milhão de perguntas foram postadas até o momento, criando uma rica base de conhecimento que responde a questões técnicas e promove novas ideias sobre os produtos e, ao mesmo tempo, melhora significativamente a satisfação do cliente.

Algoritmos

Hoje em dia, todas as empresas acabam gerando montanhas de dados, sendo que uma parte muito pequena é realmente utilizada. Isso é uma pena. Se as empresas efetivamente analisassem alguns dos dados coletados, elas teriam uma visão extraordinária sobre seus produtos, serviços, canais de distribuição e clientes.

No entanto, outra razão para utilizar algoritmos e dados é que a maioria dos novos modelos de negócio é baseada em informação. Ativos físicos não crescem exponencialmente, mas os ativos digitalizados resultam em novos casos de uso, parcerias, ecossistemas, regras e modelos de negócio. Se você quiser ser realmente disruptivo, o componente da informação é fundamental. As empresas inteligentes já estão usando serviços como Kaggle, Palantir, Cloudera, DataTorrent, Splunk e Platfora para insight de dados; elas também estão usando variações do aprendizado de máquina de código aberto do Apache Hadoop. Na verdade, as possibilidades são infinitas – as empresas só precisam tirar proveito delas. O Google certamente faz isso: observe como a empresa, de forma implacável, alavanca dados de quase todas as funções de negócio. O mesmo também é possível para a maioria das outras empresas. Ideias baseadas em dados também fornecem um contraponto importante (e verificação da realidade) para a tomada de decisão tradicional com base na intuição.

Por exemplo, em 2010, Jeremy Howard foi o cientista-chefe da plataforma Kaggle. Agora, como membro adjunto do corpo docente da Singularity University, ele recentemente prestou consultoria para uma das maiores empresas de telefonia móvel do mundo. Howard executou um conjunto de algoritmos de aprendizado de máquina sobre os dados dos clientes da empresa para analisar a solvabilidade. Em menos de um mês, ele identificou um valor espetacular de US$ 1 bilhão em economias imediatamente implementáveis. (E é isso mesmo: US$ 1 bilhão... ele realmente deveria ter cobrado um honorário percentual). Howard lançou recentemente uma nova empresa, a Enlitic, que utiliza algoritmos para detectar tumores em escaneamentos médicos. Os escaneamentos que passaram por esses algoritmos servirão como um campo de treinamento para análises futuras, sem intervenção humana.

Engajamento

A criação de jogos, competições e concursos de incentivo (de preferência com metas congruentes com um PTM) são maneiras fáceis para as grandes empresas se envolverem rapidamente com suas comunidades. Na verdade, uma grande variedade de ferramentas já apoia essas iniciativas.

Obter feedback instantâneo dos clientes também é um fator crítico para o desenvolvimento do produto. Isso não tem que ser feito apenas externamente: Philip Rosedale, o criador do Second Life, implementou algumas ideias fascinantes em sua recente startup, a High Fidelity. Por exemplo, como observamos anteriormente, os colaboradores de Rosedale votam trimestralmente sua permanência ou não como CEO. (Aparentemente, ele deve permanecer. Rosedale teve um apoio de 92% na última votação.)

A Unilever, uma das maiores empresas de bens de consumo do mundo, tem dois bilhões de consumidores em todo o mundo que consomem uma ou mais de suas 400 marcas, diariamente. Em junho de 2013, a Unilever anunciou uma parceria com a eYeka – uma plataforma de crowdsourcing que conecta as marcas com 288.907 solucionadores de problemas criativos de 164 países. No total, foram 683 concursos que premiaram US$ 4,4 milhões na eYeka. Os participantes do concurso da Unilever tiveram que projetar um Recycling Shower – um chuveiro sustentável que economiza água. Dentre os 102 participantes, cinco vencedores foram premiados com um total de € 10 mil em dinheiro. A Unilever também alavanca a eYeka para sediar competições para suas marcas de portfólio, como a Clear, Lipton e Cornetto, entre outras.

Dashboards

Estendendo a noção de que a tomada de decisões nas empresas deve ser impulsionada por dados e não pela intuição, os dashboards oferecem uma maneira intuitiva de apresentar informações complexas de forma simples e convincente.

John Seely Brown e John Hagel observaram que, embora todas as grandes organizações sejam estruturadas para aumentar a eficiência, nessa nova economia o que realmente precisamos aumentar é a aprendizagem[1]. E, embora existam alguns sistemas muito bons de

[1] <dupress.com/articles/institutional-innovation/>.

business intelligence (BI), eles são criados principalmente para medir a escala de eficiência. O que é necessário agora são novos painéis para medir a capacidade de aprendizagem das organizações. E, se esses dashboards de aprendizagem não surgirem logo, as grandes empresas precisam exigir de seus Chief Data Officers (a nova posição de nível C do momento).

O que exatamente os dashboards de aprendizagem devem monitorar? Eis algumas sugestões:

- Quantos experimentos (de startup enxuta) ou testes A/B o Atendimento ao Cliente executou na semana passada? E o marketing? Vendas? RH?
- Quantas ideias inovadoras foram coletadas no passado?
- Quantas foram implementadas?
- Qual a percentagem do total das receitas que foi gerada por novos produtos nos últimos três anos? E nos últimos cinco anos?

Os objetivos e resultados-chave (OKRs) também são indicadores importantes para as corporações, embora os OKRs sejam mais importantes em novas startups, onde altas taxas de crescimento de contratações exigem um ciclo de feedback mais curto. Mas as grandes empresas também precisam deles porque os OKRs:

- Incentivam o pensamento disciplinado (grandes metas virão à tona);
- Aumentam a comunicação eficaz (todos aprendem o que é importante);
- Estabelecem indicadores para medir o progresso (mostram em que ponto a empresa se encontra);
- Focalizam no esforço (e, assim, sincronizam a organização).

Em 2008, Jeff Weiner, o novo CEO do LinkedIn, introduziu OKRs na empresa, com os objetivos de permitir que todos os colaboradores se alinhassem com a missão do LinkedIn e de fornecer um mecanismo flexível e automático para acompanhar os progressos. Essa medida é amplamente considerada uma das principais razões pelas quais o LinkedIn tornou-se uma empresa de US$ 20 bilhões.

Acreditamos que, no futuro, o indicador definitivo das organizações não será o ROI (Return on Investment), mas o ROL (Return on Learning, ou retorno sobre o aprendizado). Kyle Tibbits recentemente aplicou essa noção ao nível do trabalhador individual, quando observou: "A recompensa mais valiosa de se trabalhar em uma startup, em oposição a um 'emprego normal', é uma taxa de aprendizagem dramaticamente maior (ROL)"[2].

Duleesha Kulasooriya, do Center for the Edge, considera a inovação em grandes empresas como uma questão de mensuração. Niall Daly, ex-consultor de gestão e Fundador/CFO da Backpocket, concorda, ressaltando que "Com a inovação disruptiva, você tem que medir os efeitos não lineares, ao invés de utilizar métodos de contabilidade lineares. Isso deixa mais espaço para a verdadeira inovação. A imprecisão não é aceita hoje em ambientes corporativos". John Hagel acredita que os pensadores nas bordas das grandes organizações devem acompanhar as métricas que receberão a atenção da liderança no núcleo, mas devem, ao mesmo tempo, identificar e acompanhar implacavelmente um novo conjunto de métricas relevantes às ExOs.

Outra abordagem para os dashboards em grandes organizações é o Modelo Doblin. O Grupo Doblin passou 35 anos pesquisando a inovação e reconheceu que a maioria dos altos executivos considera a inovação como sendo principalmente uma característica do produto. No entanto, eles descobriram que existem mais dez tipos de inovação para acompanhar de forma equilibrada em toda a organização:

1. **Modelo de Lucro:** como você ganha dinheiro;
2. **Rede Social:** como você se conecta com outras pessoas para criar valor;
3. **Estrutura:** como você organiza e alinha seus talentos e ativos;
4. **Processo:** como você usa métodos diferenciados ou superiores para realizar seu trabalho;
5. **Desempenho do Produto:** como você desenvolve características e funcionalidades diferenciadas;
6. **Sistema de Produto:** como você cria produtos e serviços complementares;
7. **Serviço:** como você apoia e amplia o valor de suas ofertas;
8. **Canal:** como você entrega suas ofertas aos clientes e usuários;
9. **Marca:** como você representa suas ofertas e o negócio;
10. **Engajamento do cliente:** como você promove interações cativantes.

O iPod e o iTunes da Apple, por exemplo, integram oito dos dez tipos – um sinal revelador. De fato, as empresas que utilizam o Modelo Doblin para controlar e equilibrar seus portfólios de inovação têm relatado um ROI várias vezes maior pelos seus esforços. Acreditamos que o modelo de Doblin,

---

[2] <www.kyletibbitts.com/post/83791066613/rate-of-learning-the-most-valuable-startup>.

utilizado em conjunto com um diagnóstico de ExO, oferece um excelente indicador de desempenho para uma grande organização.

A empresa global de varejo espanhola, a Zara, que tem cerca de duas mil lojas em 90 países, utiliza estatísticas em tempo real e dashboards de forma extensiva[3]. O varejista contrariou a tendência de tentar alcançar o sucesso por meio de economias de escala e se concentrou em lotes únicos e pequenos e um processo de produção quase em tempo real. Por exemplo, quase metade das peças de vestuário da Zara é fabricada centralmente. Uma decisão que lhe permite passar de um novo design para a distribuição em menos de duas semanas. Isso também ajuda a explicar por que 75% da mercadoria exposta são renovados a cada mês. No final, os compradores visitam as lojas da Zara, em média, 17 vezes por ano, um número quatro vezes maior em relação às suas concorrentes.

Experimentação

Talvez o atributo mais importante para uma organização em termos de aprendizagem seja a experimentação, o que é particularmente difícil para as grandes organizações, uma vez que elas tendem a se concentrar na execução em vez da inovação. Mas qualquer empresa de grande porte pode implementar técnicas como a abordagem da startup enxuta, bem como testar continuamente as premissas. De fato, em um mundo cada vez mais volátil, a compreensão que uma organização tem sobre o mundo exterior precisa acompanhar a realidade. E isso requer que se assuma riscos. No entanto, assumir riscos também significa enfrentar uma maior chance de fracasso.

Você deve se lembrar dos "prêmios pelo fracasso" que mencionamos no Capítulo 4. Tais prêmios, é claro, não são novidade: na década de 1970, David Packard notoriamente concedeu uma "Medalha de Desobediência" ao colaborador Chuck House, que havia ignorado as ordens e criou o que acabou se tornando um novo produto de sucesso. Mas embora os "prêmios pelo fracasso" sejam ótimos na teoria, a verdade é que a maioria das grandes organizações pune severamente o fracasso. Recomendamos com veemência que as recompensas pelo risco e a monitoração de experimentos se tornem um componente-chave do processo de reconhecimento utilizado pelas grandes empresas. Para acompanhar seu portfólio de inovação, por exemplo, a Amazon registra exatamente quantos experimentos um departamento realizou, bem como sua taxa de sucesso.

---

[3] <www.slideshare.net/amritanshumehra/zara-a-case-study>.

A GE fez algo ainda mais ambicioso com seu programa FastWorks, em que o especialista em startup enxuta, Eric Ries, foi convidado para treinar 80 coaches[4]. Apoiado pela alta administração da GE (incluindo o CEO Jeffrey Immelt) o programa expôs cerca de 40 mil colaboradores da GE aos princípios da startup enxuta. Como resultado do programa FastWorks, uma das maiores iniciativas já realizadas na GE, mais de 300 projetos foram lançados globalmente. Um exemplo é o scanner PET/CT, cujo desenvolvimento normalmente custaria milhões de dólares e levaria de dois a quatro anos. Porém, graças a iterações rápidas com o cliente, o tempo de desenvolvimento foi reduzido à metade e o protótipo desenvolvido por um valor dez vezes menor.

Tecnologias sociais

Embora possa parecer que as iniciativas de tecnologia social já foram adotadas por todas as empresas e para todos os produtos possíveis, Michael Chui, da McKinsey Global Institute, estima que até *80%* do valor real das mídias sociais ainda não foi explorado. Ainda mais impressionante é que Jonah Berger, da Wharton, calcula que "apenas 7% da propaganda boca a boca é on-line." Nem é preciso dizer que essas conclusões indicam um enorme potencial de crescimento para os produtos e serviços devidamente projetados.

Internamente, as tecnologias sociais concentram-se principalmente em ferramentas de colaboração, como Dropbox, Asana, Box, Google Drive e Evernote. Começando pelos dados de missão não crítica, equipes internas utilizam o compartilhamento de arquivos e realizam discussões ao vivo sobre seu fluxo de trabalho. Lembra-se de nosso estudo de caso sobre o GitHub no Capítulo 7? Do ponto de vista da colaboração, uma boa pergunta a se fazer é: Quais tecnologias sociais avançadas do GitHub as empresas podem implementar de forma controlada?

Mais sobre o tema da colaboração: o *VentureBeat* relata que mais de 80% das empresas da Fortune 500 implantaram software social como o Yammer[5]. No entanto, de acordo com Charlene Li e Brian Solis, da Altimeter Group, apenas 34% dos 700 executivos e estrategistas sociais pesquisados acreditavam que seus esforços sociais tiveram um efeito sobre os resultados do negócio.

De modo semelhante, a revista *Computing* realizou recentemente um levantamento com 100 diretores de TI, e descobriu o seguinte:

---

[4] <www.gereports.com/post/82723688100/the-biggest-startup-eric-ries-and-ge-team-up-to>.

[5] <venturebeat.com/2011/08/22/yammer-salesforce-integration/>.

- Do total, 68% disseram que sua organização está usando algum tipo de colaboração;
- Apenas 12% disseram que possuíam um pacote empresarial de software de colaboração;
- E 17% permitem ou deliberadamente ignoraram o uso de produtos de consumo (por exemplo, Evernote, Dropbox)[6].

O especialista em mudança, Dion Hinchcliffe, da Adjuvi, considera a implementação das estruturas sociais via departamentos de TI "uma mudança de ênfase de sistemas de registro para sistemas de engajamento" e documentou vários exemplos de grandes organizações que obtiveram excelentes resultados após a implantação de tecnologias colaborativas.

A CEMEX, a gigante mexicana do concreto, é um desses exemplos, e é um caso particularmente inspirador, devido à alta média de idade de sua força de trabalho. A pesquisa de Hinchcliffe mostrou que após um ano da introdução de ferramentas de colaboração, 95% dos colaboradores da CEMEX estavam utilizando-as. Por quê? Porque o programa piloto para introduzir as ferramentas foi projetado exclusivamente para a alta administração, que geralmente demora a adotá-las. Ao fazer com que todos adotem as ferramentas logo no início, o sucesso foi garantido.

5. Conclusão

Como observamos no Capítulo 5, ao construir uma ExO, não é realista esperar que todos os dez atributos sejam implementados. No entanto, quando se trata de grandes empresas, acreditamos que é importante empregar vários – e empregá-los *hoje*. Lembre-se, já fomos atingidos pelo cometa da informação e, por isso, precisamos nos adaptar rapidamente a esse novo mundo. E as chaves para a adaptação são o PTM, IDEAS e SCALE. Uma das razões pelas quais estamos otimistas com essa abordagem é que ela resolve o estigma do "Big Bet" de apostar em uma estratégia não comprovada. Ao realizar experimentos e criar ExOs nas bordas, as grandes empresas são capazes de lançar inúmeros desdobramentos de baixo custo e alto potencial que não representam qualquer ameaça para Wall Street ou aos bônus dos executivos. É por isso que a GE, a Coca-Cola e outras grandes empresas estão rapidamente abraçando a Experimentação.

A Apple é um bom exemplo de como uma grande empresa enfrenta esse desafio. A competência central da Apple sempre foi o design, e o

[6] <www.computing.co.uk/ctg/news/2344575/organisations-embracing-on-line-collaboration-tools>.

modo como ela lança esse design segue um caminho definido. Em suma, a fórmula da Apple é:

1. Alavancar as capacidades centrais de design;
2. Formar pequenas equipes de transformadores extraídas da organização principal;
3. Enviar essas equipes para a borda da organização;
4. Combinar o design com novas tecnologias de ponta;
5. Criar a disrupção total de um mercado tradicional.

Esse não é um mau modelo para se seguir. Começando com o iPod, que causou a disrupção nos aparelhos de música, em seguida, com o iTunes, que fragmentou a distribuição de música, e então com o iPhone e, mais recentemente, com o iPad, a Apple demonstrou o que uma ExO pode fazer na borda de uma organização existente. Ela também apontou que a recompensa pode ser enorme. Em 2012, por exemplo, 80% das receitas da Apple vieram de produtos que tinham menos de cinco anos de idade. Essas novas receitas ajudaram a transformar a Apple na empresa mais valiosa do mundo.

A Amazon representa mais um arquétipo dessa filosofia. Jeff Bezos inúmeras vezes revelou coragem ao canibalizar proativamente seus próprios negócios (por exemplo, o Kindle à custa dos livros físicos), lançar ExOs periféricas (Amazon Web Services), comprar empresas que estavam causando disrupção (Zappos) e buscar tecnologias transformadoras (*drones* de entrega). Essa liderança corajosa é fundamental na era das ExOs.

Embora as grandes organizações possam ter dificuldades para se adaptar estruturalmente a essa nova era, elas ainda possuem uma vantagem fundamental: o *capital intelectual*. As grandes empresas não ficam grandes por acaso. A maior parte dos grandes cérebros do mundo está conduzindo essas organizações, e eles têm a capacidade de encontrar maneiras surpreendentes para capturar ou adaptar os princípios ExO. Só é preciso visão e vontade. Ou, na sua falta, medo.

No próximo capítulo, vamos examinar em profundidade alguns exemplos de como as grandes organizações estão se adaptando à era das ExOs.

CAPÍTULO 9

Grandes empresas se adaptam

Vamos examinar agora como as empresas progressistas estão implementando as ideias discutidas no capítulo anterior. Algumas estão construindo ExOs em suas bordas; outras estão adquirindo ou investindo em ExOs em seu espaço de mercado (marketspace) atual; outras, ainda, estão implementando ExO Lite.

Um ditado comum no Vale do Silício é "*a execução faz picadinho da estratégia*". Então, antes de começarmos, vamos primeiramente examinar o que pode dar errado quando uma empresa mergulha no universo ExO. Isto não é uma especulação fútil. Enquanto estudávamos as empresas, cujas iniciativas estavam produzindo resultados positivos, também encontramos algumas que se perderam no caminho. Por exemplo, estamos convencidos de que um dos maiores erros da Blackberry foi jamais possuir um PTM, enquanto a queda da Blockbuster pode ser atribuída ao fato de que ela nunca alavancou sua comunidade (para não mencionar sua considerável arrogância quando a Netflix implorou por um acordo de parceria).

Bridgewater – Queimando pontes

Também encontramos organizações que, embora não tivessem fracassado completamente, tentaram alguns princípios ExO mas experimentaram consequências adversas.

Uma dessas empresas é o fundo de hedge Bridgewater Associates, que usa a transparência radical para tentar alcançar uma cultura de ultra-honestidade que esteja livre de traços negativos. Embora não haja dúvida de que a empresa é um sucesso fenomenal, também não há dúvida de que ela sofre de uma elevada taxa anual de rotatividade de colaboradores, um problema que atribuímos ao seu compromisso inflexível com a "transparência perfeita."

Por exemplo, *cada* conversa, telefonema e reunião na Bridgewater é gravada e disponível para todos os colaboradores, que têm o poder de desafiar *qualquer* um na empresa. Os colaboradores não só têm a liberdade de questionar os colegas de trabalho, como também são incentivados a atacar as ideias uns dos outros.

Mas isso não é tudo. Colaboradores sujeitos ao maior número de ataques recebiam bônus menores. Como você pode imaginar, a prática da Bridgewater na verdade não resulta em maior honestidade. Em vez disso, ela promove um ambiente de antagonismo, traição e parcerias secretas. (Relatos verbais sugerem que os ex-colaboradores levam até um ano para se recuperar da cultura intensa da Bridgewater.)

Nossa avaliação é que a Bridgewater é uma empresa sem um propósito – ou seja, não tem um PTM. E sem esse propósito maior e unificador, a agressividade que a empresa incute em seus colaboradores acaba mal-direcionada; os colaboradores simplesmente se voltam uns contra os outros. A única aspiração que eles possuem é a de serem menos atacados do que seus colegas, resultando em um cenário hobbesiano de "todos contra todos" que, se não for mudado, vai impedir que a Bridgewater um dia se torne um lugar gratificante para se trabalhar.

Os exemplos a seguir mostram como algumas empresas de grande porte estão se adaptando à era das ExOs.

The Coca-Cola Company – Abertura exponencial

A Coca-Cola, uma das maiores corporações e uma das mais bem-distribuídas geograficamente do mundo, é particularmente vulnerável à era das ExOs, uma vez que possui vastos ativos e tem 130 mil colaboradores.

No entanto, a Coca-Cola não atingiu o ápice da indústria e assegurou essa posição por mais de um século sem ser progressista e adaptável. Mantendo sua tradição de definir metas agressivas, a Coca-Cola está atualmente a meio caminho de uma meta ambiciosa e exponencial: dobrar suas receitas no período de 2010 a 2020. Para atingir esse objetivo, a empresa adotou vários elementos que se correlacionam bem com o pensamento ExO. (Francamente, para atingir esses valores, a empresa não tem muita escolha.)

Um dos maiores indícios de que a Coca-Cola assumiu uma forma exponencial de pensar é que ela adotou como PTM: "Refrescar o Mundo". Um componente da nova campanha de marketing da empresa, Abra a Felicidade, "Refrescar o Mundo" é certamente Massivo, pode ser Transformador e tem um Propósito real. Embora, à primeira vista, a frase possa soar como apenas mais um slogan de marketing, na verdade, ela já começou a galvanizar a empresa. Por exemplo, depois que o Tufão Haiyan atingiu as Filipinas em 2013, a Coca-Cola alocou todo seu orçamento de publicidade ao país para o auxílio a catástrofes. Isso sim é fazer o que diz. O PTM serviu para abrir um caminho interno ao pensamento não tradicional.

A Coca-Cola também determinou a melhor forma de se justapor à comunidade startup. Ela percebeu que as melhores ideias, na maioria das vezes, vêm de fora da organização e de sua cadeia de suprimentos e que os principais pontos fortes da empresa são alavancar ativos, criar efeitos de rede, planejamento e execução. Como David Butler, vice-presidente de inovação e empreendedorismo da Coke, disse recentemente: "Isso se tornou nossa visão – facilitar o intercâmbio entre os especialistas das startups e os das grandes empresas".

Para cumprir essa filosofia de startup, a Coca-Cola está trabalhando com Steve Blank e Eric Ries para implementar sua filosofia da startup enxuta em toda a corporação (Experimentação). Vários pequenos esforços, cada um com um MVP (produto viável mínimo), deverão iterar hipóteses e disponibilizar essa abordagem a qualquer pessoa na empresa, por meio de uma iniciativa chamada Open Entrepreneurship. Os efeitos da Experimentação foram imediatos: Butler relata que, devido à iniciativa, as metas de sustentabilidade da Coca-Cola já melhoraram em 20%.

A Coca-Cola também se tornou um dos membros fundadores da Singularity University Labs, onde as equipes disruptivas, distantes da nave-mãe (Autonomia, Ativos Alavancados), podem trabalhar com startups em produtos e serviços da próxima geração. E para garantir que as novas ideias possam evoluir à parte do pensamento tradicional, a Coca-Cola está criando novas empresas completamente separadas dos atuais negócios geradores de dinheiro. Essas novas empresas desfrutam de plena autonomia do sistema tributário, legal, financeiro e de RH da Coke (Autonomia, Dashboards).

No entanto, há um afastamento notável em relação à filosofia ExO: a transparência de sua inovação disruptiva. Acreditamos que os esforços de inovação disruptiva funcionam melhor quando operam em modo invisível, separados do resto da empresa, para evitar o desencadeamento de uma resposta do sistema imunológico organizacional. Em vez disso, a Coca-Cola, assumindo a visão de longo prazo, criou equipes de inovação disruptiva transparentes, com o objetivo abertamente declarado de mudar a cultura da empresa principal. A empresa até assumiu publicamente uma posição estratégica de integrar inovações disruptivas em sua própria essência.

É um experimento audacioso e nós estamos observando atentamente para ver como ela vai se sair. Acreditamos que, se a atividade principal da Coca-Cola for infectada a tempo pelo meme da startup enxuta, a empresa verá o valor dessa abordagem de inovação e se tornará ainda mais aberta aos esforços de inovação disruptiva nas bordas.

Em suma: a inovação corporativa na Coca-Cola não tem tanto a ver com o sucesso de cada startup interna, mas mais com a sustentabilidade e repetibilidade do próprio modelo de negócio de inovação. Certamente, em seu setor, a Coca-Cola é um ótimo exemplo de empresa que está enfrentando um futuro disruptivo.

Nossa avaliação do Quociente Exponencial da Coca-Cola: 62 de 84

PTM	S	C	A	L	E	I	D	E	A	S
P				P	P			P	P	

(Nota: todas as avaliações neste capítulo foram realizadas pelos autores, utilizando o Levantamento de Diagnóstico Exponencial encontrado no Apêndice A. Vinte e uma questões são pontuadas de um a quatro. Uma pontuação acima de 55 indica uma ExO.)

Haier – Cada vez mais alto

Uma das maiores preocupações que ouvimos das empresas que estão implementando o pensamento ExO é que "Ele pode funcionar no Vale do Silício, mas simplesmente não vai funcionar em Londres, Budapeste ou em Milão".

Em seu livro *The New Geography of Jobs*, Enrico Moretti argumenta exatamente isso: o local onde a empresa está sediada realmente importa. Por exemplo, se você estiver tentando criar uma empresa global na Itália, os falantes da língua italiana na sede da empresa não terão uma perspectiva global. Não é por acaso que a maioria das ExOs que encontramos está sediada no Vale do Silício, ou pelo menos em países de língua inglesa. No entanto, em nossa pesquisa, nós encontramos várias grandes empresas, em localidades onde não se fala inglês, que estão implementando com sucesso os princípios ExO.

Talvez a mais notável delas seja a Haier, fabricante chinesa de eletrodomésticos (anteriormente conhecida como Qingdao Refrigerator Company), que tem 80 mil colaboradores e que registrou US$ 30 bilhões em vendas apenas em 2013.

Bill Fischer, coautor, com Umberto Lago e Fang Liu, do livro *Reinventing Giants: How Chinese Global Competitor Haier Has Changed the Way Big Companies Transform*, faz uma observação importante: "o modelo de negócio e a cultura corporativa estão inextricavelmente ligados"[1]. Os autores acompanharam Haier por mais de uma década e identificaram quatro fases fundamentais pelas quais as grandes organizações devem passar para reinventar suas culturas:

- Construir qualidade;
- Diversificar;
- Reestruturar o processo de negócio;
- Reduzir a distância do cliente.

Zhang Ruimin, ex-administrador da Haier que foi nomeado CEO pelo Estado chinês em 1984, implementou a fase de construção de qualidade no início de seu mandato. Em um episódio famoso, ele distribuiu marretas aos colaboradores e, juntos, destruíram algumas dezenas de refrigeradores de baixa qualidade. Seu próximo passo foi diversificar para outros eletrodomésticos. Em 2005, Zhang decidiu eliminar toda a camada gerencial média e reorganizou os 80 mil colaboradores da empresa em dois mil ZZJYTs, um acrônimo chinês para unidades autogeridas independentes, cada qual com sua demonstração de resultados, onde os membros da equipe são pagos de acordo com o desempenho (Autonomia). Essas unidades possuem várias características fascinantes:

- Os colaboradores podem se alternar entre as unidades;
- Cada unidade tem uma demonstração de resultados e os membros da equipe dividem os lucros, têm seus próprios incentivos baseados no desempenho e são pagos de acordo com o desempenho;
- Os colaboradores em contato direto com o cliente recebem máxima flexibilidade e total liberdade para tomar decisões;
- Em vez de seguir um conjunto de ordens da empresa, a responsabilidade principal da equipe é a de aumentar a demanda do cliente;

---

[1] <www.forbes.com/sites/stevedenning/2013/05/13/the-creative-economy-can-industrial-giants-reinvent-themselves/>.

- Qualquer pessoa pode propor novos produtos, que são submetidos à votação, não apenas dos colaboradores, mas também dos fornecedores e clientes, que juntos determinam quais projetos serão financiados (Experimentação, Comunidade e Multidão);
- O autor da proposta vencedora torna-se o líder da unidade, com o poder de recrutar membros de equipe de toda a organização;
- Todo trimestre, cada equipe tem a oportunidade de votar na saída do seu líder de unidade (Autonomia);
- O desempenho é monitorado diariamente e em tempo real (Dashboards);
- O sistema de gestão comunitária da Haier, conhecido como HOPE (Haier Open Partnership Ecosystem), é um ecossistema de inovação aberto, por meio do qual 670 mil usuários se comunicam com fornecedores e outros clientes em busca de novas oportunidades de negócio (Engajamento). Qualquer pessoa pode contribuir com ideias ou concorrer em concursos (Engajamento: concursos de incentivo);
- A Haier lançou um concurso global, o Green Home Vision, e um concurso global de slogans no Facebook. Em seu primeiro ano, quatro vencedores (entre 200 slogans inscritos) ganharam uma viagem para a China. (Comunidade e Multidão, Engajamento).

A Haier foi nomeada a marca mais valiosa na China nos últimos 13 anos. Tanto a revista *Fast Company* quanto o Boston Consulting Group recentemente a nomearam uma das empresas mais inovadoras do mundo. Na verdade, apesar de ser supervisionada pelo governo chinês, a Haier é incrivelmente inovadora. Por exemplo, a empresa está atualmente trabalhando em um nanorefrigerator de tecnologia de ponta que permitirá que os consumidores criem alimentos dentro de uma geladeira em alguns dias, utilizando iluminação avançada e modelos matemáticos de crescimento de vegetais.

As receitas da Haier aumentaram quatro vezes nos últimos 14 anos. As vendas chegaram a US$ 29,5 bilhões em 2013, quando a Haier vendeu mais de 55 milhões de eletrodomésticos. De 2011 a 2014, a capitalização de mercado da Haier triplicou, passando de US$ 20 bilhões para US$ 60 bilhões, em grande parte devido à implementação da Autonomia e da Experimentação. Como era de se esperar, a empresa obteve pontuações altas como uma ExO.

Quociente exponencial da Haier: 68 de 84

PTM	S	C	A	L	E	I	D	E	A	S
		P			P	P	P	P	P	P

Xiaomi – Dando o exemplo

É difícil descrever a incrível ascensão da Xiaomi Tech, outra empresa chinesa. Fundada em junho de 2010 e focada em smartphones Android de baixo custo, a empresa vendeu 20 milhões de aparelhos em 2013, registrando um faturamento anual de mais de US$ 5 bilhões.

Lei Jun, um de seus fundadores, é visto como um Steve Jobs chinês. E não foi apenas por ter sido fortemente inspirado pelo design, marketing e gestão de cadeia de suprimentos da Apple, mas também pelo intenso foco da Xiaomi no desempenho, qualidade e experiência do cliente – características que Lei Jun deseja tornar disponíveis a todos, a preços acessíveis.

A Xiaomi oferece uma experiência de smartphone da Apple com o desenvolvimento de softwares, a velocidade e os processos do Google Android, tudo a um preço baixo. Atualmente, a empresa vende mais que a Apple na China e está alcançando a Samsung. Seus produtos estão disponíveis em quatro países asiáticos e a empresa planeja expandir para mais dez mercados emergentes, incluindo a Índia e o Brasil. Nem é preciso dizer que a Xiaomi apresenta um conjunto completo de características ExO.

A Xiaomi possui uma estrutura extremamente achatada, composta por fundadores, líderes de departamentos e cerca de 4.300 colaboradores, um sistema que permite a rápida comunicação e tomada de decisões em uma organização em ritmo acelerado (Autonomia). Cerca de três mil colaboradores, incluindo 1.500 pessoas atuando em uma central de atendimento, realizam o comércio eletrônico, logística e pós-venda. O resto (1.300 colaboradores) trabalha em P&D, representando 30% da força de trabalho – um número significativo.

A cultura das equipes individuais é a de um clã ou tribo tradicional – semelhante a uma família e focada no mentoreamento, colaboração e flexibilidade (Autonomia, Experimentação). Dinâmica e empreendedora, com foco em assumir riscos, a Xiaomi só contrata pessoas que sejam apaixonados pelo seu trabalho e que sejam especialistas em suas respectivas áreas. Os incentivos estão disponíveis na forma de participação nos lucros e rotação de trabalho, o que significa que os colaboradores têm a liberdade de mudar de função a qualquer momento.

A grande diferença em relação à Apple é o modo como a Xiaomi alavanca extensivamente seu ecossistema (Comunidade e Multidão). Lei Jun está convencido de que os clientes são a melhor fonte em termos de design de produtos e serviços. Como resultado, os colaboradores da Xiaomi são obrigados a passar pelo menos 30 minutos por dia interagindo com os clientes em fóruns de usuários e redes sociais. A Xiaomi também realiza eventos especiais para sua comunidade de quase dez milhões de fãs, e organiza lançamentos de produtos elaborados, assim como o Google e a Apple.

Os seguidores mais leais da Xiaomi são chamados de "Mi fen" (米粉 em chinês), que além de significar "fã da Xiaomi" também quer dizer "farinha de arroz", uma brincadeira com o nome da Xiaomi, que significa milheto ou "arroz pequeno". Durante o Mi Fen Festival de 2014, os fãs compraram US$ 242 milhões em produtos em apenas 12 horas. A Xiaomi criou um jogo para o festival chamado de Kings of Knockout, em que os usuários tinham a chance de ganhar cupons de desconto (Engajamento). O jogo foi intensamente promovido no site da rede social chinesa Weibo, bem como no Twitter, Facebook e Google+. Recentemente nomeado vice-presidente global, Hugo Barra, ex-vice-presidente do Google Android, acha que esse tipo de engajamento informal e lúdico é a principal razão para a fidelidade à marca dos fãs da Xiaomi.

Conforme Lei Jun previu, a comunidade também contribui para o desenvolvimento do produto. Das 25 línguas atualmente disponíveis em seu sistema operacional, a Xiaomi desenvolveu apenas três; o restante foi criado por usuários (Comunidade e Multidão). Essa comunidade de quase dez milhões de usuários ajuda a empresa não só com produtos, mas também com o apoio. A Xiaomi possui uma plataforma de serviço ao cliente totalmente peer-to-peer, dirigida e organizada pelos próprios usuários. Além de tudo isso, os custos de marketing da empresa são relativamente baixos, uma vez que a Xiaomi vende seus produtos diretamente pela internet, sem o uso de revendedores. Na verdade, todo o marketing é realizado por meio de mídia social, com os consumidores espalhando as ideias de forma viral, sem nenhum custo para a empresa. Apesar de ter sido inicialmente muito difícil encontrar parceiros de fabricação para seus smartphones, a empresa agora utiliza a Foxconn e outros parceiros para suas linhas de produtos (Ativos Alavancados). A Xiaomi também divulga os nomes e os números dos componentes de todos seus fornecedores, o que ajuda a protegê-los de muitos dispositivos falsificados que inundam o mercado chinês.

Imagine vender 20 milhões de smartphones em apenas três anos – desde sua fundação. A Xiaomi, fazendo exatamente isso, incorpora dez dos onze atributos ExO.

Quociente exponencial do Xiaomi: 74 de 84

PTM	S	C	A	L	E	I	D	E	A	S
P	P	P		P	P	P	P	P	P	P

The Guardian – O guardião do jornalismo

Nos últimos 15 anos, a imprensa escrita vem sofrendo do clássico dilema do inovador. Em seu sistema tradicional, o conteúdo editorial gerava leitores e os leitores geravam receita de publicidade, que por sua vez financiava a redação.

À medida que os consumidores estão evitando cada vez mais publicações impressas em favor da internet e outros meios de comunicação, o modelo de negócio tradicional dos jornais não foi convertido para o mundo on-line, um golpe devastador que está resultando na morte gradual de muitos jornais. Algumas organizações de notícias de primeira linha, como o *New York Times* e o *Wall Street Journal*, têm até agora evitado esse destino graças aos modelos freemium ou paywalls (conteúdos exclusivos para assinantes). Mas poucos realmente mudaram seu modelo fundamental.

Enquanto isso, uma infinidade de novas startups de mídia entraram em campo, entre eles a Medium, Inside, BuzzFeed, Mashable, Blendle e Correspondent.

O *The Guardian*, um jornal do Reino Unido mais conhecido por desencadear as revelações de Edward Snowden ao mundo, vem inovando furiosamente o modelo tradicional de coleta de notícias. Assessorado pelos ícones da indústria, Jeff Jarvis e Nicco Mele (que descreve o modelo do *The Guardian* em seu recente livro, *The End of Big: How the Internet Makes David the New Goliath*), o *Guardian* foi audacioso em seus esforços para reinventar o jornalismo. Eis algumas das iniciativas do jornal:

- Em 2007, o *Guardian* ofereceu uma plataforma de blogging gratuita para os líderes de ideias e criou fóruns e grupos de discussão on-line (Comunitários e Multidão);
- Os desenvolvedores ofereceram uma API aberta para o site do jornal para que eles pudessem alavancar o conteúdo no site (Algoritmos);
- Jornalismo investigativo para os milhões de telegramas diplomáticos do WikiLeaks totalmente via crowdsourcing (Comunidade e Multidão).

O *Guardian* institucionalizou o crowdsourcing de reportagem investigativa e usou com sucesso essa abordagem em diversas ocasiões, inclusive após a obtenção de documentos públicos do mandato de Sarah Palin como governadora do Alasca. Da mesma forma, em 2009, quando o governo britânico cedeu à pressão da opinião pública e lançou dois milhões de páginas de relatórios de despesas parlamentares, o *Guardian* pediu aos seus leitores para encontrar agulhas de interesse jornalístico em um vasto palheiro de palavras. Em resposta, os leitores analisaram mais de 20% do volume total, em pouco mais de três dias.

Acreditamos que o jornalismo deverá progressivamente seguir a liderança do *Guardian* e mudar para um modelo de ExO, assim como a Medium se esforçou para se tornar uma plataforma. E isso é uma boa notícia, pois uma imprensa livre e saudável (liderada pelo jornalismo investigativo) é fundamental tanto para a democracia quanto para a manutenção da liberdade fundamental do indivíduo.

Quociente exponencial do The Guardian: 62 de 84

PTM	S	C	A	L	E	I	D	E	A	S
P	P	P			P	P	P			P

General Electric – Excelência geral

Não é por acaso que a GE é uma das empresas mais admiradas do mundo. Ao longo das décadas, a empresa foi capaz de se reinventar repetidamente – algo que parece estar acontecendo mais uma vez por meio das suas parcerias agressivas com empresas ExO.

Nós mencionamos a Quirky várias vezes no decorrer deste livro e agora vamos nos concentrar em seu PTM, que é "Tornar a Invenção Acessível". A General Electric logo percebeu o enorme potencial do novo modelo de crowdsourcing para o desenvolvimento de produtos. Posteriormente, ela formou uma parceria com a Quirky em 2012 em um concurso de incentivo (Engajamento), pelo qual a comunidade da Quirky recebeu a tarefa de imaginar produtos inovadores de uso diário. As propostas foram, então, submetidas à votação da comunidade e a invenção vencedora seria fabricada pela GE.

De um total de 1.500 inscrições, a comunidade da Quirky selecionou o Milkmaid, um recipiente inteligente que alerta os usuários quando o leite começa a estragar ou estiver acabando. Cada fase posterior de produção do Milkmaid, incluindo design de produto, nome, slogan e até mesmo o preço, foi executada via crowdsourcing (Multidão), resultando em um total de 2.530 contribuições da comunidade da Quirky para um único produto[2].

Apesar de o Milkmaid ter sido apenas um piloto (Experimentação), o projeto foi considerado um grande sucesso e, em 2013, a GE e a Quirky anunciaram a próxima fase de sua nova parceria inovadora: a GE concedeu

---

[2] <www.quirky.com/products/327-The-Milkmaid-smart-milk-jug/timeline>.

a 900 mil membros da comunidade da Quirky o acesso às patentes e tecnologias mais promissoras da GE. Ela também lançou uma iniciativa de parceria de marcas pela internet das coisas chamada "Wink: Instantly Connected", dedicada à construção de uma linha de dispositivos domésticos inteligentes.

A GE, que investiu US$ 30 milhões na Quirky, optou por abrir suas patentes a fim de acelerar a criação de produtos inovadores – algo que a GE concluiu que a multidão poderia realizar mais rapidamente do que se fizesse por conta própria. Essa decisão claramente está produzindo frutos. Além dos quatro produtos domésticos atualmente disponíveis na loja virtual da Quirky, a GE e a Quirky pretendem lançar mais de 30 desses produtos nos próximos anos.

Na época em que a GE havia anunciado sua parceria com a Quirky, a empresa também abriu um novo espaço de mercado em Chicago, chamado GE Garages, equipado pela TechShop e trabalhando em parceria com a Skillshare, Quirky, Make e Inventables (Ativos Alavancados, Staff sob demanda). Assim como o relacionamento com a Quirky descrito acima, a GE iniciou um programa piloto em 2012, lançando a GE Garages como pop-ups em dispositivos móveis que se espalharam pelos Estados Unidos. Um ano depois, abriu seu espaço de mercado em Chicago, onde os participantes têm acesso total às ferramentas de fabricação, como tornos CNC, cortadores a laser, impressoras 3D e moldadores. A GE também oferece workshops e demonstrações[3].

Em fevereiro de 2014, a GE expandiu ainda mais suas iniciativas ExO ao anunciar uma parceria com a Local Motors para lançar um novo modelo de produção chamado First Build. Essa parceria produzirá ideias colaborativas a partir de uma comunidade on-line de engenheiros, cientistas, fabricantes, designers e entusiastas, cujo foco é identificar as necessidades do mercado e resolver profundos desafios de engenharia na esperança de revelar produtos inovadores. A mais popular dessas inovações será então construída, testada e vendida em uma "microfábrica" especializada. Essa instalação deverá se concentrar em testes, prototipagem rápida e pequeno volume de produção.

Em conjunto com a Alaska Airlines, a GE oferece ainda outro exemplo do uso de parcerias ExO para alavancar o engajamento. Em novembro de 2013, as duas empresas formaram uma parceria com a Kaggle para criar o Flight Quest, um concurso de incentivo em que os concorrentes foram desafiados a criar algoritmos que poderiam prever o tempo de chegada dos aviões com maior precisão. Cada minuto reduzido em cada voo pode

[3] <www.ge.com/garages/press.html>.

economizar US$ 1,2 milhões em despesas com a tripulação e US$ 5 milhões em economia anual de combustível. A GE forneceu aos concorrentes dados da FlightStats correspondentes a duas semanas. Dentre as 173 inscrições, cinco vencedores foram premiados com um total de US$ 250 mil. O algoritmo vencedor provou ser 40% mais preciso em prever o tempo de chegada do que as tecnologias atuais[4].

A GE é um exemplo perfeito de como uma grande organização pode alavancar startups exponenciais como a Kaggle, Quirky, Local Motors e TechShop para estender-se além de suas próprias dimensões e fronteiras organizacionais.

Quociente exponencial da GE: 69 de 84

PTM	S	C	A	L	E	I	D	E	A	S
	P	P		P	P	P	P	P	P	P

Amazon – Derrubando a floresta do "não"

Ao descrever sua noção de "incompatibilidade por impedância", Robert Goldberg observou que em grandes organizações, apenas um dentre 50 diretores pode resistir a uma ideia – e, ao fazer isso, acaba matando essa ideia. Em comparação, se apenas um dos 50 investidores gostar de uma startup, todos ficam animados.

Além dos muitos atributos ExO implementados, a Amazon também abordou a facilidade com que qualquer pessoa em uma grande empresa pode dizer "não". Uma das mais intrigantes inovações organizacionais criadas pela empresa é o que o CEO Jeff Bezos e o CTO Werner Vogels chamam "O Sim Institucional".

Eis como funciona: Se um subordinado apresentar uma grande ideia a um diretor na Amazon, a resposta padrão deve ser "sim". Se o diretor disser "não", ele será obrigado a escrever uma tese de duas páginas explicando por que a ideia não é boa. Em outras palavras, a Amazon aumentou o atrito envolvido na resposta negativa, resultando em mais ideias sendo testadas (e, portanto, implementadas) em toda a empresa[5].

Jeff Bezos talvez seja o CEO mais subestimado das últimas décadas. Ele não só passou por essa rara transição de fundador para o CEO de uma

---

4 <www.gequest.com/c/flight>.

5 <www.hbr.org/2007/10/the-institutional-yes/ar/1>.

grande empresa, mas também evitou consistentemente o pensamento de curto prazo que muitas vezes vem com a gestão de uma empresa de capital aberto – o que Joi Ito chama de "agorismo". A Amazon faz apostas de longo prazo regularmente (por exemplo, Amazon Web Services, Kindle, e agora os smartphones Fire e drones de entrega), considera os novos produtos como se fossem mudas que necessitam de cuidado especial por um período de cinco a sete anos, prioriza obsessivamente o crescimento sobre os lucros e ignora a visão de curto prazo dos analistas de Wall Street. Suas iniciativas pioneiras incluem o Affiliate Program, seu mecanismo de recomendações (filtragem colaborativa) e o projeto Mechanical Turk. Como Bezos diz: "Se você ficar focado no concorrente, você terá de esperar até que haja um concorrente fazendo alguma coisa. Ser focado no cliente permite que você seja mais pioneiro".

A Amazon não só construiu ExOs em suas bordas (como a AWS), mas também teve a coragem de canibalizar seus próprios produtos (por exemplo, o Kindle). Além disso, depois de perceber que a cultura da Amazon não se encaixava perfeitamente ao serviço excepcional que ele queria oferecer, Bezos gastou US$ 1,2 bilhão em 2009 para adquirir a Zappos. E qual é sua meta? Melhorar a cultura de serviço ao cliente em toda a Amazon (afinal, o PTM da Zappos é "prestar o melhor serviço possível ao cliente") e ajudar a implementar a Autonomia.

Quociente exponencial da Amazon: 68 de 84

PTM	S	C	A	L	E	I	D	E	A	S
P		P	P	P	P	P		P	P	P

Zappos – Derrotando o tédio

A Zappos, que começou vendendo sapatos pela internet em 1999, levou apenas oito anos para chegar a US$ 1 bilhão em vendas anuais. Em 2007, a Zappos expandiu seus negócios para roupas e acessórios, que hoje respondem por 20% de sua receita anual.

Nós já vimos alguns exemplos de como a Zappos utiliza os atributos ExO: ênfase no atendimento ao cliente (PTM: "prestar o melhor serviço possível ao cliente"); a criação de uma comunidade em torno de paixões afins e um local comum no Downtown Project de Las Vegas, e suas comunidades geridas por meio de relacionamentos "Like-Like" (Comunidade); e o uso do Face Game para melhorar a cultura interna (Engajamento: Gamificação).

Acrescente a essa lista o fato de que os colaboradores da Zappos atendem 5 mil chamadas por mês e 1.200 e-mails por semana (e ainda mais durante a temporada de férias, quando o número de ligações aumenta significativamente). Os colaboradores das centrais de atendimento não usam scripts e não há limites para o tempo de chamada; aliás, a chamada mais longa registrada pela Zappos é de dez horas e 29 minutos (Autonomia, Dashboards).

Metade da avaliação experimental de um novo colaborador é baseada em sua adequação cultural com a empresa. Cada recruta passa quatro semanas acompanhando colaboradores experientes (PTM), e, no final desse período, recebe uma proposta de US$ 3 mil para deixar a empresa – eliminando mais desajustados culturais.

Em vez de avaliações de desempenho, os gestores da Zappos realizam avaliações culturais (Dashboards). Eles avaliam os colaboradores com base em sua adaptação à cultura da empresa e oferecem sugestões sobre como melhorar esse ajuste. Para serem elegíveis a aumentos, os colaboradores devem passar por testes baseados em habilidade. A Zappos também realiza regularmente concursos de incentivos internos e hackathons, a maioria relacionada com os dados e APIs da empresa. Em 2011, a Zappos abriu seus concursos para a comunidade de desenvolvedores externos (o API Developer Challenge[6] e o Winter Hackathon) e concedeu prêmios em dinheiro e vale-presentes aos vencedores (Engajamento).

Em dezembro de 2013, o CEO Tony Hsieh adotou a abordagem da Holacracy e abalou a organização de 1.500 pessoas, ao passar para a plena Autonomia. Após seis meses, 225 colaboradores foram transferidos do velho modelo hierárquico e a Zappos está eliminando todos os cargos e camadas gerenciais – no fim, até mesmo o cargo de CEO desaparecerá. Essa é uma medida extraordinária para uma grande empresa, talvez a maior transição jamais tentada.

Uma pergunta que muitas vezes está relacionada com a Zappos é: "Como ela contrata sem descrições de cargo?". Em 2014, apesar do fato de que a Zappos planejava expandir sua força de trabalho em um terço, de 1.500 colaboradores para quase dois mil, não havia anúncios de vagas em lugar algum. Para se candidatar, era preciso participar de uma rede social chamada Zappos Insiders. Ao monitorar continuamente a atividade dos candidatos e como eles interagiam com os colaboradores da Zappos, os recrutadores mantinham uma base de candidatos sempre ativa. A Zappos também usou a Ascendify, uma plataforma on-line que realiza sessões de perguntas e respostas e concursos de incentivo, para filtrar as habilidades e a

[6] <developer.zappos.com/blog/first-zappos-developer-contest>.

adaptação cultural. Com o sucesso desse processo de contratação, a Zappos pode muito bem revolucionar a função de RH da empresa. Por todas essas razões, a Zappos recebe uma pontuação alta em nosso diagnóstico de ExO.

Quociente exponencial da Zappos: 75 de 84

PTM	S	C	A	L	E	I	D	E	A	S
P		P	P		P	P	P	P	P	P

ING Direct Canada (atualmente Tangerine) – Bancando a autonomia

Outra grande preocupação muitas vezes expressa em relação à implementação dos princípios ExO é: "Bem, isso pode funcionar no Vale do Silício ou para uma empresa de jogos, mas não vai funcionar em um verdadeiro ambiente operacional".

Veja o ING Direct Canada, um banco com obrigações fiduciárias e requisitos regulatórios – ainda mais no Canadá, um país notoriamente regulatório. Originalmente parte da ING Group, com sede na Holanda, o ING Direct Canada foi fundado em abril de 1997 por Arkadi Kuhlmann. Foi o primeiro teste de mercado para o modelo de negócio de direct banking (on-line e sem agências) do ING Group, que podia oferecer taxas mais favoráveis aos clientes, ao eliminar completamente as agências físicas.

Kuhlmann lançou o ING Direct Canada com o PTM "Economize seu dinheiro", e acrescentou três valores-chave complementares: Simplifique, Seja desafiador, Seja o bom rapaz (good guy).

Kuhlmann adotou o conceito de autonomia em toda sua extensão ao achatar completamente a organização e se livrar de todos os cargos, níveis de antiguidade, camadas de gestão, reuniões formais e até mesmo escritórios. Os colaboradores trabalham juntos e se identificam por suas responsabilidades.

Em 2008, Peter Aceto tornou-se CEO do ING Direct Canada e continuou o que Arkadi havia começado. Na verdade, depois de um ano na função, ele copiou a ideia de Philip Rosedale e fez com que seus colaboradores votassem na sua permanência ou não como CEO. Aceto também não tem um escritório e até hoje continua a compartilhar internamente a maior quantidade de informações possível sobre o desempenho da empresa. Ao fazer isso, ele estimulou uma cultura de confiança, compartilhamento, transparência e vulnerabilidade. Nomeado o Comunicador do Ano de Toronto em 2010, Aceto é conhecido como "o CEO da mídia social" e ainda responde as perguntas de clientes nos finais de semana.

O ING Direct criou quatro "cafés" (um termo que o ING considera melhor que "agências") em todo o Canadá. Esses locais servem como pontos de contato para os clientes desfrutarem de uma interação cara a cara com os representantes dos bancos, ou simplesmente para tomar um cafezinho. O propósito principal de Kuhlmann em relação aos cafés era o de reconfortar os clientes e construir a marca. No entanto, os cafés do ING estão cada vez mais se tornando locais para se passar o tempo e conversar com outras pessoas sobre dinheiro. Grupos comunitários locais até organizam Tweetups (encontros via Tweeter)[7].

Em 2010, o ING convidou dez mil canadenses para fazer parte de um grupo beta para testar o THRiVE, um novo serviço gratuito de conta corrente. Seus comentários ajudaram a melhorar o serviço antes do lançamento e, em 2011, o THRiVE foi nomeado Produto Financeiro do Ano pela empresa global de pesquisa de mercado TNS Global.

O Scotiabank adquiriu o ING Direct Canada, em agosto de 2012. Conhecido agora como Tangerine, continua a ser um negócio independente, com Aceto ainda na direção.

O pessoal do Tangerine ainda opera com considerável autonomia. Se uma promoção publicitária tiver sucesso, os colaboradores operam em uma filosofia de colmeia e aqueles com experiência no atendimento voam como um enxame para as centrais de atendimento. Nas épocas de relatórios regulamentares, esses mesmos colaboradores podem se reunir para cumprir essa tarefa. Uma combinação de prestação de contas real (o Chief Risk Officer da empresa tem a responsabilidade regulatória) e uma equipe de trabalho flexível oferecem à organização o melhor dos dois mundos.

E como tem funcionado? Enquanto um típico banco canadense tem cerca de 250 clientes por colaborador, o Tangerine lida com 1.800 clientes por colaborador – um desempenho sete vezes maior. Em média, os bancos canadenses administram cerca de US$ 10 mil em depósitos por colaborador, enquanto Tangerine lida com US$ 40 mil por cada colaborador – um desempenho quatro vezes maior.

Quociente exponencial do Tangerine: 69 de 84

PTM	S	C	A	L	E	I	D	E	A	S
P		P			P	P		P	P	P

---

[7] <www.thefinancialbrand.com/15550/ing-direct-cafe-us-canada-photos/>.

Google Ventures – A EExO quase perfeita

Em março de 2009, Bill Maris lançou o Google Ventures, o fundo corporativo de capital de risco do Google, com uma reserva de capital de US$ 100 milhões. Agora, depois de cinco anos, emergiu como uma das empresas de capital de risco mais ativas e bem-sucedidas, com 60 colaboradores (todos sócios) e administrando US$ 1,5 bilhões. Isso sim é uma medida ExO, que representa um aumento de 15 vezes em cinco anos.

O Google Ventures já completou mais de 20 saídas bem-sucedidas, com retornos muito superiores à média do mercado para os fundos de capital de risco. De fato, sua emergência como um dos principais financiadores de startups pode ser inédita para um fundo de risco corporativo. Apesar de as empresas de tecnologia estarem há muito tempo apoiando as startups, suas divisões de capital de risco têm um histórico de retornos extremamente baixos, principalmente porque não havia uma verdadeira independência da empresa-mãe.

O Google Ventures já investiu em mais de 225 empresas em todos os estágios e setores, incluindo estrelas em ascensão, como Uber, Nest, 23andMe, Cloudera, Optimizely, TuneIn, Homejoy e High Fidelity. Como resultado de seus muitos sucessos, em 2014, o Google Ventures abriu uma filial em Londres, com US$ 100 milhões para investir em startups europeias.

Embora o Google forneça os fundos para o Google Ventures, as empresas que recebem investimento não precisam beneficiar o Google. Isso significa que as empresas do portfólio continuam independentes e podem ser adquiridas pelos concorrentes. A desvantagem dessa estrutura, naturalmente, é que o Google Ventures pode muito bem ficar no escuro em relação aos negócios potenciais que estão sendo realizados pela empresa-mãe. Na verdade, foi isso o que aconteceu quando o Google adquiriu a Nest, criadora dos termostatos inteligentes e alarmes de fumaça, por US$ 3,2 bilhões, em janeiro de 2014. No entanto, embora a possibilidade de tal resultado seja disruptiva para muitas organizações de grande porte, acreditamos que os benefícios da independência superam largamente os custos ocasionais.

A contribuição do Google Ventures é mais que financeira. Além de oferecer serviços de design (dez vezes mais rápido do que agências de design tradicionais), abriga oficinas nas quais os fundadores e colaboradores das empresas do portfólio aprimoram sua gestão de produtos ou suas habilidades operacionais. A empresa também contribui com marketing, recrutamento e engenharia, muitas vezes utilizando, para tanto, os vastos recursos do Google.

Um diferencial importante do Google Ventures é o uso de análise de dados e algoritmos para avaliar os negócios. A empresa emprega sete cientistas de dados que coletam e analisam a maior quantidade de dados possível antes de decidir onde investir. Como Maris disse: "Nós temos acesso ao maior banco de dados do mundo que você pode imaginar. Nossa infraestrutura de computação em nuvem é a maior da história. Seria tolice sair por aí fazendo investimentos intuitivos". Outras empresas, como a Sequoia Capital e a Y Combinator, estão atentas e se adaptando rapidamente.

É importante notar que os dados informam, mas não decidem. Como a maioria das empresas de capital de risco, o Google Ventures investe em pessoas, com prioridade sobre os produtos. Se os dados mostram uma empresa com grande potencial, mas os fundadores não se sentem bem com um de seus aspectos, o investimento não será realizado. O fundo faz uso extensivo de OKRs para monitorar o andamento das empresas de seu portfólio e baseia-se fortemente em métricas em tempo real – tudo é quantificado. As empresas do portfólio são introduzidas a esse modo de pensar por meio do Lab Startup do GV, um programa privado que é parte incubadora, parte hackathon e parte coworking (compartilhamento de escritório).

Para encontrar empresas potenciais, o Google Ventures alavanca 50 mil colaboradores do Google. Os colaboradores são incentivados a recomendar startups ou fundadores desconhecidos; se um investimento for finalmente realizado, o colaborador recebe uma comissão de US$ 10 mil. Além disso, as empresas do portfólio não só têm acesso total aos parceiros do GV, como também têm a opção de se conectar com colaboradores específicos do Google. Na verdade, essa é uma das maiores vantagens que o Google Ventures oferece: acesso exclusivo a alguns dos melhores engenheiros, cientistas e tecnologias do mundo. Um portal para a comunidade conecta a equipe do GV com os colaboradores do Google e colegas de outras empresas do portfólio. A contratação para as empresas de portfólio também é facilitada pelo acesso do Google Ventures à extensa base de dados de currículos do Google, que totaliza mais de um milhão por ano.

Como toda ExO respeitável, o Google Ventures está mesmo disposto a criar sua própria disrupção. Em 2014, ele liderou um financiamento de US$ 28 milhões na AngelList, um mercado semelhante à Craigslist que conecta empreendedores com investidores anjos. A AngelList introduziu um novo modelo de financiamento chamado de syndicates (consórcios), em que os anjos menos conhecidos possam investir seu dinheiro juntamente com os investidores mais estabelecidos. O modelo permite essencialmente que os investidores mais conhecidos criem minifundos para transações específicas. O interessante é que isso coloca os investidores em concorrência direta com o Google Ventures, especialmente com negócios em estágio inicial (seed stage), que respondem a cerca da metade de seus investimentos. Mesmo assim, o Google Ventures está disposto a aceitar a possibilidade de concorrência, colocando a empresa firmemente no lado da disrupção do Dilema do Inovador de Clayton Christensen.

O Google Ventures possui dez dos onze atributos ExO (e o décimo primeiro, o PTM, é herdado da empresa-mãe).

Quociente exponencial da Google Ventures: 76 de 84

PTM	S	C	A	L	E	I	D	E	A	S
	P	P	P	P	P	P	P	P	P	P

Crescendo com a multidão

Em dezembro de 2013, Jeremiah Owyang, um estrategista de mídias sociais, lançou um grupo setorial chamado Crowd Companies. De acordo com Owyang, a Crowd Companies é um "conselho de marca", cujas atividades incluem apresentações, fóruns educacionais e rede sociais com startups relevantes, muitas das quais ExOs. Dezenas de grandes marcas já se juntaram ao grupo, e Owyang acredita que, à medida que essa nova geração de empresas, alavancando a dinâmica da multidão, se espalha pelo mundo, elas, por sua vez, deverão desencadear o que ele chama de Economia Colaborativa (descrita ao lado). Owyang identificou 75 startups baseadas em multidão que operam em seis mercados verticais. A Mesh Labs de Lisa Gansky leva esse modelo a um nível muito mais granular, listando nove mil startups baseadas em multidão em 25 categorias.

Tal adoção da mídia social não é um modismo. Na verdade, o movimento social business (#socbiz no Twitter) representa um passo fundamental para um futuro repleto de ExOs. Atualmente, 120 líderes empresariais e 34 empresas da Fortune 500 são membros do conselho da Crowd Companies e, de acordo com Owyang, mais de 80 marcas globais já experimentaram essas técnicas.

Owyang não está sozinho nessa ideia: Shel Israel, coautor do livro *Age of Context: Mobile, Sensors, Data and the Future of Privacy*, observou recentemente que muitos desses rótulos foram atribuídos a esse novo movimento: a economia de compartilhamento, economia de malha, consumo colaborativo e economia colaborativa.

ECONOMIA COLABORATIVA HONEYCOMB VERSÃO 1.0

A Economia Colaborativa permite que as pessoas obtenham o que precisam uma das outras. Assim como na natureza, as colmeias são estruturas resistentes que possibilitam, de forma eficiente, que muitos indivíduos acessem, compartilhem e criem recursos em um grupo em comum.

Nesta representação visual, essa economia é organizada em famílias e subclasses distintas, com exemplos de empresas. Para acessar a lista completa de mais de nove mil empresas, visite a Mesh Index, em meshing.it/companies, gerenciada pela Mesh Labs.

Por Jeremiah Owyang (@Jowyang)

Com a colaboração de: Neal Gorenflo (@gorenflo), Lisa Gansky (@instigating), Shervin Pishevar (@sherpa), Mike Walsh (@mwalsh), Alexandra Samuel (@awsamuel), e Vision Critical (@visioncritical). Design de Vladimir Mirkovic <www.transartdesign.com>.

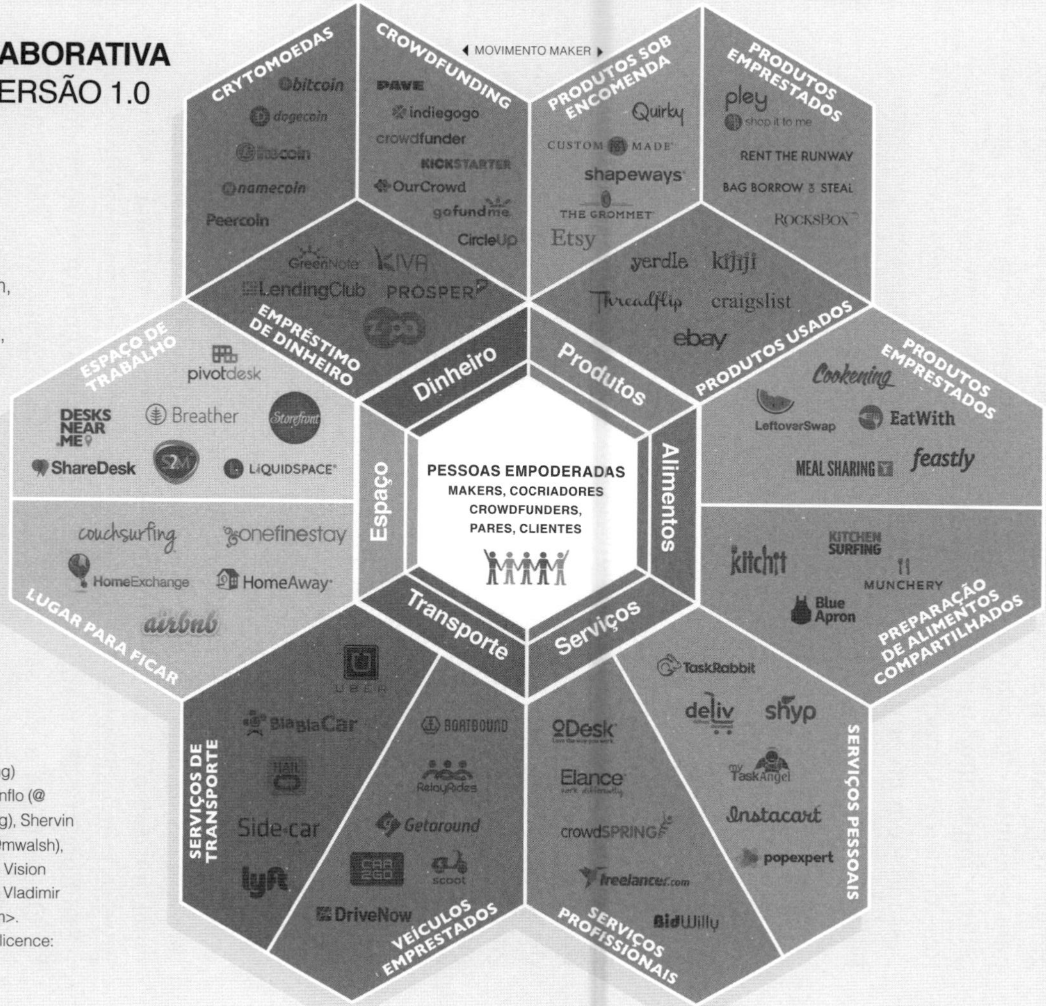

PRINCIPAIS FORÇAS DE MERCADO

MOTIVAÇÕES SOCIAIS
- CONTATO SOCIAL
- SUSTENTABILIDADE
- AUMENTO POPULACIONAL

MOTIVAÇÕES ECONÔMICAS
- AMBIENTE FINANCEIRO
- RECURSOS INEXPLORADOS
- STARTUPS FORTEMENTE FINANCIADAS

CAPACITADORES TECNOLÓGICOS
- INTERNET DAS COISAS
- TECNOLOGIAS MÓVEIS
- REDES SOCIAIS

CROWD™ COMPANIES
www.crowdcompanies.com

Na verdade, nós acreditamos que as Organizações Exponenciais funcionam muito bem como um rótulo. Mas qualquer que seja a designação final, fica claro que atributos ExO podem ser (e estão sendo) implementados pelas grandes organizações. De fato, enquanto escrevíamos este livro, nós ficamos surpresos ao ver a velocidade com que essa implementação está ocorrendo. Algo que era pouco mais que uma vaga teoria quando nos reunimos para delinear o livro assumiu agora a proporção de um movimento global. As grandes organizações em todo o mundo estão percebendo que, para se manter competitivas, elas precisam enfrentar seus velhos preconceitos e impor uma nova realidade, que voluntariamente elimine as práticas comerciais anacrônicas – não importa o quão eficazes elas eram no passado – em favor de novas práticas que estejam mais bem-preparadas para um mundo em movimento cada vez mais acelerado.

Nos últimos quatro anos, Juan Manuel Rowland, da Azteca (México), o maior estúdio latino de TV, vem transformando sua abordagem em relação ao conteúdo digital. Rowland foi o consultor responsável pela migração de todas as novelas e de todos os programas da Azteca para a transmissão on-line de vídeo digital (streaming) e, posteriormente, foi chamado pelo CEO da Azteca, Mario San Román, para ingressar na empresa e fazer algo ousado. Rowland percebeu que, embora a transmissão da programação existente rendesse pouca receita para a empresa, os vídeos das estrelas latinas no YouTube estavam obtendo milhões de visualizações. Movendo-se para a periferia da organização, conforme solicitado, ele adquiriu um casarão e instalou uma dúzia de jovens entusiastas do YouTube, com a tarefa de produzir vídeos sob uma nova marca chamada ContenTV. Deleitando-se com a cultura e a oportunidade de viver e trabalhar em um ambiente criativo e agressivo, esses jovens prosperaram. Dentro de um ano, os vídeos da ContenTV estavam obtendo um número dez vezes maior de visualizações em relação aos da Azteca (mais uma vez, isso que é uma ExO!). No ano seguinte, Rowland e sua equipe desenvolveram um modelo de negócio e adicionaram a ele uma equipe de vendas. Depois de algumas dores de cabeça e as tensões com a marca principal, a ContenTV foi reabsorvida pela Azteca, mas continua a ser uma propriedade autônoma. Tendo aprendido com sua experiência, Rowland e San Román estão reaplicando sua visão original em um novo modelo.

Quem toma a decisão de se tornar uma Organização Exponencial? Como podemos ver no exemplo da Azteca, são os diretores executivos, os homens e mulheres no nível C, como San Román, que no final determinam o destino da empresa. Eles em breve estarão enfrentando uma enorme pressão para adaptar-se, da mesma forma que, no final, serão os responsáveis pelos resultados. É para esse grupo que oferecemos nosso capítulo final.

CAPÍTULO 10

O executivo exponencial

O conceito de ExO – o novo princípio organizador para a era da informação – tem apenas alguns anos de idade e, portanto, ainda está evoluindo para sua forma definitiva. Por necessidade, este livro tem sido basicamente uma série de mensagens da linha de frente da concorrência empresarial.

Como observamos no início do livro, essa não é a primeira vez que ocorreu tal revolução. Na verdade, as transformações nos negócios ocorreram como um relógio em quase todas as décadas do século passado, sempre impulsionadas pelo surgimento de alguma tecnologia nova e importante. Assim, a economia "virtual" em que vivemos e trabalhamos hoje se tornou possível há 20 anos com o surgimento da internet e, mais recentemente, com o impacto das tecnologias móveis. Eis um exemplo de como a alta administração de uma empresa está enfrentando esse futuro:

Estudo de caso – Inovação Exponencial no Citigroup

A Interest Rates é uma das principais divisões do banco de investimento do Citigroup voltadas para o mercado. Com centenas de colaboradores no mundo, mais de 50 subdivisões e bilhões de dólares em receita anual, ela é uma grande organização sob todos os aspectos – e não o tipo normalmente associado à inovação disruptiva.

A empresa estava cheia de pessoas muito inteligentes se afogando em um dilúvio de dados – variação de preços, lançamentos econômicos, dados de clientes e notícias – além do que qualquer ser humano poderia, de forma razoável, utilizar e analisar.

Andy Morton, diretor global da divisão e conhecido como o "cara dos números" (famoso no mundo financeiro como um dos três criadores do modelo de taxa de juros Heath-Jarrow-Morton), há muito tempo acreditava que uma nova geração de algoritmos inteligentes poderia melhorar exponencialmente a produtividade de sua organização. Em 2014, ele contratou Arjun Viswanathan, um investidor de opções de taxa de juros com 12 anos de experiência na utilização de técnicas computacionais de mercado, para ajudá-lo a concretizar essa visão. A tarefa de Viswanathan era encontrar uma maneira de abraçar e utilizar os dados de forma eficaz.

Viswanathan (assim como Morton, um matemático e cientista da computação que se tornou operador de mercado) havia sido exposto ao conceito de Organizações Exponenciais na Singularity Summit de 2013, em Budapeste, e queria implementar as ideias ExO internamente. Ele e Morton cuidadosamente projetaram seu experimento: Viswanathan se reportaria diretamente a Morton e teria acesso a todos os recursos e dados da Rates. Ele também tinha a missão de formar equipes flexíveis com outros executivos dentro da divisão. Os recursos seriam utilizados sob demanda, enquanto os aplicativos seriam testados e iterados rapidamente por um grupo interno de colaboradores. Os *apps* seriam pequenos, intuitivos, divertidos e visuais – em suma, eles seriam projetados para que as informações fossem assimiladas pelos colaboradores o mais rápido possível. IA (Inteligência Artificial), Aprendizado de Máquina e análise de dados seriam usados extensivamente para liberar o pensamento humano. A ideia era reunir um conjunto certo de pessoas, recursos e ideias e esperar que algo mágico acontecesse.

E algo aconteceu. Dentro de apenas três meses, a nova configuração resultou na resolução de vários problemas-chave, incluindo previsões a respeito do comportamento do cliente, movimentos do mercado e lançamentos econômicos pendentes, bem como na classificação do regime de mercado. Havia também vários outros problemas que, tradicionalmente, as equipes teriam levado um ano ou mais para implementar.

No entanto, todas as questões apresentadas foram resolvidas dentro de algumas semanas, usando um vigésimo do tempo, custo e recursos – um resultado que pareceria impossível em 2012. As aplicações reais ocupam agora uma posição central, respondendo em segundos as perguntas que antes levavam dias para serem respondidas – ou simplesmente não poderiam ser respondidas. Os *apps* eram bonitos e os colaboradores estavam gostando de usá-los de maneiras não imaginadas originalmente; os dados mais uma vez se tornaram divertidos. Hoje, esse paradigma está se popularizando em diferentes partes do Citigroup e outras divisões estão tentando desencadear uma mudança semelhante em suas próprias operações.

Por que a nova configuração funcionou tão bem para o grupo Rates? O sucesso surgiu de uma forte combinação dos seguintes elementos:

- Apoio ao projeto nos níveis mais altos da empresa. Morton é um líder intelectualmente curioso disposto a causar a disrupção em sua própria organização;
- Conta com um coordenador com experiência tanto na área quanto no aprendizado de máquina;
- Uma rede bem-conectada de pessoas dentro da divisão que adotam ativamente o complemento algorítmico dos papéis humanos e são rápidas na troca de ideias;
- Compreensão e implementação de técnicas ExO.

Vida no nível C

Hoje, uma nova onda de tecnologias revolucionárias está deixando sua marca: sensores analógicos baratos, Bitcoin, impressão 3D, neuro--marketing, inteligência artificial, robótica, nanotecnologia e de big data. E essas tecnologias são apenas a vanguarda de uma era de inovações sem precedentes. Elas não só podem como precisam mudar a forma como as empresas operam e se organizam. A simples adoção de qualquer uma dessas novas tecnologias forçará mudanças fundamentais na forma como trabalhamos. Especialmente pela sua própria natureza, essas tecnologias deverão acelerar o ritmo do comércio mundial – e não apenas de forma incremental, mas exponencialmente. E por tudo o que já passamos nos últimos 50 anos da revolução tecnológica, essa aceleração será diferente de tudo o que já conhecemos.

Com o tempo, todos nós deveremos experimentar este novo e impressionante ritmo de mudança... mas não antes dos executivos das empresas. Os chamados executivos de nível C, incluindo o CEO, CMO, CTO, CFO etc., e o novo Chief Data Officer (CDO), deverão enfrentar uma enorme pressão para, ou se tornar exponencial – como já vimos, uma tarefa difícil para qualquer empresa estabelecida – ou lidar com a ameaça apresentada por novos concorrentes exponenciais. Suas decisões, tomadas muitas vezes sob pressão e às pressas, provavelmente determinarão não apenas o sucesso de suas empresas, mas se deverão ou não sobreviver. Essa não é a primeira vez que os executivos enfrentaram um desafio existencial trazido por uma revolução tecnológica / organizacional, mas dessa vez o tempo de reação será mais breve do que nunca. Não haverá tempo para a hesitação – e muito menos tempo para ponderar – antes de tomar grandes medidas estratégicas.

Por essa razão, estamos dedicando este capítulo final para compreendermos o Executivo Exponencial, um novo líder destinado a emergir dessa economia transformada. E, até o final do capítulo, esperamos ter respondido as seguintes questões:

- Que tecnologias terão o maior impacto sobre os executivos de nível C?
- Que novos desenvolvimentos organizacionais os Executivos Exponenciais devem monitorar e, para tanto, devem estar preparados?
- Quais questões e problemas o Executivo ExO enfrentará nos próximos cinco a dez anos, como resultado dessa mudança coletiva e acelerada?

Começaremos com uma amostra de cinco grandes tecnologias e algumas metatendências que impulsionarão a mudança em muitos setores. Depois, examinaremos como o CEO, o CMO, o CTO e outros executivos precisam lidar com essas tecnologias em um futuro muito próximo.

Vamos começar com as tecnologias transformadoras (agradecemos muito ao corpo docente da Singularity University, que sugeriu ou revisou muitas das ideias a seguir).

Prováveis tecnologias inovadoras

Sensores e a internet das coisas

Descrição: Veremos um salto de oito bilhões de dispositivos conectados à internet hoje para 50 bilhões em 2020. Tudo terá sensores embutidos – itens vestíveis, encomendas e até mesmo de alimentos.

Implicações: Computação infinita (a Lei de Moore continua) e armazenamento infinito, ambos essencialmente gratuitos; o Quantified Employee (do movimento Quantified Self); AaaS (Analytics como Serviço); hardware como o novo software via evoluções, como o Arduino; novos modelos de negócio baseados em produtos conectados.

Inteligência artificial, ciência e análise de dados (analytics)

Descrição: O uso ubíquo de algoritmos de Aprendizado de Máquina e de Aprendizado Profundo para processar grandes lotes de informações.

Implicações: Algoritmos orientando cada vez mais as decisões de negócios; IAs substituindo uma grande percentagem de trabalhadores do conhecimento (*knowledge workers*); IAs procurando padrões em dados organizacionais; algoritmos incorporados em produtos.

Realidade virtual/aumentada

Descrição: Realidade virtual de alta qualidade disponível em computadores pessoais em 2-3 anos. Oculus Rift, High Fidelity e Google Glass impulsionam novas aplicações.

Implicações: Visão remota; especialistas em uma localização central atendendo mais áreas; novas áreas de atuação; medicina remota.

Bitcoin e cadeia de bloco (*block chain*)

Descrição: Transações seguras de baixíssimo custo possibilitadas por livros-razão distribuídos que registram todas as transações.

Implicações: O blockchain torna-se um mecanismo de confiança; a maioria das funções de validação de terceiros torna-se automatizada (por exemplo, contratos de múltiplos signatários, sistemas de votação, práticas de auditoria). Micro-operações e novos sistemas de pagamento tornam-se onipresentes.

Neurofeedback

Descrição: A utilização de ciclos de feedback para colocar o cérebro em um nível elevado de precisão.

Implicações: Capacidade de testar e implantar novas classes de aplicações (por exemplo, o focus@will); *apps* de criatividade de grupo; flow hacking (induzir um estado mental elevado); recursos terapêuticos, redução do estresse e melhoria do sono.

Essas novas tecnologias, por sua vez, apoiam o surgimento de cinco prováveis metatendências:

Conhecimento perfeito

Implicações: Com a internet de (todas as) coisas, sensores, sistemas de satélites em órbita terrestre baixa e sensores ilimitados, os usuários serão capazes de saber tudo o que quiserem, em qualquer lugar e a qualquer momento.

Mundos virtuais

Implicações: Philip Rosedale observa que os efeitos especiais de Hollywood migram para o computador pessoal depois de cinco anos. O filme *Avatar* já tem cinco anos de idade, e em breve estará disponível no Oculus Rift. Estamos muito próximos da realidade virtual perfeita, e ela transformará o varejo, o transporte, o ambientes de trabalho e as habitações.

Impressão 3D

Implicações: A impressão 3D (e logo 4D) não mudará radicalmente a produção em massa, mas permitirá que uma classe totalmente nova de produtos substitua a fabricação tradicional. Um modelo de impressão 3D local da Kinko que imprime praticamente qualquer coisa será lançado em breve e a tecnologia causará um grande impacto na armazenagem e transporte. A produção industrial nos EUA será revitalizada com a reversão das recentes tendências de offshoring.

Disrupção dos sistemas de pagamento

Implicações: Em 2012, as compras com cartões de crédito Visa e MasterCard totalizaram mais de US$ 1,5 trilhão somente nos EUA. Os sistemas de pagamento e os mecanismos de transferência de dinheiro não mudaram durante décadas, mas com o Square, o PayPal e agora o Clinkle e o Bitcoin esse setor está pronto para uma grande transformação. Uma delas será por meio de mobile/social wallets (pagamento via telefone celular ou mídias sociais) e transações ininterruptas. A segunda será por meio de micropagamentos (provavelmente, via cadeia de blocos). A capacidade de realizar transações de quantidades infinitesimais apoiará totalmente os novos modelos de negócio.

Veículos autônomos

Implicações: Em setembro de 2014, o estado da Califórnia emitiu os primeiros licenciamentos de veículos sem condutor. Começando com os veículos de entrega e, em seguida, os táxis, as previsões indicam que a capacidade viária existente deva aumentar de oito a dez vezes, assim que a massa crítica de veículos autônomos for atingida. O transporte solidário é um passo intermediário para o transporte totalmente automatizado, que pode ter um impacto mais visível na sociedade do que qualquer outra coisa, incluindo a sustentabilidade, o planejamento urbano (poucos estacionamentos) e menos mortes no trânsito.

Note que a maioria dessas tecnologias e tendências eram desconhecidas há uma década e todas eram inexistentes há 30 anos. Sem dúvida, um número crescente de tecnologias e tendências ainda desconhecidas deverá surgir nos próximos cinco anos, à medida que as convergências e pontos de interseção criem um ritmo de mudanças cada vez mais rápido. Por cinco décadas, as previsões em torno da Lei de Moore prometeram a aceleração e agora estamos vendo o que isso realmente significa.

É importante salientar que as duas listas anteriores representam apenas uma pequena amostra do que está vindo em nossa direção. Também vale a pena rever as conclusões do levantamento do Innovation Partners Program, detalhado no Capítulo 8, sobre os 80 executivos de nível C da Fortune 500:

- Antes do evento, 75% dos participantes de nível C tinham pouco ou nenhum conhecimento sobre as tecnologias aceleradas;
- Depois do programa, 80% dos participantes concordaram que as tecnologias e estratégias teriam um impacto transformador em seus setores dentro de dois anos, e *todos* concordaram que o impacto poderia ocorrer dentro de cinco anos;
- Todos os executivos – 100% deles – tinham uma lista de medidas urgentes ao retornar aos seus escritórios.

Note a segunda estatística: 80% dos executivos da Fortune 500 concordaram que seu setor experimentaria transformações radicais, devido às tecnologias disruptivas, dentro de dois anos. Apenas dois anos. Esse período de tempo, lamentavelmente curto, é o que está tirando o sono dos Executivos Exponenciais – um destino que em breve será compartilhado por todos os executivos do planeta.

A seguir, vamos voltar nossa atenção para os grandes desafios que enfrentam os executivos de nível C, e como as técnicas exponenciais podem ajudá-los a encontrar as soluções.

CEO – Chief Executive Officer

Para qualquer tipo de liderança, mas especialmente para os CEOs, está se tornando cada vez mais evidente que suas funções – especialmente aquelas que estão voltadas para fora – estão deixando de operar em um mundo previsível, no qual o aumento da eficiência é a estratégia dominante, para um mundo em que a adaptabilidade e a disrupção representam vantagens competitivas de ordem superior. Isso deverá apresentar grandes oportunidades – e, ao mesmo tempo, pressão considerável – para a mudança, especialmente quando se tratam de empresas tradicionais.

O CEO Exponencial deve estar constantemente alerta às startups disruptivas que surgem do nada; a concorrência não virá apenas das empresas existentes. A melhor estratégia na maioria das indústrias não será combater esses disruptores – mas juntar-se a eles. Assim, uma das principais prioridades é justapor-se às startups ExOs.

Oportunidades-chave	Implicações e ações
Migrar para um PTM	Altere ou expanda sua marca ou declaração de missão para abranger um PTM, que é fundamental se você quiser alavancar uma comunidade e manter sua equipe focada externamente.
Comunidades PTM	Em muitas indústrias, comunidades baseadas em interesses (por exemplo, Quantified Self, MakerFaire, DIYbio, TechShop, Bitcoin) estão crescendo rapidamente. Junte-se a elas, patrocine-as e aprenda com elas, antes da concorrência.
ExOs disruptivas em seu setor	Como Marcus Shingles descobriu no mundo do CPG, várias dezenas de ExOs disruptivas já estão operando em todos os setores. É preciso encontrá-las e formar parcerias, investir ou adquiri-las.
Ativos alavancados e Staff sob demanda	Se você possuir uma grande força de trabalho ou base de ativos, desenvolva estratégias para mitigar a inércia e o "velho" modo de pensar, utilizando Staff sob demanda e ativos alavancados e alavancando a Comunidade e Multidão. Isso irá acelerar o metabolismo (de inovação) e a capacidade de adaptação da sua empresa.
Produtos e serviços baseados na informação	Encontre novos produtos e serviços que sejam (totalmente) baseados em informações para escalabilidade. Se eles ainda não estiverem disponíveis, desenvolva-os.
Morte do plano quinquenal	O planejamento estratégico está dando lugar à análise preditiva baseada em dados, a uma forte visão do produto e ao propósito (PTM). O passado não pode ser extrapolado para o futuro. A experimentação constante nas bordas da organização vai impulsionar funções de planejamento no momento certo. Mude para um ciclo de planejamento de um ano.
Inovação externa	Como Peter Diamandis disse: "Se você estiver contando exclusivamente com a inovação de dentro da sua empresa, você está morto". Encontre maneiras de alavancar a Comunidade e/ou Multidão para a inovação; investigue a inovação cooperativa e empresas baseadas na Multidão e dê liberdade aos colaboradores.

Explorar novos modelos de negócio	Os micropagamentos permitirão que modelos de negócio inéditos apareçam em indústrias estabelecidas. O mesmo é verdadeiro para o surgimento dos movimentos DIY (Maker – faça você mesmo) e P2P (Sharing – compartilhamento). Finalmente, à medida que os dados se tornam o novo petróleo, muitos modelos de negócio serão transformados de hardware para software e para serviços.
Explorar outros tipos de inovação	A maioria dos CEOs considera a inovação como uma inovação de produtos. Mas também há inovação de processo, inovação social, inovação organizacional, gestão da inovação, inovação de modelo de negócio etc. Tecnologia e produtos já não são mais os únicos agentes de inovação. (Veja os dez tipos de inovação de Doblin, esboçados brevemente no Capítulo 8.)
Aceitar que há limites para quantificação, dados e racionalização	Ainda existe um lugar e um papel para intuição, visão pessoal e instinto. Como o futuro é geralmente desconhecido, a maioria das decisões estratégicas importantes ainda depende da intuição. O instinto às vezes pode servir como uma bússola em um mundo incerto, especialmente ao solucionar um problema pelo qual você tem interesse.
Automatizar e mensurar diferentes processos em todos os departamentos	Usando programas/algoritmos de código aberto otimizados para as plataformas sociais GitHub ou GitLab e a vasta quantidade de dados disponíveis, os clássicos modelos baseados em produção/processo serão substituídos por modelos baseados no desempenho (por exemplo, custo por venda).

Talvez a orientação mais importante que podemos oferecer a um CEO Exponencial é tomar cuidado com os Efeitos Ortogonais da Informação (EOIs); em outras palavras, fique atento ao valor inesperado de dados aparentemente periféricos. Lembra-se do exemplo no Capítulo 1 sobre as empresas de lavagem de carros em Buenos Aires, que sofreram uma queda de 50% nas receitas devido a uma melhor previsão do tempo? Isso não foi uma anomalia. Onde quer que você olhe, as indústrias estão sendo remodeladas por mudanças baseadas em informações até então invisíveis – em grande parte, como resultado de novos dados que estão sendo coletados o tempo todo. E, como vimos também no nosso exemplo de lavagem de carros na Argentina, embora os dados muitas vezes estejam facilmente disponíveis, nem sempre estão sendo interpretados.

Por exemplo, considere o focus@will, que oferece música e sons projetados para deixar os ouvintes "ligados" quando precisam se concentrar no trabalho. O site atualmente tem uma média de cinco horas por visita e por usuário! Se/quando o focus@will decolar, ele não vai afetar apenas uma pequena porcentagem de pessoas tentando melhorar seus hábitos de estudo. Se você for o CEO da Red Bull ou da Starbucks, ou praticamente qualquer empresa no setor cafeeiro, você precisa se preocupar com esse "ativador de atenção sem cafeína".

Hoje em dia, é mais importante do que nunca que todo CEO considere que seu mercado pode ser substancialmente afetado pela inovação em uma área adjacente. Qual é a lição? Se você não estiver atento aos EOIs, eles podem se tornar uma ameaça.

CMO – Chief Marketing Officer

As funções de marketing sofreram uma disrupção considerável na última década, graças ao fenômeno mundial de mídias móveis e sociais. Durante os próximos anos, essa disrupção assumirá várias formas diferentes.

Todd Defren, CEO da Shift Communications, uma empresa de relações públicas com sede em San Francisco, e especialista consagrado na área de RP, descreve uma bifurcação na indústria na qual as agências ou estão se tornando criativos contadores de histórias visuais, trabalhando em logos, jogos e marcas, ou estão se tornando empresas de análise, ajudando a gerenciar o funil de vendas de seus clientes.

Oportunidades-chave	Implicações e ações
Personalização do produto	Personalização completa dos produtos e serviços com base em clientes individuais (tamanho, gosto, língua, dados comportamentais, dados contextuais, dados de sensores, dados transacionais e, possivelmente, DNA ou perfil neurológico). O Neuromarketing não só deve ser usado para medir a atenção, motivação, intenção, marca e eficácia, mas também como uma forma de personalização em áreas como entretenimento, esportes e alimentos.
Monitoramento de mídias sociais por IA	Monitoramento de mídias sociais de sua empresa por meio da inteligência artificial projetado para fornecer FAQ (Perguntas Mais Frequentes)/ajuda, informação, comunicação e assistência pessoal, quando necessário. Também alerta as pessoas certas quando medidas adicionais forem necessárias. (Veja a Ekho.me como exemplo).
Dashboards comportamentais em tempo real	Dados agregados dos clientes em tempo real fornecem informações sobre o comportamento e as emoções dos clientes, permitindo a adequação de produtos e serviços a esses clientes (hiper-narrowcasting) e a medição da demanda por novos conceitos. Mídias sociais e móveis são o espírito da época (zeitgeist) e, portanto, os desencadeadores de inovação validada.

Comunidade PTM como força de vendas	Se você puder se alinhar com uma comunidade PTM, essa comunidade poderá então funcionar como uma força de vendas para sua organização. Isso implica uma convergência ao longo do tempo de PTMs em todo o ecossistema da empresa e resulta em uma empresa com um PTM congruente com os PTMs de todas suas comunidades externas.
Vendor Relationship Management – extensão da economia de intenção	A era do CRM chegou ao fim, substituída pelo Vendor Relationship Management (VRM), um termo cunhado por Doc Searls da Universidade de Harvard. VRM é uma extensão da economia de intenção e oferece a última palavra em mercados orientados ao cliente (por exemplo, Uber, BlaBlaCar). Os consumidores possuem seus próprios dados pessoais e expõem a demanda e as intenções de compra aos diferentes vendedores na nuvem, geralmente em tempo real. CRM é iniciado pelas empresas, VRM pelos clientes.
Modelos de preços diferenciais em tempo real	O monitoramento em tempo real permitirá a instituição da precificação em tempo real para maximizar a precificação com base na demanda em tempo real (por exemplo, passagens aéreas). A inteligência artificial se revelará extremamente valiosa nessa transição.
Mercados on-line para materiais de marketing por crowdsourcing	Utilizar mercados on-line como crowdsourcing de comerciais de TV (Tongal), logos e banners (99designs), ou especialistas de marketing (Freelancer).
RP e marketing com visão de longo prazo – introduzir memes de negócios	Devido ao ritmo acelerado das mudanças, é obrigatório olhar mais à frente no futuro para lançar campanhas de marketing e de relações públicas, por meio da identificação do momento em que um meme está se espalhando (planejamento preditivo) ou, melhor ainda, quando ele emerge pela primeira vez.
Startup enxuta, prototipagem e teste	Utilizando o método da startup enxuta para testar e validar os pressupostos em torno de novas campanhas e novos produtos por meio de testes avançados e prototipagem, tais como conceitos de teste A/B no Google AdWords e páginas de destino, monitoramento de mídias sociais, neuro-feedback em lojas de varejo de grupos de teste, entrevistas de desenvolvimento de clientes, crowdfunding e testes em mundos virtuais, como o High Fidelity. Em suma: uma abordagem ao marketing baseada em dados e testes contínuos.
Novos modelos de receita	Mais assinaturas versus vendas isoladas, devido à tendência de acesso versus apropriação; mais *apps*; mais produtos conectados e mais Economia Circular e holística (cradle-to-cradle); mais modelos freemium (gratuito e pago). Novos modelos de taxas, tais como taxas de API, licenciamento de plataforma, taxas de distribuição e bens virtuais.

CFO – Chief Financial Officer

A função financeira, embora historicamente muito conservadora e prudente, está prestes a enfrentar a disrupção radical de várias tecnologias, incluindo IA (Aprendizado Profundo), sensores e Bitcoin (particularmente, o protocolo subjacente da cadeia de blocos).

Oportunidades-chave	Implicações e ações
Contabilidade via IA	Contas a Pagar e Contas a Receber automáticos, lembretes e pagamentos automáticos via software, gestão fiscal automática, e IAs monitorando comportamentos erráticos em fluxos de transação.
Tributação sem fronteiras	Os governos estão começando a tomar medidas contra os paraísos fiscais, que provavelmente continuarão a sofrer investigações cada vez maiores nos próximos anos.
Soluções de pagamento digital	Mais de 60 mil comerciantes já aceitam o Bitcoin, que deverá atingir Wall Street no final de 2014 e provavelmente será popular em 2016. Isso é mais um acréscimo ao impacto cada vez maior da Square e PayPal. As microtransações causarão um aumento de ordens de magnitude no vasto número de transações que precisam ser processadas, rastreadas e auditadas.
Crowdfunding/crowdlending	Novas maneiras de conseguir financiamento para produtos ou serviços por meio da alavancagem da Multidão (por exemplo, Gustin, Kickstarter, investidores anjos e Lending Club), especialmente para demonstrar a demanda do mercado para um produto ou serviço.
Medição de fluxo de caixa	Fluxos de caixa descontados serão substituídos pela Teoria das Opções como um mecanismo preferencial.

Estamos presenciando uma desfragmentação total da arena financeira e o setor de pagamentos digitais, particularmente, está pronto para a transformação. O Quicken e o QuickBooks tiveram um grande impacto sobre as empresas de contabilidade tradicionais. Agora, como o Mint para finanças pessoais, o Wave Accounting oferece contabilidade para pequenas empresas totalmente gratuita, embora seu modelo de negócio real seja minerar os dados enterrados nessas transações. Enquanto isso, o fenômeno Bitcoin continua a se desenrolar. Todos os cinco capitalistas de risco mais inteligentes que conhecemos estão construindo ou investindo em 15 a 20 empresas de Bitcoin. Esses investimentos podem se tornar inimaginavelmente disruptíveis. Na verdade, Salim acredita que o Bitcoin seja o maior facilitador tecnológico da lista acima.

O destacado investidor de Bitcoin, Brock Pierce, descreve dessa forma: "Embora a internet seja um meio de comunicação aberto – sobre a qual uma camada de transações seguras foi implementada com grande dificuldade – a própria cadeia de blocos é uma infraestrutura de transações seguras de baixíssimo custo sobre a qual todos os tipos de aplicações podem ser definidos (sendo que a moeda é apenas uma delas)".

Note que praticamente tudo no mundo moderno é uma transação: comunicações, contratos sociais e, não menos importante, o comércio. Por exemplo, em um sistema de contabilidade sobreposta à cadeia de blocos, toda a função de auditoria desaparece.

CTO/CIO – Chief Technology/Information Officer

No passado, os CTOs geralmente tinham duas tarefas: lidar com grandes pacotes de softwares e serviços e garantir que apenas os dispositivos oficialmente autorizados operassem dentro da organização. Agora, eles terão de lidar com um número crescente de dispositivos, tecnologias, serviços e sensores trazidos por uma força de trabalho que está exigindo cada vez mais o acesso eletrônico de todos os lugares. Isso levará a um aumento das invasões por hackers e outros problemas de segurança que a posição CTO/CIO foi em grande parte criada para resolver.

Marc Goodman, um futurista do FBI, estima que apenas 6% de todas as violações de segurança corporativa são detectadas pelos departamentos de TI. Goodman recomenda que os CIOs formem equipes de segurança para encontrar brechas antes que agentes externos possam explorá-las, apontando para um estudo que mostra que, se você deixar um pen drive no estacionamento do escritório, 60% dos colaboradores irão ligá-lo em seus computadores corporativos para ver seu conteúdo (comprometendo assim, instantaneamente, a segurança). Se o logotipo da empresa estiver impresso no pen drive (um truque muito simples), 90% dos colaboradores tentarão acessá-lo.

O CIO da sua empresa proíbe o uso de pen drives e se esforça para alertar todos os colaboradores (para não mencionar os prestadores de serviço, que são os potenciais Edward Snowdens de sua folha de pagamento) para esse perigo?

Principais áreas monitoradas	Implicações e ações
BYOx (Traga seu próprio x)	Traga seus próprios dispositivos, tecnologias, serviços e sensores para a empresa, proporcionando muito mais dados e resultando em mais possibilidades e inovação.
Acesso à nuvem	O acesso às tecnologias sociais, dados e serviços em qualquer lugar, independentemente da localização (acesso à nuvem).
Assistentes IA	Inteligência Artificial para gerenciar compromissos, planejamento, informação, ajuda/FAQ etc. (Google Now, Watson, Siri).
Segurança de big data	O mundo está se tornando rapidamente digitalizado e, com isso, altamente vulnerável a hackers, o que, por sua vez, resulta em uma explosão de ameaças à segurança. Para esse problema, as soluções de big data (por exemplo, Palantir) são necessárias para detectar falhas e tornar os dados seguros.
Computação quântica e segurança	Alavancar a computação quântica para a segurança (decodificação de criptografia, paradoxalmente, com a criptografia quântica).
Legal	Muitas indústrias (incluindo o setor bancário, médico e legal) exigem que as informações do cliente sejam mantidas dentro dos limites da empresa e em servidores corporativos. Os eventos referidos acima deverão impor um estresse extremo, até mesmo insuportável, sobre esse requisito.

Os CTO/CIOs precisam possibilitar a personalização da força de trabalho (que espera serviços e tecnologias de ponta) sem comprometer a segurança da organização – sem dúvida, uma tarefa difícil. Em todo o mundo, a função executiva mais desafiadora talvez seja a do CIO. Um exemplo: grandes implementações de software, tais como sistemas de ERP, estão sendo substituídas até certo ponto por startups SaaS especializadas que se alinham horizontalmente com outras ofertas de software por meio de APIs abertas. Como as ExOs se expandem além de seus limites tradicionais, o número de pontos de integração e de transferência de dados deverá explodir, tornando o rastreamento de falhas cada vez mais difícil.

CDO – Chief Data Officer

Brad Peters, cofundador e presidente da Birst e colunista Forbes.com, define o Chief Data Officer como a mais nova profissão de nível C. No decorrer deste livro, nós mencionamos os dados extensivamente: bilhões de sensores produzindo dados para os algoritmos, soluções de big data, decisões baseadas em dados e métricas de valor (ou *lean*). Todas as organizações de hoje têm uma grande necessidade de gerenciar e interpretar todos esses dados, sem violar as leis de privacidade e de segurança e a confiança do cliente.

Enquanto isso, dentro da organização, os CIOs estão gravitando em torno da gestão da crescente infraestrutura de informações. Como resultado, a responsabilidade de gerenciar todos os dados gerados recentemente caiu sobre o departamento de marketing, cuja tarefa não pode ser mais que uma atividade secundária. Daí a necessidade do Chief Data Officer, cujo principal foco é gerenciar os dados, encontrar as informações práticas, e em seguida, transmiti-las de forma rápida, segura e útil para todas as partes interessadas na organização.

Oportunidades-chave	Implicações e ações
TI orientado para fora	Alavancar a comunidade externa (desenvolvedores) e parcerias (startups, SaaS, empresas) para novos serviços/produtos e plataformas abertas com APIs abertas (remix de conjuntos de dados, padrões de código aberto) e fornecer os próprios metadados (acesso, remixing).
Business Intelligence – BI (inteligência empresarial)	Sistemas de gestão de dados que usam metodologias, processos, arquiteturas e tecnologias para transformar dados brutos em informações significativas e úteis (informações estratégicas, táticas e operacionais e tomadas de decisão mais eficazes). Uma heurística importante: se você opera em um ambiente altamente incerto, simplifique (não muitas variáveis); Se você opera em um ambiente previsível, torne-o complexo (use mais variáveis para gerenciar BI).
Realinhamento da propriedade dos dados de clientes	Os clientes vão possuir seus próprios dados (como o Personal Cloud ou Respect Network) e, então, fornecerão acesso a partes dos dados (para serviços relevantes e benéficos), apenas para pessoas autorizadas a receber as informações.

O Chief Data Officer é uma função executiva relativamente nova, mas nós consideramos parte essencial de qualquer organização em crescimento exponencial. Soluções de big data (especialmente o aprendizado de máquina e o aprendizado profundo), sistemas de gerenciamento de dados e dashboards ajudarão muito na coleta, classificação, filtragem e remixagem de dados em tempo real, bem como na criação de uma organização mais personalizada e eficaz.

CIO – Chief Innovation Officer

Note a seguinte distinção: este CIO, o Chief Innovation Officer, não deve ser confundido com o outro, mais conhecido, CIO, o Chief

Information Officer. Este último gerencia a estrutura de TI da empresa, o primeiro gerencia o desenvolvimento criativo da empresa. A inovação é a chave para o crescimento de uma Organização Exponencial sustentável. Mais do que nunca, o Chief Innovation Officer precisa confiar em fontes externas para acompanhar o ritmo acelerado de mudanças. A chave é alavancar todo o ecossistema, que é impulsionado pelo PTM e consiste da comunidade, hackerspaces, hackers, desenvolvedores, artistas, startups e empresas.

Oportunidades-chave	Implicações e ações
P&D de Código Aberto	Alavancar Comunidade e Multidão para P&D e desenvolvimento de produtos (por exemplo, Quirky), bem como a inteligência coletiva e ativos de hackerspaces, como TechShop e BioCurious (Ativos alavancados, fornecimento Just In Time – JIT).
Alavancar M&A (fusões e aquisições)	Investir, formar parceria ou adquirir startups/empresas e utilizá-las para permitir P&D e desenvolvimento de produtos (grandes empresas como os fundos de investimento).
VRM P&D	Com base em uma intenção ou ideia, um processo de desenvolvimento de produto e P&D totalmente automatizado pode ser completamente conduzido pela comunidade (propósito coletivo), assim como CRM para fins de vendas.
Ideação estimulada pelo cérebro	O uso de tecnologias de estimulação cerebral (ETCC, EMT, ETCA) e aprendizagem híbrida (o cérebro diretamente ligado à nuvem) para melhorar a ideação e aumentar as capacidades (o estado do cérebro ideal: flow hacking, reduzir/aliviar o estresse, pensar mais rápido, melhorar memória de aprendizagem e trabalho). Um conceito futurista que está rapidamente se tornando real.
Testes de realidade virtual	O uso de mundos virtuais para testar, prototipar, experimentar e aprender, como o High Fidelity de Philip Rosedale. Alavancar ferramentas como o Oculus Rift para visualização, tablets Gravity Sketch para design e Leap Motion para interação. O surgimento de impressoras 3D disruptivas para testes em mundos virtuais com interfaces gestuais.
Design baseado em restrições (IA)	Deixar que as IAs projetem inovação de design, dentro das restrições particulares.

Mais do que qualquer outro executivo de nível C, o Chief Innovation Officer dependerá fortemente de muitas tecnologias exponenciais. O CIO precisa estimular o processo de inovação, tanto interna como externamente, especialmente em termos de coerência e sincronicidade. Ele também deve incentivar a tomada de riscos e permitir a falha.

COO – Chief Operating Officer

No coração de qualquer organização, o trabalho do Chief Operating Officer é simplesmente fazer as coisas. O COO precisa considerar as tendências crescentes de risco de segurança e privacidade, descentralização, localização e ativos alavancados, já que tudo isso afetará muito a organização. Ao lidar com produtos físicos, mais do que com produtos digitais, a tecnologia terá um impacto na produção e na cadeia de suprimento devido à rápida evolução da nanotecnologia, impressão 3D e 4D, sensores, inteligência artificial, robôs e drones.

Oportunidades-chave	Implicações e ações
Produção descentralizada ou terceirizada	Produção digital e fragmentação das etapas de produção, liberando a empresa para se concentrar em suas competências essenciais (relacionamento com clientes, P&D, design e marketing). Realizada por meio da alavancagem de OEMs (por exemplo, PCH International, Flextronics, Foxconn) ou pelo uso de impressoras 3D, robôs e nanotecnologia (ver Tesla).
Materiais recicláveis/economia circular	Materiais de produção que podem ser reciclados e reutilizados várias vezes. Recuperação de produtos defeituosos por meio da extração sistemática de matérias-primas. Isso alimenta o modelo de produção descentralizada acima. Utilização de bionanocompósitos e nanocelulose para embalagens biodegradáveis.
Nanomateriais e nanofabricação	Manufatura e utilização de materiais criados a partir de átomos e moléculas modificadas (por exemplo, grafeno e carbino), projetados com características específicas, com forma, tamanho, propriedades de superfície e química, para melhorar a reatividade, resistência e propriedades eléctricas. Utilizar o Materials Project como um banco de dados de código aberto de materiais e suas propriedades.
Impressão 3D e 4D	Automontagem de produtos no local; serviços rápidos de prototipagem e reparação.
Monitoramento da produção via IA	Alavancar dados de sensores, algoritmos e IA para detectar falhas iniciais na produção e resolvê-las muito antes de o produto chegar ao mercado, reduzindo radicalmente o número de reparos, devoluções e recalls.
Robôs personalizáveis e programáveis	Robôs facilmente programáveis e personalizáveis para fabricação, ajudando os trabalhadores ou eliminando totalmente a necessidade de realizar tarefas repetitivas e pesadas (por exemplo, Baxter, Unbounded Robotics, Otherlab).
Logística e produção sustentável	Produção mais ecológica e autossuficiente impulsionada por robô-transporte, sensores, IA, painéis solares flexíveis e células solares de perovskita. Nanomateriais (grafeno) que podem ser adicionados a edifícios, veículos, máquinas e equipamentos. Transformação na Logística (transporte rodoviário, marítimo e aéreo).

É importante notar que a necessidade de transporte de longa distância vai diminuir com o tempo, devido ao aumento da produção localizada e ao crescimento da economia circular (reciclagem). Mais e mais produtos serão produzidos no local por meio de parceiros locais (ativos alavancados), acesso a impressoras 3D e mão de obra barata prestada por robôs altamente personalizáveis. Como os clientes preferem receber os produtos no momento em que acham que precisam deles, eles serão cada vez mais receptivos aos produtos montados localmente por dois motivos: ética (empregos e sustentabilidade) e praticidade (custos de entrega mais baixos, melhor serviço ao cliente etc.). Uma típica refeição norte-americana viaja 2.500 milhas para chegar à mesa do consumidor, mas a agricultura local e técnicas como a agricultura vertical deverão reduzir consideravelmente esse número (por exemplo, 7% dos legumes vendidos atualmente em Cingapura já são cultivados verticalmente).

CLO – Chief Legal Officer

A revolução ExO representa um novo conjunto de obstáculos para a função jurídica e ser um CLO pode ser tanto estimulante quanto estressante. O sistema legal é o repositório coletivo de valores sociais e é, portanto, muitas vezes incompatível com o rápido progresso. Hoje, a pressão sobre o sistema é maior do que nunca – e isso evoca uma das perguntas favoritas de Salim: Como as estruturas regulatórias e legais sobrevivem à medida que a tecnologia se afasta rapidamente de nós? Não importa o quanto os obstáculos são desafiadores, o CLO não terá o luxo de esperar que os problemas se resolvam sozinhos. E, embora o conceito de um departamento jurídico exponencial possa soar como um paradoxo, não precisa ser assim.

Os executivos jurídicos ExO devem estar cientes das seguintes questões detalhadas na tabela abaixo:

Oportunidade-chave	Implicações e ações
Propriedade Intelectual (PI) fracionária	A PI deverá se tornar cada vez mais relevante, devido à velocidade dos novos desenvolvimentos e dispositivos, resultando em PIs fracionários (patentes para pequenas porções).
Patentes de código aberto	Assim como fez a Tesla com suas patentes de carros elétricos, a abertura do código de PI permitirá a criação de um ecossistema de inovação muito maior, no qual, por padrão, sua organização será o centro. Isso antecipa a concorrência e faz o insourcing da inovação.
Relevância reduzida da PI	Em um mundo acelerado, no momento em que você registra uma patente, ela já está ultrapassada.

Aumento do seguro de PI	Estruturas formalizadas para proteger contra a violação de PI.
Contratos inteligentes	Cláusulas legais incorporadas como código; ativação instantânea de consequências e resultados; sistemas jurídicos personalizados.
Contratos legais flexíveis	Contratos legais flexíveis e em tempo real, em constante adaptação aos novos dados, estatísticas e percepções (por exemplo, atuais contratos de SCRUM, porém mais avançados).
Estruturas regulatórias perigosas	Como a tecnologia supera nossa capacidade de regular, as agências reguladoras se tornam irrelevantes; ou pior ainda, elas se tornam neoluditas.
Regulamentação como um mecanismo de desenvolvimento econômico	Vantagens enormes serão conferidas aos países ou regiões que impulsionarem o futuro dos sistemas regulatórios. Por exemplo, se um pequeno país legalizar totalmente os carros robóticos, uma grande quantidade de P&D será transferida para lá. As ExOs deverão pressionar fortemente seus governos por ambientes regulatórios competitivos.
Captura regulatória	Grandes organizações com muito dinheiro recorrem cada vez mais ao lobby por ambientes jurídicos favoráveis para criar muros ao redor de seus domínios. Embora o lobby seja a principal rota de fuga para as grandes organizações, hoje não é uma estratégia sustentável.

Devido às tecnologias exponenciais emergentes, está se tornando cada vez mais claro que as leis de propriedade intelectual, privacidade, propriedade e mecanismos contratuais serão transformadas nos próximos anos. Será interessante observar como estruturas regulatórias mantêm o ritmo. Esperamos que toda região ou país (por exemplo, China, particularmente em suas zonas francas) que adotar um ambiente regulatório progressista ofereça às ExOs uma importante vantagem competitiva.

CHRO – Chief Human Resources Officer

O ritmo acelerado das tecnologias exponenciais também não poupará o mundo do RH. A evolução da biotecnologia (perfis de DNA de colaboradores), neurotecnologia (perfis neurológicos de colaboradores), sensores e big data (o colaborador quantificado) fornecerá informações sem precedentes sobre a força de trabalho. Observamos também uma mudança nas técnicas de recrutamento, colaboração e desenvolvimento de colaboradores, à medida que se tornam cada vez mais digitalizadas.

Tudo isso deverá resultar em algumas mudanças inesperadas e surpreendentes, tanto no recrutamento quanto na liderança de equipe. Por exemplo, o Google demonstrou recentemente que seus melhores colaboradores não eram estudantes da Ivy League (universidades de prestígio), mas jovens que sofreram uma grande perda em suas vidas e foram capazes de transformar essa experiência em crescimento. Segundo o Google, a profunda perda pessoal resultou em colaboradores que são mais humildes e abertos a ouvir e aprender. Finalmente, a taxa de aprendizagem se tornará um indicador convencional para medir o progresso de um indivíduo, grupo ou até mesmo de uma startup.

Oportunidades-chave	Implicações e ações
Entrevistas de emprego e reuniões digitais	Entrevistas de emprego e vídeo que alavancam a colaboração (Skype), telepresença (Double Robotics) ou realidade virtual Oculus Rift (ou High Fidelity) para reuniões virtuais, bem como testes para capacitar a crescente força de trabalho de staff sob demanda. Habilidades em redes sociais terão mais importância, assim como estágios e o foco nos testes de habilidade para a vida real.
Contratar colaboradores que fazem as perguntas certas	Estamos entrando em um mundo de dados abertos, APIs abertas e até algoritmos (aprendizado profundo) de código aberto. Se tudo isso é gratuito, o que é especial? Máquinas (IA) são ótimas para oferecer respostas, mas os seres humanos são melhores em fazer as perguntas certas. Políticas de RH se concentrarão em pessoas que sabem perguntar e cultivam um ambiente no qual as perguntas, perspectivas, arte e cultura são mais profundamente respeitadas.
Contratar com base no potencial, não apenas no histórico e/ou currículo	Devido à mudança acelerada, a experiência de trabalho se revelará muito menos importante. O potencial de um candidato é mais importante do que QI, características ou habilidades. O potencial é determinado pela motivação intrínseca, propósito (que corresponde ao PTM), envolvimento, determinação, curiosidade, intuição e conhecimento sobre o risco (estatísticas). E também tem relação com a (des)aprendizagem e adaptabilidade. Com o tempo, essas ferramentas também poderão ser aplicadas ao staff sob demanda (por exemplo, Tongal) e Comunidade e Multidão.
Recrutamento por DNA/perfil neurológico e formação de equipe	Recrutamento e formação de equipe com base em perfis de DNA (aptidão para o trabalho baseado em determinados hormônios, neurotransmissores e riscos para saúde) e de perfil neurológico (atitude correta, emoções, foco, sinceridade, paixão, evitando viés cognitivo). IAs recomendarão quais pessoas devem trabalhar juntas e como formar equipes para diferentes tarefas.

Aprendizagem entre pares e coaching	Escolas de programação de softwares, tais como MIT e a Ecole 42 na França, não possuem corpo docente e contam apenas com a aprendizagem entre pares; tais instituições são altamente eficazes em termos de custos. O RH copiará esses modelos para uma melhor geração de conhecimento e transferência de habilidades entre os colaboradores.
Sistemas de reputação P2P	Reputação interna e externa medida pelas comunidades (Mode, GitHub, LoveMachine, Klout, LinkedIn etc.)
Dashboards de desenvolvimento pessoal e alinhamento de PTM	Painel com análise de dados, jogos educativos e insights preditivos para o desenvolvimento da força de trabalho, como OKRs, KPIs de aprendizagem ou descobertas fortuitas, avaliações de desempenho, sistemas de reputação P2P, MOOCs etc. big data alavancado para identificar anomalias, incluindo avaliações discrepantes por colegas. Gamificação alavancada para o engajamento e alinhamento com o PTM da empresa serão medidos/monitorados.
Colaboradores/equipes Quantificados	Monitoramento da saúde dos colaboradores e equipes fornece informações com base na saúde do corpo (fadiga, concentração, movimento, descanso e relaxamento), contribuindo assim para evitar erros, estresse, perda de produtividade e esgotamento. DNA, bioma e biomarcadores de colaboradores utilizados para minimizar os riscos para a saúde, resistência à gripe etc.
Ferramentas neurológicas	Neurotecnologia utilizada para melhorar o humor, a capacidade do colaborador (aprendizagem acelerada, foco, leitura, sono, estado mental, evitando viés cognitivo) e ajudar a combater fobias sociais (nervosismo e medo de contato ou relacionamento). Ferramentas e serviços que ajudam a melhorar o bem-estar mental dos colaboradores, tais como Happify e ThriveOn. Combinadas com sensores, essas ferramentas ensinam a aumentar o bem-estar, a capacidade de resistência e outras habilidades principais para a vida; elas também medem seus efeitos.

A Realidade Virtual (RV), atualmente com uso limitado no Oculus Rift e Google Glass, e prevista para iniciativas futuras, como o High Fidelity, não só afetará profundamente o recrutamento e a colaboração, mas também terá um potencial disruptivo no trabalho como o conhecemos hoje. Imagine a possibilidade de alavancar a RV para Experimentação, convidando os clientes a testar seus produtos virtualmente antes mesmo de um protótipo ser criado com uma impressora 3D. Também estamos entrando em uma era em que o RH será fundamental na gestão eficaz não só dos ETIs centrais, mas também do Staff sob demanda mais numeroso (assim como insumos de crowdsourcing), que passarão a operar em uma escala global. A gestão dos atributos ExO de Interfaces e Staff sob demanda será o novo requisito fundamental para a função de RH.

O trabalho mais importante do mundo

Também já deve estar claro a essa altura que, quando se tratam de grandes organizações, transformações importantes estão reservadas para as funções da diretoria executiva em todo o mundo. Não há dúvida de que, dadas as inúmeras tecnologias transformacionais convergentes em vários pontos de interseção, os executivos existentes sofrerão extrema pressão. E, como dissemos, em lugar algum esse impacto será mais sentido do que no cargo do CEO. Na verdade, é muito provável que daqui a uma década o trabalho do CEO será tão completamente revolucionado que merecerá um novo título: Chief Exponencial Officer.

Todos saúdem o CXO! E os melhores votos a esse notável indivíduo. Porque o CXO (para não mencionar o resto de nós) está prestes a embarcar em uma jornada selvagem e assustadora, mas também emocionante, à medida que entramos na era da Organização Exponencial.

Uma nova explosão cambriana

Fizemos duas perguntas importantes no início desta jornada: as ExOs são uma realidade? Neste caso, elas vão durar?

Dito de outra forma, o paradigma ExO é sustentável ou é apenas fogo de palha?

A tabela a seguir mostra o valor de mercado de algumas ExOs quando começamos a escrever este livro. Estamos confiantes de que ela responderá claramente às perguntas acima.

	Idade (anos)	**Avaliação em 2011**	**Avaliação em 2014**	**Aumento**
Haier	30	US$ 19 bilhões	US$ 60 bilhões	3x
Valve	18	US$ 1,5 bilhões	US$ 4,5 bilhões	3x
Google	17	US$ 150 bilhões	US$ 400 bilhões	2,5x
Uber	7	US$ 2 bilhões	US$ 17 bilhões	8,5x
Airbnb	6	US$ 2 bilhões	US$ 10 bilhões	5x
Github	6	US$ 500 milhões (estimativa)	US$ 7 bilhões	14x
Waze	6	US$ 25 milhões	US$ 1 bilhão (em 2013)	50x
Quirky	5	US$ 50 milhões	US$ 2 bilhões	40x
Snapchat	3	0	US$ 10 bilhões	10.000x +

Trinta e seis meses fazem muita diferença. O mais importante é que essas taxas de crescimento nunca aparecem em qualquer plano estratégico de cinco anos. Lembre-se do nosso momento Iridium. Embora seja um paradigma relativamente novo que está evoluindo rapidamente, não temos dúvidas de que as ExOs estão aqui para ficar – o inovador de negócios Nilofer Merchant as chama de "gorilas de 800 onças" (em oposição aos gorilas de 800 libras, estes 16 vezes mais pesados). A alavancagem dos elementos SCALE permite que as ExOs se estendam além dos limites tradicionais, e os elementos IDEAS ajudam a manter o controle e um aspecto de ordem. Na verdade, estamos observando um desenvolvimento fascinante em empresas como Amazon, Facebook e Google que implementaram totalmente os elementos IDEAS: *elas se tornam despolitizadas*. Ao tomar decisões objetivas e orientadas a dados (Experimentação), equipes autogerenciáveis (Autonomia), consciência compartilhada (Social) e Dashboards, as equipes se concentram no resultado final, em vez de se concentrar na política interna.

Quanto às organizações existentes, o exemplo no Capítulo 10 de Arjun Viswanathan, do Citigroup, mostra o quanto um impacto pode ser dramático se a filosofia ExO for aplicada a uma organização existente. Ian Chan, um sócio da Deloitte Canada, cujo invejável título é "Líder de Disrupção", já formou uma equipe para implementar os princípios ExO em seus clientes.

Seu desempenho extremo e escalabilidade são o resultado da capacidade de dominar novos mercados com serviços de informação, ou de atacar os já existentes com a redução do custo de oferta e praticamente eliminar o denominador na equação receita/custo.

Aqui está outro exemplo concreto: em 1979, a GM empregava 840 mil pessoas e gerou US$ 11 bilhões em receitas (ajustados para 2012). Vamos comparar a GM com o Google que, em 2012, empregava 38 mil (menos de 5% da força de trabalho da GM em 1979) e gerou US$ 14 bilhões em ganhos (120% da GM).

Essa é a diferença de um ambiente baseado em informação! Na verdade, o recente livro de Eric Schmidt e Jonathan Rosenberg, *Como o Google Funciona*, corresponde quase completamente aos nossos elementos IDEAS.

Agora que sabemos que as ExOs estão aqui para ficar, temos algumas questões nas quais refletir: Qual será a penetração das ExOs na economia geral? Quantas indústrias e mercados elas vão derrubar? Quantas empresas estabelecidas e (atualmente) bem-sucedidas desaparecerão em face das concorrentes exponenciais? E, finalmente, como uma economia ExO pode mudar a maneira como vivemos e trabalhamos?

Além do progresso financeiro extraordinário alcançado pelas organizações listadas anteriormente, também monitoramos o progresso organizacional à medida que elas sistematicamente implementaram cada um dos elementos ExO (PTM, SCALE e IDEAS). (E nós continuaremos a acompanhar sua evolução no <**www.exponentialorgs.com**>.) Ao longo do caminho, nós percebemos que a melhor analogia para uma ExO é a própria internet. A internet é uma arquitetura descentralizada, distribuída, com padrões abertos e inovações que ocorrem nas bordas. As startups com atributos ExO refletem esse mesmo conjunto de características. Depois de 20 anos na vanguarda da inovação, a internet é hoje a base de quase todas as inovações. Acreditamos que, à medida que se tornam mais exponenciais, as empresas se transformarão em plataformas distribuídas e descentralizadas que alavancam comunidades com APIs abertas. Acreditamos, também, que deverão operar com uma mistura equilibrada de dados abertos e protegidos, incentivando a inovação constante e disruptiva em suas bordas.

Da mesma forma que os custos de comunicações da internet caíram para valores próximos a zero, nós esperamos que os custos transacionais e organizacionais internos também caiam próximos a zero, à medida que nossas estruturas organizacionais estão sendo, cada vez mais, distribuídas e habilitadas para informação. Eventualmente, devido a esses baixos custos de transação, nós estamos prevendo o que chamamos de *Explosão Cambriana* no design organizacional – tudo, desde as estruturas de base comunitária às organizações virtuais (veja a Ethereum), será pequeno, ágil e extensível.

E também está se tornando cada vez mais claro que, como a internet, o paradigma ExO não se aplica apenas para os negócios. Ele pode ser facilmente aplicado a todos os tipos de empresas e organizações: instituições acadêmicas, entidades sem fins lucrativos, governos. Em suma, não é apenas um sistema comercial, mas também uma *filosofia de ação*.

Por exemplo, como seria um governo exponencial? O empresário e estrategista de tecnologia Andrew Rasiej acredita que os governos deveriam ser *plataformas* de engajamento cívico. Jerry Michalski, fundador da Relationship Expedition (REX), observa que a verdadeira tarefa do governo deveria ser a gestão dos bens comuns – recursos culturais e naturais que pertencem a todos os membros de uma sociedade –, um sistema tratado de forma mais eficaz por comunidades orientadas ao PTM do que por colaboradores eleitos corruptíveis com motivos muitas vezes suspeitos.

Francamente, a partir da perspectiva correta, o governo representativo tradicional pode ser visto apenas como uma versão rudimentar de uma ExO. Ou seja, ele tem um PTM (seu país ou região), alavanca a comunidade e o público (arrecadação de impostos como um crowdfunding coagido), é descentralizado, reúne e utiliza dados e conhecimentos, coloca a comunidade em primeiro lugar (em teoria), alavanca o engajamento (educação cívica e eleições) e possui ativos extensos (terras públicas) e pessoal sob demanda (as forças armadas e reservistas).

Portanto, a verdadeira questão não é se os governos podem se tornar ExOs – de uma forma rudimentar, eles já são –, mas se são ou não capazes de cumprir seu destino de serem ExOs realmente modernas, totalmente funcionais, caracterizadas pela tecnologia e de alto desempenho. Na verdade, o que nós realmente devemos nos perguntar é: como será esse novo governo?

A oportunidade para os governos cumprirem esse destino certamente existe. Na verdade, já surgiram alguns sistemas governamentais ExO. A proteção da Galinha de Pradaria, uma espécie em extinção no sul das Grandes Planícies dos EUA, ironicamente teve um efeito negativo na construção de turbinas eólicas na região. O processo para avaliar o impacto ambiental estava levando mais de seis meses. Cada aspecto da avaliação exigia a aprovação em todas suas etapas. Finalmente, um grupo de agências, incluindo a Wildlife & Parks, criou um sistema de informação geográfica (SIG) que codificou todas as áreas sensíveis. Agora, o sistema aprova um novo local instantaneamente e oferece alternativas, caso seja encontrado algum problema. Isso representou uma melhoria de quase um milhão de vezes no tempo de aprovação, e com o mínimo de esforço.

A implementação bem-sucedida de estratégias ExO em uma organização não governamental também pode ser encontrada no Reino Unido. Mike Bracken, gestor do Serviço Digital do Governo, dirige seu departamento como se fosse uma ExO. A experimentação constante com os usuários, iterações rápidas, design orientado ao cidadão e uso de repositórios GitHub resultaram em um índice de aprovação de 90% para o aplicativo mais recente do departamento. (Quando foi a última vez que um serviço governamental obteve índices de aprovação como esse?)

Além do governo, acreditamos que os princípios ExO também transformarão outros feudos. Considere a pesquisa científica que, curiosamente, ainda está fortemente agarrada ao mantra "publicar ou perecer".

"Um número significativo de publicações é a chave para obter subsídio", diz Sarah Sclarsic, uma executiva de biotecnologia da Modern Meadow, que vem pesquisando essa questão. Porém, o problema é que as principais publicações científicas favorecem estudos sensacionais com achados que possuam correlação positiva. Como consequência, diz ela, os cientistas se sentem pressionados a produzir esses resultados sensacionais, independentemente da ciência ser sólida ou não. Sclarsic observa que, quando os pesquisadores da Amgen tentaram recentemente reproduzir os resultados de 53 trabalhos fundamentais sobre o câncer, eles só foram capazes de comprovar seis (11%)[1]. "Essa parcialidade prejudica a investigação aberta e a objetividade que residem no cerne da ciência e que são fundamentais para o sucesso da disciplina."

Felizmente, novas iniciativas como o figshare e a Public Library of Science (PLOS) estão derrubando essa estrutura arcaica. ResearchGate, uma ExO, é um site aberto, com base na comunidade, onde os pesquisadores podem publicar quaisquer resultados – e para onde os cientistas e pesquisadores estão migrando em massa. Com mais de cinco milhões de membros, a comunidade ResearchGate poderia, por si só, multiplicar o progresso científico e tecnológico por ordens de magnitude.

Empregos e a economia

Outras questões igualmente importantes que contemplamos à medida que avançamos para um ambiente ExO: Que tipo de economia um mundo ExO produziria? O que acontece à medida que a informação habilita mais e mais processos e produtos?

Quando tentamos retratar um mundo habilitado para a informação estamos sujeitos a evocar um cenário tipicamente distópico: robôs e outras formas de inteligência artificial tornam nosso trabalho desnecessário e mergulhamos em um mundo de crises e caos social. O efeito da tecnologia na economia não é um assunto novo. A colheitadeira de McCormick, na década de 1870; a linha de montagem no início do século 20; o computador na década de 1950 – já ouvimos todas essas histórias. Marc Andreessen observou que o argumento de que "os robôs roubarão nossos empregos" surgiu pela primeira vez em 1964, valendo-se da mesma terminologia e gerando os mesmos receios que estamos vendo na imprensa de hoje. Em uma recente conversa com Salim, o respeitado economista John Mauldin observou que, assim como Andreessen, ele não acredita em um jogo de soma zero. Em vez disso, ele afirma que a economia simplesmente deverá se expandir e incluir atividades nunca antes imaginadas. (Mauldin também acredita que duas tensões opostas estão em jogo em um nível mais amplo da economia, pelo menos no curto prazo: as promessas insustentáveis dos governos em relação à

[1] <www.nature.com/nature/journal/v483/n7391/full/483531a.html>.

aposentadoria, saúde pública etc., e o aumento da produtividade como resultado da tecnologia.)

Mauldin criticou os economistas por sua tendência a avaliar a economia com base na hipótese do equilíbrio, observando que eles quase nunca percebem que a revolução da informação inevitavelmente rompe esse equilíbrio. Como W. Brian Arthur disse recentemente: "A teoria econômica da complexidade é uma maneira diferente de pensar sobre a economia. Ela vê a economia não como um sistema em equilíbrio, mas como algo em movimento, 'computando-se' perpetuamente – reconstruindo-se perpetuamente. Enquanto o equilíbrio econômico enfatiza a ordem, o determinismo, a dedução e o imobilismo, esse novo sistema enfatiza a contingência, a indeterminação, a busca de sentido e a abertura à mudança. Até agora, a economia tem sido uma ciência baseada no substantivo, em vez de ser uma ciência baseada no verbo".

Acreditamos muito na visão de mundo otimista de Andreessen e Mauldin. Por exemplo, em 1980, existiam apenas 92 cervejeiros artesanais em todos os EUA. Quando o pai de Mike Malone, nosso coautor, estava escrevendo sobre a indústria da cerveja na década de 1980, essas cervejarias eram consideradas um "hobby", nada mais que novidades, incapazes de manter uma qualidade consistente e direcionadas a um público de nicho. Mas, à medida que a tecnologia reduziu os custos, tornando a indústria acessível a todos, amadores e pequenas cervejarias de repente se viram em posição de operar microcervejarias cada vez mais sofisticadas e de alta qualidade. Hoje, há quase três mil microcervejarias nos EUA, o maior número em mais de um século. Elas criaram 110 mil postos de trabalho em todo o país.

Mas isso não é tudo. Um estudo conduzido pela Fundação Kauffman em 2010 revelou que, nos últimos 40 anos, as grandes empresas criaram "zero" novos empregos. Por outro lado, 100% da criação de novos empregos são provenientes de startups e empreendedores. Depois de acompanhar o popular Maker Movement, iniciado por Dale Dougherty, o *The Grommet* chegou a resultados semelhantes, relatando que as pequenas empresas criaram oito milhões de novos postos de trabalho desde 1990, enquanto as grandes empresas eliminaram quatro milhões de posições.

Como mencionamos no Capítulo 5, a democratização da tecnologia permite que indivíduos e pequenas equipes sigam suas paixões, sejam elas drones, síntese de DNA ou cerveja. Acreditamos que as comunidades PTM alavancando tecnologias aceleradas podem, dramaticamente, criar novas oportunidades econômicas, e nós esperamos ver uma abundância de novas ocupações em um futuro próximo

– embora muito diferentes do tipo de trabalho que estamos fazendo hoje. A questão que em breve estaremos perguntando uns aos outros é: "Como você se ocupa?", em vez de: "Qual é seu emprego?". Resumindo: a Explosão Cambriana já está em andamento.

Da escassez à abundância

O futurista Paul Saffo observou que a humanidade iniciou como uma economia de produção, transformada em uma economia de consumo e agora está se tornando uma economia de criação. Durante séculos, o dinheiro e o comércio têm sido os principais modos de discurso em todo o mundo. Hoje, no entanto, a informação está rapidamente suplantando o dinheiro para se tornar o principal modo de discurso (note que a informação já é em grande parte fungível). Talvez a maneira mais fácil de enquadrar essa macromudança seja a passagem da escassez para a abundância. Jerry Michalski observa que, no passado, a escassez significava *valor*. Ou seja, sem escassez, você não teria um negócio. Agora essa noção foi abalada. Dave Blakely, da IDEO, considera as ExOs da seguinte maneira: "Essas novas organizações são exponenciais, porque pegaram algo escasso e o tornaram abundante". A Nokia adquiriu a Navteq na tentativa de comprar, possuir e controlar a escassez, mas foi ultrapassada pela Waze, que conseguiu aproveitar a abundância.

Basicamente, as Organizações Exponenciais tratam do gerenciamento da abundância, e um mundo baseado em informação nos leva em direção a essa abundância. (Como foi observado anteriormente, o livro de Steven Kotler e Peter Diamandis, *Abundância*, demonstra a probabilidade desse resultado.)

Assim, o triunfo da Organização Exponencial parece ser inevitável. Em seu livro de 2014, *The Zero Marginal Cost Society: The Internet of Things, the Collaborative Commons, and the Eclipse of Capitalism*, Jeremy Rifkin apresenta uma tese central que se correlaciona fortemente com nossa noção de "Corrida para desmonetização" apresentada no Capítulo 5, em que ressaltamos que as ExOs empurram os custos marginais para quase zero. Rifkin, contudo, levanta uma questão ainda maior. Ele acredita que o que estamos vendo é um novo sistema econômico emergindo pela primeira vez desde o surgimento do capitalismo, um novo mundo de custos marginais muito baixos ou nulos, um que ele chama de Bens Colaborativos (Collaborative Commons).

Como você pode imaginar, esse novo sistema econômico representa uma enorme ameaça ao capitalismo. Ironicamente, a própria ascensão do capitalismo (para criar produtos e serviços cada vez mais baratos) foi tão bem-sucedida que, segundo Rifkin, ele acabará por devorar seu criador, destruindo, assim, o próprio capitalismo. Qual é o fator-chave para essa dinâmica? Produtos e serviços que estão sendo habilitados para a informação, em uma escala global.

Só o tempo dirá se Rifkin está correto, ou pelo menos parcialmente certo, já que esse novo paradigma virá a dominar grandes setores da vida moderna. Mas certamente as Organizações Exponenciais são a chave para gerenciar a nova era dos Bens Colaborativos e a economia da abundância.

Infelizmente, e ironicamente, há uma escassez de orientação para esse novo paradigma. Quase todos os casos de estudo dos cursos de administração de hoje estão ultrapassados, uma vez que todos ensinam (abundantemente) como otimizar e gerenciar a escassez. Do mesmo modo, a maioria das práticas de gerenciamento, que se concentram predominantemente na eficiência de escala, também está desatualizada. Não existe um curso de MBA que demonstra as Interfaces e nenhum consultor de gestão que possa aconselhar a Uber sobre a implementação de algoritmos.

Notamos que quando as ExOs ficam grandes elas se tornam plataformas que geram outras ExOs menores, de forma muito semelhante a um recife de coral saudável que gera inúmeras criaturas interessantes em suas bordas externas. Como as indústrias estão se tornando cada vez mais habilitadas para a informação, acreditamos que deverão, inevitavelmente, consolidar-se em algumas grandes plataformas por setor, cada uma hospedando uma infinidade de pequenas ExOs em suas aberturas e fissuras.

Não importa o que aconteça, uma coisa é certa (esperamos que seja): a Organização Exponencial é o futuro de qualquer empresa com um forte componente de informação – que, naturalmente, toda empresa possui. Você pode entrar nesse novo mundo agora ou mais tarde. Mas, no final, você vai entrar.

A responsabilidade para com seus colaboradores, investidores e clientes exige que você não espere. No instante em que uma parte de seu negócio ou indústria é habilitada para informação, os custos marginais começam a desaparecer e sua organização, ou assumirá a dinâmica ExO, ou desaparecerá. Hesite por muito tempo e logo você verá seus concorrentes acelerarem para longe, deixando sua empresa como uma mera nota em suas histórias corporativas.

Não há necessidade, no entanto, de acabar como uma nota de rodapé. Pense novamente sobre os muitos exemplos de como o pensamento e a ação exponencial não só capacitaram as novas empresas disruptivas, mas também permitiram o progresso e uma mudança impressionante em organizações de todos os tipos e tamanhos. Agora, você tem o manual de instruções para se redefinir como uma Organização Exponencial. Nós o convidamos a começar a percorrer esse caminho hoje.

Salim Ismail
Mike Malone
Yuri van Geest

Como ficou claro em nossa tabela de ExOs no início do Epílogo, os atributos ExO estão evoluindo rapidamente. Se você estiver interessado em se manter atualizado sobre notícias, dicas, truques e estudos de caso, por favor, junte-se a nós em <www.exponentialorgs.com>.

Posfácio

Agora você tem o diagrama para a construção de uma Organização Exponencial. Não importa se sua empresa tem três ou 30 mil pessoas, reinventá-la em torno dos atributos intrínsecos e extrínsecos identificados neste livro é fundamental.

Todos nós podemos identificar empresas que consideramos lineares (por exemplo, a GM) e as empresas que consideramos exponenciais (digamos, o Google), mas agora podemos realmente medir essa diferença e saber como e por que elas operam em um diferencial de desempenho de 25 vezes na receita por colaborador, como Salim destacou no epílogo. Parte dessa diferença de 25 vezes vem das ferramentas de produtividade (ou seja, tecnologias exponenciais) já disponíveis. Embora seja verdade que elas operam em setores diferentes, isso indica a importante passagem de um mundo baseado em matéria para um mundo baseado em informação.

Nós chegamos a essa perspectiva a partir de nossas experiências na Singularity University, na qual, durante os últimos seis anos, estivemos aprendendo com os principais especialistas, pesquisadores e profissionais das tecnologias aceleradas. É importante notar, no entanto, que nós ainda estamos literalmente no início da próxima era de tecnologias disruptivas. Ainda não vimos nada. Na próxima década, essas ferramentas de aceleração terão uma utilidade cada vez maior e os efeitos de rede em que "o vencedor leva tudo" lançarão as Organizações Exponenciais a alturas jamais alcançadas.

A realidade é que, durante essa era de mudança exponencial, você precisa fazer sua empresa evoluir – se você não criar sua própria disrupção, alguém o fará. Ficar parado significa a morte.

Para você ter uma melhor ideia do tsunami de mudanças que está vindo em nossa direção, permita-me esboçar um quadro que descreve os quatro níveis de convergência que deverão se revelar em um futuro próximo.

Nível I: Em primeiro lugar, temos a aceleração contínua de tecnologias exponenciais específicas que pegam carona da computação, que continua a dobrar (Lei de Moore). Isto está ocorrendo em áreas como a Computação Infinita, Redes/Sensores, Inteligência Artificial, Robótica, Manufatura Digital e Biologia Sintética. Você já viu as tabelas no Capítulo 1 que mostram um progresso dramático em todas essas áreas.

Nível II: A convergência dessas tecnologias – a interseção de Redes, IA e impressão 3D – permitirá em breve que qualquer pessoa descreva seus pensamentos. Teremos um software de design com IA que ouve sua descrição de um lindo e detalhado projeto que será impresso em 3D e entregue à sua porta. Todos nós, com ou sem habilidades, nos tornamos designers e fabricantes, da mesma maneira que o Microsoft Word nos transforma em soletradores perfeitos.

Nível III: Como mencionado no livro, nessa década, o número de pessoas conectadas digitalmente no planeta aumentará de dois bilhões em 2010 para, pelo menos, cinco bilhões até 2020. A adição de três bilhões de novas mentes à economia global terá um impacto poderoso. O mais importante é que esses três bilhões de pessoas estarão totalmente capacitados com tecnologias desmaterializadas, desmonetizadas e democratizadas que vão desde telefones celulares, até o Google, impressão 3D on-line, técnicas de IA, diagnósticos médicos e biologia sintética. Eles terão acesso a tecnologias que, há apenas uma década, estavam disponíveis apenas para as maiores empresas e laboratórios do governo. O que isso permitirá? O que eles vão construir?

Nível IV: Vimos que a taxa de inovação na Terra aumenta como resultado direto da concentração de pessoas nas cidades (deslocadas das zonas rurais). Há cinco anos, a proporção de habitantes urbanos no planeta cruzou a linha dos 50% pela primeira vez na história da humanidade. Parafraseando Matt Ridley, autor do importante livro *O Otimista Racional: Por que o Mundo Melhora*, as ideias estão se acasalando, se reproduzindo e se recombinando a um ritmo cada vez mais rápido, impulsionadas por pessoas concentradas nas áreas urbanizadas que fazem a troca e a iteração de ideias. Logo, a mente coletiva de cinco bilhões de pessoas conectadas vai conduzir à mais rápida iteração de tecnologia da história. Os ciclos de inovação de novos produtos passarão de anos para meses ou semanas. Como o sistema de propriedade intelectual e os sistemas de governança global poderão acompanhar esse ritmo? Como as empresas com pensamento linear de grande escala sobreviverão? O que acontece quando o ritmo de mudança é mais rápido que o processo de patenteação? Será que empresas e governos serão capazes de lidar com esse ritmo de mudança?

São esses quatro níveis de disrupção que estarão impulsionando o tsunami de mudanças à nossa frente. Essencialmente, esse livro foi criado para ajudá-lo a surfar nesse tsunami, ao invés de ser esmagado por ele.

Salim e eu passamos os últimos dois anos viajando pelo mundo realizando palestras, coaching e consultoria a líderes empresariais e nacionais que estão acordando para o fato de que as tecnologias exponenciais estão aqui para ficar, e que essas tecnologias estão, na verdade, se acelerando. Aqueles que achavam que "essa tal de internet" foi um incidente isolado da década passada, finalmente perceberam que foi apenas o começo de *tudo*.

Desejo-lhe tudo de melhor, ao conduzir sua empresa, sua organização, talvez até mesmo seu país, de uma entidade de pensamento linear para uma Organização Exponencial.

Peter H. Diamandis
Fundador e Presidente, X Prize Foundation
Santa Monica, CA

Qual é seu quociente exponencial?

Cada questão é pontuada de 1–4 (total 84). As ExOs alcançam pontuações de mais de 55/84.

Recursos Humanos e Gestão de Ativos

1) Até que ponto você utiliza colaboradores de tempo integral vs. prestadores de serviços sob demanda?*

- ☐ Usamos somente colaboradores em tempo integral. *(1 ponto)*
- ☐ Usamos principalmente colaboradores em tempo integral com alguns prestadores de serviço sob demanda em áreas não críticas (por exemplo, TI, produção de eventos etc.). *(2 pontos)*
- ☐ Usamos alguns prestadores de serviço sob demanda para auxiliar nas áreas de missão crítica (por exemplo, operações, produção, recursos humanos etc.). *(3 pontos)*
- ☐ Usamos principalmente prestadores de serviço sob demanda, além de uma pequena equipe central em tempo integral. *(4 pontos)*

2) Até que ponto você alavanca recursos externos para executar funções de negócios?*

- ☐ A maioria das funções de negócios é tratada por colaboradores internos. *(1 ponto)*

☐ Terceirizamos algumas funções administrativas e de apoio (por exemplo, contas a pagar, contas a receber, help desk, instalações etc.). *(2 pontos)*
☐ Terceirizamos algumas funções de missão crítica (por exemplo, Apple e Foxconn). *(3 pontos)*
☐ Enfatizamos a agilidade – até mesmo as funções de missão crítica são terceirizadas como custos variáveis, em vez de custos fixos. *(4 pontos)*

3) Até que ponto você possui vs. aluga os ativos em sua organização?*
☐ Possuímos todos os ativos, exceto equipamentos periféricos (por exemplo, copiadoras). *(1 ponto)*
☐ Temos acesso a alguns equipamentos/serviços essenciais sob demanda (por exemplo, computação em nuvem). *(2 pontos)*
☐ Usamos ativos sob demanda em várias funções de negócios (por exemplo, hackerspaces ou escritórios compartilhados vs leasing ou compra de escritório; usar a NetJet vs. comprar um avião). *(3 pontos)*
☐ Usamos ativos sob demanda, mesmo em áreas de missão crítica (por exemplo, Apple e Foxconn). *(4 pontos)*

Comunidade e Multidão

4) Até que ponto você gerencia e interage com sua comunidade (usuários, clientes, parceiros, fãs)?*
☐ Temos uma participação muito passiva com nossa comunidade (ou seja, nós usamos alguns meios de comunicação social). *(1 ponto)*
☐ Alavancamos nossa comunidade para pesquisa de mercado e outras atividades de pesquisa. *(2 pontos)*
☐ Usamos ativamente a comunidade para divulgação, apoio e comercialização. *(3 pontos)*
☐ A comunidade tem uma grande influência em nossa organização (por exemplo, ideias de produtos, desenvolvimento de produtos). *(4 pontos)*

5) Como você se engaja na sua comunidade?*
☐ Nenhum engajamento, além do atendimento ao cliente padrão (por exemplo, CRM tradicional). *(1 ponto)*
☐ Nossa comunidade é centralizada e a comunicação é "um para muitos" (por exemplo, TED.com, Apple). *(2 pontos)*

- ☐ Nossa comunidade é descentralizada e a comunicação é "muitos para muitos", mas passiva e de propósito único (por exemplo, LinkedIn, Facebook). *(3 pontos)*
- ☐ Nossa comunidade é descentralizada, a comunicação é "muitos para muitos" e conduz a criação valor peer-to-peer (por exemplo, DIY Drones, GitHub, Wikipedia). *(4 pontos)*

Engajamento da Comunidade e Multidão

6) Você converte ativamente "a multidão" (público em geral) em membros da comunidade?*

- ☐ Usamos técnicas padrão como RP para aumentar a percepção. *(1 ponto)*
- ☐ Alavancamos a mídia social para fins de marketing. *(2 pontos)*
- ☐ Usamos a gamificação e concursos de incentivo para transformar a Multidão em Comunidade. *(3 pontos)*
- ☐ Nossos produtos e serviços são inerentemente projetados para converter Multidão em Comunidade (por exemplo, memes compartilháveis como o bigode da Lyft ou a assinatura do Hotmail). *(4 pontos)*

7) Até que ponto você usa a gamificação ou os concursos de incentivo?*

- ☐ Usamos gamificação/concursos de incentivo apenas para a motivação interna (por exemplo, vendedor do mês). *(1 ponto)*
- ☐ Usamos gamificação básica externamente (por exemplo, programas de fidelidade, programas de passageiro frequente). *(2 pontos)*
- ☐ Criamos gamificação/concursos de incentivo para nossos produtos e serviços (por exemplo, Foursquare). *(3 pontos)*
- ☐ Usamos gamificação/concursos de incentivo para conduzir a ideação e o desenvolvimento de produtos (por exemplo, Quirky, Kaggle). *(4 pontos)*

Capacitação Social e de Informação

8) Até que ponto seus produtos/serviços são baseados em informação? *

- ☐ Nossos produtos/serviços são de natureza física (por exemplo, Starbucks, Levi ou a maioria dos varejistas tradicionais). *(1 ponto)*
- ☐ Nossos produtos/serviços são físicos, mas sua entrega ou produção é baseada em informação (por exemplo, Amazon). *(2 pontos)*
- ☐ Nossos produtos/serviços são físicos, mas os serviços são baseados em informações e geradores de receita (por exemplo, iPhone/App Store). *(3 pontos)*

☐ Nossos produtos/serviços são totalmente baseados em informações (por exemplo, LinkedIn, Facebook, Spotify, Netflix). *(4 pontos)*

9) Até que ponto a funcionalidade social e a colaboração são um elemento central da oferta de seu produto/serviço?*

☐ Nossos produtos/serviços não incorporam um aspecto social/colaborativo (por exemplo, a compra de um cortador de grama). *(1 ponto)*

☐ Nós incorporamos estruturas sociais/colaborativas em nossos produtos/serviços existentes (por exemplo, os produtos têm uma página no Facebook ou Twitter). *(2 pontos)*

☐ A funcionalidade social/colaborativa é usada para melhorar ou gerar a oferta dos serviços/produtos (por exemplo, 99designs, Indiegogo, Taskrabbit). *(3 pontos)*

☐ A funcionalidade social/colaborativa realmente desenvolve a oferta de nossos produtos/serviços (por exemplo, Yelp, Waze, Foursquare). *(4 pontos)*

Dados e Algoritmos

10) Até que ponto você usa algoritmos e aprendizado de máquina para tomar decisões relevantes?*

☐ Nós não realizamos qualquer análise significativa de dados. *(1 ponto)*

☐ Nós coletamos e analisamos dados geralmente por meio de sistemas de comunicação. *(2 pontos)*

☐ Nós usamos algoritmos de aprendizado de máquina para analisar dados e tomar decisões acionáveis. *(3 pontos)*

☐ Nossos produtos e serviços são construídos em torno de algoritmos e aprendizado de máquina (por exemplo, PageRank). *(4 pontos)*

11) Você compartilha ativos de dados estratégicos internamente na empresa ou os expõe externamente à sua comunidade?*

☐ Não compartilhamos dados, mesmo entre os departamentos. *(1 ponto)*

☐ Temos dados compartilhados entre os departamentos (por exemplo, dashboards internos, fluxos de atividades e páginas wiki). *(2 pontos)*

☐ Expomos alguns dados aos principais fornecedores (por exemplo, interfaces EDI ou via APIs). *(3 pontos)*

☐ Expomos alguns dados ao nosso ecossistema externo via APIs abertas (por exemplo, Flickr, Google, Twitter, Ford). *(4 pontos)*

12) Você possui processos especializados para gerenciar o resultado das externalidades em sua organização interna? (Por externalidades, nos referimos a Staff sob demanda, Comunidade/Multidão, algoritmos, os ativos alavancados e engajamento.)*

- ☐ Não alavancamos externalidades ou não temos processos especiais para capturar ou gerenciar externalidades. *(1 ponto)*
- ☐ Temos uma equipe dedicada a gerenciar as externalidades (por exemplo, a X Prize cria prêmios únicos, aplicações TEDx tratadas manualmente). *(2 pontos)*
- ☐ Automatizamos o processamento de uma externalidade (por exemplo, Elance ou DonorsChoose). *(3 pontos)*
- ☐ Automatizamos o processamento de várias externalidades (por exemplo, IndieGoGo, Github, Uber, Kaggle, Wikipedia). *(4 pontos)*

13) Os processos-chave externos à sua organização principal são replicáveis e escaláveis?*

- ☐ Temos processos em sua maioria tradicionais e manuais (geralmente limitados pelo POP – Procedimento Operacional Padrão). *(1 ponto)*
- ☐ Alguns de nossos processos são escaláveis e repetíveis, mas apenas dentro da organização *(2 pontos)*
- ☐ Alguns de nossos processos operam fora da organização (por exemplo, eventos TEDx, XPRIZE ou estruturas de franquia). *(3 pontos)*
- ☐ A maioria dos processos-chave é de autoprovisionamento e executada fora da organização por meio de uma plataforma escalável (por exemplo AirBnB ou Adsense). *(4 pontos)*
- ☐ Dashboards em tempo real e Gestão de Colaboradores.

14) Quais métricas você utiliza para monitorar sua organização e seu portfólio de inovação de produtos? (Por exemplo, o Lean Startup Analytics.)*

- ☐ Apenas monitoramos os KPIs tradicionais mensalmente/trimestralmente/anualmente (por exemplo, vendas, custos, lucros). *(1 ponto)*
- ☐ Coletamos algumas métricas tradicionais em tempo real de sistemas transacionais (por exemplo, ERP). *(2 pontos)*
- ☐ Coletamos todas as métricas tradicionais em tempo real e usamos algumas métricas da startup enxuta. *(3 pontos)*
- ☐ Coletamos as métricas tradicionais em tempo real e métricas da startup enxuta (valor e aprendizagem) como o uso repetido, monetização, recomendação e NPS. *(4 pontos)*.

15) Você usa alguma variante dos objetivos e resultados-chave (OKRs) para acompanhar o desempenho do indivíduo/equipe?*

- ☐ Não, nós usamos avaliações de desempenho tradicionais trimestrais / anuais ou avaliações 360 graus ou stack ranking (distribuição forçada). *(1 ponto)*
- ☐ Nós implementamos OKRs em áreas de inovação ou nas extremidades da organização. *(2 pontos)*
- ☐ OKRs são utilizados em toda nossa organização (por exemplo, LinkedIn). *(3 pontos)*
- ☐ OKRs são utilizados em toda nossa organização com total transparência (por exemplo, Google – todos podem examinar o desempenho uns dos outros). *(4 pontos)*
- ☐ Experimentação e Risco.

16) Sua organização constantemente otimiza processos via experimentação, testes A/B e ciclos de feedback curtos? (Por exemplo, a metodologia da startup enxuta.)*

- ☐ Não, usamos o tradicional BPM (gerenciamento de processos de negócio). *(1 ponto)*
- ☐ Usamos a abordagem enxuta (ou similar) para áreas voltadas ao cliente, como o marketing. *(2 pontos)*
- ☐ Usamos a abordagem enxuta para a inovação de produtos e desenvolvimento de produtos. *(3 pontos)*
- ☐ Usamos a abordagem enxuta para todas as funções principais (inovação, marketing, vendas, serviços, recursos humanos, até mesmo jurídico!). *(4 pontos)*

17) Até que ponto você tolera falhas e incentiva a tomada de riscos?*

- ☐ O fracasso não é uma opção (NASA) e pode afetar as carreiras das pessoas envolvidas. *(1 ponto)*
- ☐ O fracasso e o risco são incentivados, mas apenas na teoria, e não são monitorados ou quantificados. *(2 pontos)*
- ☐ O fracasso e a tomada de riscos são permitidos e mensurados, mas restritos a skunkworks ou a limites bem-definidos (por exemplo, Lockheed Skunk Works). *(3 pontos)*
- ☐ O fracasso e a tomada de riscos são esperados, difundidos, medidos e mesmo celebrados em toda a organização (por exemplo, Amazon, Google, Heroic Failure Award da P&G). *(4 pontos)*

Autonomia e Descentralização

18) Sua organização opera com grandes estruturas hierárquicas ou equipes pequenas, auto-organizáveis e multidisciplinares?*

- ☐ Temos uma hierarquia corporativa tradicional, com grandes grupos especializados que operam em silos. *(1 ponto)*
- ☐ Temos algumas equipes pequenas e multidisciplinares operando nas bordas, longe da organização principal. *(2 pontos)*
- ☐ Temos algumas equipes pequenas e multidisciplinares aceitas e adotadas pela organização principal. *(3 pontos)*
- ☐ Equipes pequenas, multidisciplinares, interligadas e auto-organizáveis são a estrutura operacional primário da organização. (por exemplo, Valve) *(4 pontos)*

19) Até que ponto a autoridade/tomada de decisão é descentralizada?*

- ☐ Nossa organização utiliza o comando e controle top down tradicional. *(1 ponto)*
- ☐ A tomada de decisão descentralizada ocorre em P&D, inovação e desenvolvimento de produtos. *(2 pontos)*
- ☐ A tomada de decisão descentralizada ocorre em todas as áreas voltadas ao cliente, como marketing, vendas etc. (por exemplo, Zappos). *(3 pontos)*
- ☐ Todas as principais decisões são descentralizadas (exceto propósito, cultura e visão, por exemplo, Valve). *(4 pontos)*

Tecnologias sociais e empreendedorismo social

20) Você usa ferramentas sociais avançadas para o compartilhamento de conhecimento, comunicação, coordenação e/ou colaboração (por exemplo, Google Drive, Asana, RedBooth, Dropbox, Yammer, Chatter, Evernote)?*

- ☐ Não, o e-mail é nosso principal veículo de comunicação. *(1 ponto)*
- ☐ Algumas equipes utilizam ferramentas sociais, mas não em toda a organização. *(2 pontos)*
- ☐ A maioria das unidades de negócio usa ferramentas sociais (e alguns fornecedores / parceiros externos, embora muitas vezes sem autorização). *(3 pontos)*
- ☐ O uso de ferramentas sociais é uma política obrigatória em toda a organização. *(4 pontos)*

21) Qual é a natureza e foco da sua missão ou propósito organizacional?*

- ☐ Nossa missão se concentra em fornecer os melhores produtos e serviços. *(1 ponto)*
- ☐ Nossa missão se concentra em nossos valores fundamentais como uma organização que se estende além da oferta dos produtos e serviços. *(2 pontos)*
- ☐ Nossa missão é mais do que servir os clientes finais; e tem como objetivo trazer mudanças positivas para todo nosso ecossistema de vendedores, parceiros, fornecedores e colaboradores. *(3 pontos)*
- ☐ Temos um propósito transformacional que vai além de uma declaração de missão. Aspiramos ser relevantes ao mundo inteiro. *(4 pontos)*

ANEXO B

Fontes e Inspirações

Todos os livros abaixo foram extensivamente revisados, analisados e têm referência cruzada com o modelo ExO.

Anderson, C. (2006). *The Long Tail: Why the Future of Business Is Selling Less of More. Hyperion.*

Anderson, C. ((2009). *Free: The Future of a Radical Price. Hyperion.*

Anderson, C. ((2012). *Makers: The New Industrial Revolution. Crown Business.*

Blank, S. (2005). *The Four Steps to the Epiphany*. Cafepress.com.

Blank, S., & Dorf, B. (2012). *The Startup Owner's Manual: The Step-By-Step Guide for Building a Great Company*. K & S Ranch.

Botsman, R., & Rogers, R. (2010). *What's Mine Is Yours: The Rise of Collaborative Consumption*. HarperBusiness.

Brynjolfsson, E., & McAfee, A. (2012). *Race Against The Machine: How the Digital Revolution is Accelerating Innovation, Driving Productivity, and Irreversibly Transforming Employment and the Economy*. Digital Frontier Press.

Brynjolfsson, E., & McAfee, A. (2014). *The Second Machine Age: Work, Progress, and Prosperity in a Time of Brilliant Technologies*. W. W. Norton & Company.

Catmull, E., & Wallace, A. (2014). *Creativity, Inc.: Overcoming the Unseen Forces That Stand in the Way of True Inspiration*. Random House.

Christakis, N. A., & Fowler, J. H. (2009). *Connected: The Surprising Power of Our Social Networks and How They Shape Our Lives*. Little, Brown and Company.

Christensen, C. M. (2000). *The Innovator's Dilemma: When New Technologies Cause Great Firms to Fail*. HarperCollins Publishers.

Christensen, C. M., & Raynor, M. E. (2003). *The Innovator's Solution: Creating and Sustaining Successful Growth*. Harvard Business Review Press.

Christensen, C. M., Dyer, J., & Gregersen, H. (2011). *The Innovator's DNA: Mastering the Five Skills of Disruptive Innovators*. Harvard Business Review Press.

Collins, J. (2001). *Good to Great: Why Some Companies Make the Leap... And Others Don't*. HarperBusiness.

Collins, J., & Porras, J. I. (2004). *Built to Last: Successful Habits of Visionary Companies*. HarperBusiness.

Collins, J. (2009). *How the Mighty Fall: And Why Some Companies Never Give In*. JimCollins.

Collins, J., & Hansen, M. T. (2011). *Great By Choice: Uncertainty, Chaos, and Luck – Why Some Thrive Despite Them All*. HarperBusiness.

Cooper, B., & Vlaskovits, P. (2013). *The Lean Entrepreneur: How Visionaries Create Products, Innovate with New Ventures, and Disrupt Markets*. Wiley.

Cowen, T. (2013). *Average Is Over: Powering America Beyond the Age of the Great Stagnation*. Dutton Adult.

Cusumano, M. A. (2001). *Strategic Thinking for the Next Economy*. Jossey-Bass.

Cusumano, M. A. (2010). *Staying Power: Six Enduring Principles for Managing Strategy and Innovation in an Uncertain World*. Oxford University Press.

Davidow, W. H., & Malone, M. S. (1992). *The Virtual Corporation: Structuring and Revitalizing the Corporation for the 21st Century*. HarperCollins Publishers.

Diamandis, P. H., & Kotler, S. (2012). *Abundância: o futuro é melhor do que você imagina*. HSM

Eggers, W. D., & Macmillan, P. (2013). *The Solution Revolution: How Business, Government, and Social Enterprises Are Teaming Up to Solve Society's Toughest Problems*. Harvard Business Review Press.

Ertel, C., & Solomon, L. K. (2014). *Moments of Impact: How to Design Strategic Conversations That Accelerate Change*. Simon & Schuster.

Ferriss, T. (2009). *The 4-Hour Workweek: Escape 9-5, Live Anywhere, and Join the New Rich*. Harmony.

Fischer, B., Lago, U., & Liu, F. (2013). *Reinventing Giants: How Chinese Global Competitor Haier Has Changed the Way Big Companies Transform*. Jossey-Bass.

Furr, N., & Dyer, J. (2014). *The Innovator's Method: Bringing the Lean Start-up into Your Organization*. Harvard Business Review Press.

Hagel III, J., & Brown, J. S. (2005). *The Only Sustainable Edge: Why Business Strategy Depends On Productive Friction And Dynamic Specialization*. Harvard Business Review Press.

Hagel III, J., Brown, J. S., & Davison, L. (2010). *The Power of Pull: How Small Moves, Smartly Made, Can Set Big Things in Motion*. Basic Books.

Hamel, G., & Prahalad, C. K. (1994). *Competing for the Future*. Harvard Business Review Press.

Hamel, G., & Breen, B. (2007). *The Future of Management*. Harvard Business Review Press.

Hamel, G. (2012). *What Matters Now: How to Win in a World of Relentless Change, Ferocious Competition, and Unstoppable Innovation*. Jossey-Bass.

Hill, D. (2012). *Dark Matter and Trojan Horses: A Strategic Design Vocabulary*. Strelka Press.

Hinssen, P. (2004). *The New Normal: Great Opportunities in a Time of Great Risk*. Portfolio Hardcover.

Hoffman, R., & Casnocha, B. (2012). *The Start-up of You: Adapt to the Future, Invest in Yourself, and Transform Your Career*. Crown Business.

Hoffman, R., Casnocha, B., & Yen, C. (2014). *The Alliance: Managing Talent in the Networked Age*. Harvard Business Review Press.

Horowitz, B. (2014). *The Hard Thing About Hard Things: Building a Business When There Are No Easy Answers*. HarperBusiness.

Johansson, F. (2004). *The Medici Effect: What You Can Learn from Elephants and Epidemics*. Harvard Business Review Press.

Kahneman, D. (2011). *Thinking, Fast and Slow*. Farrar, Straus and Giroux.

Kanter, R. M. (1989). *When Giants Learn to Dance*. Simon & Schuster.

Kapp, K. M. (2013). *The Gamification of Learning and Instruction Fieldbook: Ideas into Practice*. Pfeiffer.

Kawasaki, G., & Welch, S. (2013). *APE: Author, Publisher, Entrepreneur – How to Publish a Book*. Nononina Press.

Keeley, L. (2013). *Ten Types of Innovation: The Discipline of Building Breakthroughs*. Wiley.

Kelly, K. (2011). *What Technology Wants*. Penguin Books.

Kim, W. C., & Mauborgne, R. (2005). *Blue Ocean Strategy: How To Create Uncontested Market Space And Make The Competition Irrelevant*. Harvard Business Review Press.

Kurzweil, R. (2006). *The Singularity Is Near: When Humans Transcend Biology*. Penguin Books.

Kurzweil, R. (2013). *How to Create a Mind: The Secret of Human Thought Revealed*. Penguin Books.

Lencioni, P. M. (2012). *The Advantage: Why Organizational Health Trumps Everything Else In Business*. Jossey-Bass.

Malone, M. S. (2007). *Bill & Dave: How Hewlett and Packard Built the World's Greatest Company*. Portfolio Hardcover.

Malone, M. S. (2009). *The Future Arrived Yesterday: The Rise of the Protean Corporation and What It Means for You*. Crown Business.

Maurya, A. (2012). *Running Lean: Iterate from Plan A to a Plan That Works*. O'Reilly Media.

McGonigal, J. (2011). *Reality is Broken: Why Games Make Us Better and How They Can Change the World*. The Penguin Press.

McGrath, R. G. (2013). *The End of Competitive Advantage: How to Keep Your Strategy Moving as Fast as Your Business*. Harvard Business Review Press.

Mele, N. (2013). *The End of Big: How the Internet Makes David the New Goliath*. St. Martin's Press.

Merchant, N. (2012). *11 Rules for Creating Value In the #SocialEra. CreateSpace*. Independent Publishing.

Mintzberg, H. (1994). *Rise and Fall of Strategic Planning*. Free Press.

Moretti, E. (2012). *The New Geography of Jobs*. Mariner Books.

Osterwalder, A., & Pigneur, Y. (2010). *Business Model Generation: A Handbook for Visionaries, Game Changers, and Challengers*. Wiley.

Osterwalder, A., Pigneur, Y., Bernarda, G., & Smith, A. (2014). *Value Proposition Design: How to Create Products and Services Customers Want*. Wiley.

Owens, T., & Fernandez, O. (2014). *The Lean Enterprise: How Corporations Can Innovate Like Startups*. Wiley.

Pistono, F. (2012). *Robots Will Steal Your Job, But That's OK: how to survive the economic collapse and be happy*. CreateSpace Independent Publishing.

Radjou, N., Prabhu, J., & Ahudja, S. (2012). *Jugaad Innovation: Think Frugal, Be Flexible, Generate Breakthrough Growth*. Jossey-Bass.

Ries, E. (2011). *The Lean Startup: How Today's Entrepreneurs Use Continuous Innovation to Create Radically Successful Businesses*. Viking.

Rifkin, J. (2014). *The Zero Marginal Cost Society: The Internet of Things, the Collaborative Commons, and the Eclipse of Capitalism*. Palgrave Macmillan Trade.

Rose, D. S. (2014). *Angel Investing: The Gust Guide to Making Money and Having Fun Investing in Startups*. Wiley.

Schmidt, E., & Rosenberg, J. (2014). *How Google Works*. Grand Central Publishing.

Scoble, R., & Israel, S. (2013). *Age of Context: Mobile, Sensors, Data and the Future of Privacy*. CreateSpace Independent Publishing.

Searls, D. (2012). *The Intention Economy: When Customers Take Charge*. Harvard Business Review Press.

Shirky, C. (2010). *Cognitive Surplus: Creativity and Generosity in a Connected Age*. The Penguin Press HC.

Sinek, S. (2009). *Start with Why: How Great Leaders Inspire Everyone to Take Action*. Portfolio Hardcover.

Solis, B. (2013). *What's the Future of Business: Changing the Way Businesses*. Create Experiences. Wiley.

Spear, S. J. (2010). *The High-Velocity Edge: How Market Leaders Leverage Operational Excellence to Beat the Competition*. Mcgraw-Hill.

Taleb, N. N. (2007). *The Black Swan: The Impact of the Highly Improbable.* Random House.

Taleb, N. N. (2012). *Antifragile: Things That Gain from Disorder*. Random House.

Thiel, P. & Masters, B. (2014). *Zero to One: Notes on Startups or How to Build the Future*. Crown Business.

Tracy, B. (2010). *How the Best Leaders Lead: Proven Secrets to Getting the Most Out of Yourself and Others*. AMACOM.

Wadhwa, V., & Chideya, F. (2014). *Innovating Women: The Changing Face of Technology*. Diversion Books.

Zook, C., & Allen, J. (2012). *Repeatability: Build Enduring Businesses for a World of Constant Change*. Harvard Business Review Press.

Apenas em holandês:

Kwakman, F., & Smeulders, R. (2013). *Groot Innovatie Modellenboek*. Van Duuren Management.

Mandour, Y., Brees, K., & Wenting, R. (2012). *Groeimodellen: Creëer nieuwe business*. Van Duuren Management.

Sobre os autores

Este livro é uma colaboração conjunta entre Salim Ismail, Michael S. Malone e Yuri van Geest, com ideias-chave e estrutura fornecidas por Peter Diamandis, juntamente com a orientação do corpo docente da Singularity University.

Ismail e Diamandis tornaram-se parceiros de negócios quando fundaram a Singularity University, uma instituição criada para estudar o impacto das tecnologias em crescimento exponencial nas empresas, indústrias e nos grandes desafios da humanidade. Van Geest esteve envolvido na colaboração, pesquisa e redação deste livro em quase todos os três anos de sua criação. Malone é considerado por muitos como o escritor oficial do Vale do Silício e escreveu duas dezenas de livros, muitos dos quais identificam novos marcos importantes na história das organizações.

SALIM ISMAIL é diretor-executivo e cofundador da Singularity University, onde ele lidera a maioria dos programas acadêmicos, e é seu atual Embaixador Global. Antes disso, como vice-presidente do Yahoo, ele criou e dirigiu a Brickhouse, a incubadora interna do Yahoo. Sua empresa mais recente, a Angstro, foi vendida para o Google em agosto de 2010. Ele fundou uma e dirigiu sete empresas em estágio inicial, incluindo a PubSub Concepts, que estabeleceu algumas das bases para a web em tempo real. Ele também passou vários anos como consultor de gestão para a CSC Europe e, posteriormente, para a ITIM Associates. Ismail é bacharel em Física Teórica pela Universidade de Waterloo, no Canadá.

MICHAEL S. MALONE é um dos escritores de tecnologia mais conhecidos do mundo. Ele abordou o Vale do Silício e a alta tecnologia por mais de 30 anos, começando com o *San Jose Mercury News*, como o primeiro jornalista de alta tecnologia do país. Os artigos e editoriais de Malone foram publicados regularmente no *Wall Street Journal*. Ele foi o editor da *Forbes ASAP*, a revista de tecnologia para negócios de maior circulação do mundo, no auge da explosão das ponto-com. Malone é o autor ou coautor de cerca de 20 livros premiados e séries de televisão, com destaque aos best-sellers *The Virtual Corporation, Bill and Dave: How Hewlett and Packard Built the World's Greatest Company* e *The Future Arrived Yesterday: The Rise of the Protean Corporation and What It Means For You*. Malone tem um MBA da Santa Clara University, onde atualmente é professor adjunto em redação profissional. Ele também é um membro associado da Saïd Business School da Universidade de Oxford, e foi nomeado Distinguished Friend of Oxford.

YURI VAN GEEST é um palestrante internacional, consultor de conselhos de administração, diretor-administrativo da Singularity University Summit Europe, Embaixador da Singularity University na Holanda e graduado em dois programas da Singularity. Possui mestrado em gestão e marketing estratégico pela Erasmus University Rotterdam e foi um elemento-chave, catalizador e organizador dos movimentos globais da startup enxuta, Quantified Self, TEDx e Mobile Monday. Ele foi consultor para o Google, ING Bank, Vodafone Group, Adidas Global, Philips Global, Heineken Global, Friesland Campina, Samsung e MIT, e foi um membro importante da Topteam Creative Industry no Ministério Holandês de Assuntos Econômicos, Agricultura e Inovação, por dois anos.

PETER H. DIAMANDIS é um empreendedor "em série" e foi cofundador de 15 empresas, com destaque para a Fundação X Prize, Singularity University e Planetary Resources. Ele é graduado em biologia molecular e engenharia aeroespacial pelo MIT e tem MD pela Harvard. Também é o coautor do best-seller do *New York Times, Abundância: O Futuro É Melhor do que Você Imagina*, uma leitura recomendada para aqueles interessados em Organizações Exponenciais. A CNN e a *Fortune* recentemente nomearam Peter Diamandis um dos "50 Maiores Líderes do Mundo".

Agradecimentos

(De Salim, Yuri e Mike)

Percebemos que não basta ter uma aldeia para completar um projeto como este, é preciso toda uma cidade. Uma pequena parcela da ajuda que recebemos é reconhecida, com gratidão, a seguir:

Em primeiro lugar, a Paul Saffo, que sugeriu que Salim escrevesse este livro. (Apesar de que a intenção de Paul não tenha ficado clara para Salim, já que este projeto quase o consumiu.)

Em segundo lugar, a Peter Diamandis, que mergulhou no projeto e ajudou a estruturar muitos dos principais conceitos e como eles foram articulados de uma maneira que só Peter é capaz.

Em terceiro lugar, a Michiel Schuurman, cuja incansável pesquisa e análise estabeleceram uma base sólida sobre a qual as ideias puderam se apoiar.

Em quarto lugar, a Sarah Sclarsic, cujo cérebro prodigioso ajudou a moldar algumas ideias-chave que emergiram do livro.

Nossa editora, Lauren Cuthbert, vem com auréola incorporada e limpou o que parecia ser uma em cada duas palavras. Da mesma forma, Joe DiNucci e Atiya Davidson, da Enabling Thought Leadership, que gerenciaram o processo de ponta a ponta.

Agradecemos a Mary Cummings, Laura Duane e seus colegas da Diversion Books, juntamente com James Levine, Kerry Sparks e toda a equipe da Levine Greenberg Rostan Literary Agency.

Agradecemos também aos seguintes leitores, que revisaram o livro e forneceram informações valiosas, comentários e feedback. Sem sua contribuição, o livro teria sido concluído na metade do tempo (e teria um décimo da qualidade): Dave Blakely, ErnstJan Bouter, Leen Breevoort, Marc van der Chijs, Martin Voorzanger, Wassili Bertoen, Erwin Blom, Kees van Nunen, Louise Doorn, Gerd Leonhard, Ajit Jaokar, Paul van Liempt, Jan Fred van Wijnen, Rutger Bregman, Joe Pine II, Anders Hvid, Pepijn Vloemans, Wouter van Noort, Marc Fonteijn, Raymond Perrenet, Bart van de Laak, Pascale Scheurer, Hood Whitson, Nicoletta Iacobacci, Sonal Shah, Michelle LaPierre, Nilofer Merchant, Yonatan Adiri, Vince Daranyi, Jabeen Quadir, VJ Anma, Joel Richman, Kent Langley, Nathalie Trutmann, Gulay Ozkan, James Donnelly, Johnny Walker, Eitan Eliram, Eric Ezechielli, Howard Baskin, Andrew Vaz, Russ Howell, Lawton Langford, Steve Leveen, Diane Francis, Sasha Grujicic and Carin Watson.

À nossa comunidade na Universidade Singularity, que continua a inspirar, informar e guiar nossas ideias. Gostaríamos de agradecer especialmente aos membros do corpo docente Neil Jacobstein, Brad Templeton, Raymond McCauley, Rob Nail e Marc Goodman, que acrescentaram muito às ideias no Capítulo 10.

E, finalmente, às nossas esposas, por sua infinita paciência durante todo esse processo. Salim, especialmente, agradece à sua esposa Lily, por seu apoio heroico e numerosas intervenções.